D1751566

Martin von Tours
Leitfigur für ein humanes Europa und die Zukunft des Christentums in Europa

Martin von Tours
Leitfigur für ein humanes Europa und die Zukunft des Christentums in Europa

Herausgegeben von Gebhard Fürst

Schwabenverlag

VERLAGSGRUPPE PATMOS
PATMOS
ESCHBACH
GRÜNEWALD
THORBECKE
SCHWABEN

Die Verlagsgruppe
mit Sinn für das Leben

Für die Schwabenverlag AG ist Nachhaltigkeit ein wichtiger Maßstab ihres Handelns.
Wir achten daher auf den Einsatz umweltschonender Ressourcen und Materialien.

Alle Rechte vorbehalten
© 2016 Schwabenverlag AG, Ostfildern
www.schwabenverlag-online.de

Umschlaggestaltung: Finken & Bumiller, Stuttgart
Umschlagabbildung: Martin teilt seinen Mantel mit dem Bettler. Ausschnitt aus dem Martins-Altar von Puigbo, Katalonien, um 1120. Museo Episcopal de Vic, Barcelona
Gestaltung, Satz und Repro: Schwabenverlag AG, Ostfildern
Druck: Grafisches Centrum Cuno GmbH & Co. KG, Calbe
Hergestellt in Deutschland
ISBN 978-3-7966-1708-9

Inhalt

7 **Vorwort**

12 BISCHOF DR. GEBHARD FÜRST
Eröffnung des Martinus-Kongresses

15 BISCHOF DR. GEBHARD FÜRST
Predigt im Eröffnungsgottesdienst

Martin von Tours – eine geschichtsträchtige Heiligengestalt

21 BISCHOF DR. GEBHARD FÜRST
Das missionarisch-diakonische Potential Martins für das heutige Europa und die Kirche

25 MARTIN HEINZELMANN
Martin von Tours – ein Identität stiftender Europapatron

41 WALTER FÜRST
Martin von Tours – Zeuge des „rechten Glaubens"

67 WOLFGANG URBAN
Der Blick auf den Anderen

Martin von Tours – Leitfigur in epochaler Zeitenwende

143 MARGIT ECKHOLT
Bischof auf Augenhöhe

165 URSULA NOTHELLE-WILDFEUER
Martin von Tours: Ikone der Nächstenliebe und Solidarität

Auf den Spuren des Martin von Tours

185 WERNER MEZGER
Bräuche um Sankt Martin: Kulturelles Kapital für ein christliches Europa

229 RÓZA GRÄFIN VON THUN UND HOHENSTEIN
Europa eine Seele geben oder eine martinische Haltung für und in der Politik Europas

235 ANNETTE SCHAVAN
Martin von Tours für das ganze Europa?

243 BISCHOF DR. GEBHARD FÜRST
Das missionarisch-diakonische Potential Martins für das heutige Europa und die Kirche

247 **Bildnachweis**

248 **Herausgeber, Autorinnen und Autoren**

Vorwort

Als Glaubenszeuge der frühen Kirche berührt Martin von Tours die Christen bis heute. Seine Verehrung als großer und bedeutender Heiliger der Kirche ist seit vielen Jahrhunderten ungebrochen. Im Jahr 2016 feiert die Kirche den 1700. Geburtstag des heiligen Martin von Tours. Es ist das Festjahr des Diözesanpatrons der Diözese Rottenburg-Stuttgart, in dem wir uns in besonderer Weise vergegenwärtigen, aus welchem Geist Martin Kraft schöpfte, lebte und wirkte. Nicht nur durch sein Handeln, sondern durch den Facettenreichtum, den er in seiner Person vereint, ist er Vorbild für viele und Leitfigur einer Pastoral, die karitativ-diakonisch ausgerichtet ist und die zugleich missionarisch wirkt. Als Martinsdiözese lassen wir uns von ihm anregen und anstecken von seiner hingebenden Liebe.

Wie kaum ein anderer steht der heilige Martin für die hingebende Liebe gegenüber den Schwächsten und Notleidenden. Er teilt nicht nur seinen Mantel mit dem Bettler, sein ganzes Leben ist geprägt von seiner aufopfernden Zuwendung zu den Bedürftigen aller Art. Martinus hat nicht nur eine große Relevanz in der christlichen Glaubensgeschichte. Seine Vita steht beispielhaft für die christlichen Wurzeln und den Zusammenhalt Europas.

Im Jahr 316/317 wurde Martin in dem damaligen römischen Militärstützpunkt Sabaria, dem heutigen Szombathely, in Ungarn geboren. Martin, Spross einer römischen Militärfamilie und nach dem Kriegsgott Mars benannt, war Soldat des Römischen Reiches, aber auch Katechumene, Getaufter, später Mönch und Bischof von Tours, Kritiker gegen Gewalt und Friedensstifter.

Das Bild vom heiligen Martin, das wir alle kennen, das ist vor allem das Bild der Mantelteilung. Jedes Jahr am 11. November, am Gedenktag des Heiligen, wird die berühmte Szene in unseren Kirchengemeinden nachgespielt: Noch als Soldat begegnet Martin am Stadttor des damaligen Militärstützpunktes Amiens einem frierenden Armen. In der folgenden Nacht begegnet ihm dann Christus mit dem Mantelstück bekleidet. Jesus Christus selbst war es, dem sich Martin barmherzig zeigte.

Der Bettler an der Straße von Amiens – Martin, der nicht vorbeigeht an der konkreten Not, sondern handelt. Für ihn selbst ist diese Begebenheit Anlass eines radikalen Lebenswandels, die dank seines Biographs Sulpicius Severus, einem Zeitgenossen Martins, in der um 395 verfassten Lebensbeschreibung, der „Vita Sancti Martini", überliefert ist.

Die Szene der Mantelteilung, die in die Christusbegegnung mündet, ist uns noch heute Bild für den karitativ-diakonisch-missionarischen Auftrag der Kirche. Mit seiner Tat vergegenwärtigt er den Auftrag aus dem Matthäusevangelium, Werke der Barmherzigkeit zu tun, gemäß dem Jesuswort: „Was ihr einem meiner geringsten Brüder getan habt, das habt ihr mir getan" (Mt 25,40).

Diese Szene, die uns bis heute fasziniert, war für Martinus die Wende in seinem Leben. Durch Sulpicius Severus ist belegt, dass Martin anschließend seinen Militärdienst mit folgenden, an den Kaiser gerichteten, Worten quittiert: „Bis heute habe ich dir gedient, Herr, jetzt will ich meinem Gott dienen und den Schwachen. Ich will nicht mehr kämpfen und töten. Hiermit gebe ich Dir mein Schwert zurück. Wenn Du meinst, ich sei ein Feigling, so will ich morgen ohne Waffen auf den Feind zugehen." (Viertes Kapitel, S. 27)

Zur Vorbereitung auf das Martinsjahr hat die Akademie der Diözese Rottenburg-Stuttgart unter dem Titel „Martin von Tours – Leitfigur für eine humane Kultur und die Zukunft des Christentums in Europa" einen internationalen Martinuskongress initiiert, der vom 9. bis 12. Oktober 2013 in Weingarten stattfand.

Wie kein anderer Ort in der Diözese Rottenburg-Stuttgart steht Weingarten mit seiner großen Martinsbasilika, die vom Martinsberg herab weit über die gesamte Region erstrahlt, für diesen großen Heiligen. So ist es den Veranstaltern gelungen, nicht nur ein multinationales Publikum zum Martinskongress in Weingarten zu versammeln, sondern auch die renommiertesten Martinus-Experten für den Kongress zu gewinnen, die die Bedeutung eines der populärsten Heiligen der Kirchengeschichte erschlossen, seine Rezeption in Brauchtum und Ikonographie, sowie seine Relevanz für das moderne Europa.

Signale der Verbundenheit bedürfen wir alle in einer Zeit, in der Europa von Krisen zerrüttet wird und bisweilen sogar auseinanderzubrechen droht. Doch Europas aktuelle Misere reicht weit über die Flüchtlingskrise, die Furcht vor Terroranschlägen und auch über die Finanzkrise hinaus. Es ist offensichtlich: Die Fundamente des gemeinsamen Hauses Europa sind so brüchig und wenig belastbar wie seit Jahrzehnten nicht mehr.

Ich bin Papst Franziskus sehr dankbar, dass er Anfang Mai 2016, anlässlich der Verleihung des Aachener Karlspreises, zur Einheit und zum Zusammenhalt der Länder Europas aufrief: „Die Kreativität, der Geist, die Fähigkeit, sich wieder aufzurichten und aus den eigenen Grenzen hinauszugehen, gehören zur Seele Europas", so lauteten die Worte von Franziskus.

Bereits im Jahr 2012 hat die Europäische Union den Friedensnobelpreis erhalten. Die EU habe, so lautet die Begründung, „über sechs Jahrzehnte zur Förderung von Frieden und Versöhnung beigetragen". Heute müssen wir bitter erfahren, dass ein Europa, das sich nicht auf gemeinsame Werte beruft, ein leeres Gerüst ist. Zieht jeder Staat nur sein eigenes Wohl als Maßstab heran, ist der europäische Gedanke zum Scheitern verurteilt. Um dem entgegenzuwirken, hat der ehemalige Präsident der Europäischen Union, Jacques Delors, vor einigen Jahren gefordert: Europa eine Seele zu geben. „Das Band zu den anderen, dass wir eine Gemeinschaft sind, das haben die christlichen Konfessionen gelegt", sagte Delors in der Wochenzeitung „Die Zeit".

Wegweiser für ein friedliches, humanes und geeintes Europa, das kann uns unser gemeinsamer Patron, der heilige Martin von Tours sein. Mit seinem gesamten Leben und Wirken steht Martin seit Jahrhunderten für die Kultur christlicher Nächstenliebe. Seine gesamte Biographie, alle Stationen seines Lebens schlagen eine Brücke von Ost nach West. Martin kann Vorbild sein für ein Europa, das sich selbstbewusst auf seine christlichen Wurzeln beruft. Ein Aspekt, der heute in einer Zeit, in der so viele Menschen aus lebensbedrohender Not heraus auf unsere diakonisch-christliche Nächstenliebe angewiesen sind, wie seit der Zeit des Zweiten Weltkriegs nicht mehr, lebensnotwenig und überlebensnotwendig ist. Und gerade die christlichen Wurzeln sind es, die für Europa ein großes Zukunftsgut bedeuten.

Der Martinuskongress selbst hat Früchte getragen. Seine Ergebnisse sind direkt in die Vorbereitungen des Martinsjahres eingeflossen. Die Beziehungen zu den Martinsdiözesen Tours, Szombathely, Eisenstadt und zur französischen Priestergemeinschaft Saint Martin sind durch den Kongress enger geworden. Sichtbar wird dies vor allem durch den Martinsweg, die Via Sancti Martini, dessen Mittelroute inzwischen die Martinsdiözesen vom ungarischen Szombathely über Rottenburg-Stuttgart bis Tours in Frankreich verbindet.

Zudem wurde auf dem Kongress eine Petition an Papst Franziskus erarbeitet, die von den Bischöfen aus Tours und Szombathely sowie der Communauté Saint Martin unterzeichnet wurde. Mit ihr wird angeregt, den heiligen Martin zum Patron der Neuevangelisierung Europas zu ernennen.

Martinsdiözese zu sein ist für die Diözese Rottenburg-Stuttgart nicht nur ein Prädikat, sondern vor allem ein Anspruch für unsere Pastoral und unser Handeln. Das Jahr 2013 war das Schicksalsjahr, in dem Tausende Flüchtlinge im Mittelmeer ertranken, weil sie vor Gewalt und Terror den lebensgefährlichen Weg in die Europäische Union auf sich genommen haben. Die Diözese setzte auf dem Martinuskongress das Signal, die Flüchtlingsarbeit zu verstärken. Mantelteilung nach dem Vorbild des heiligen Martin bedeutet, solidarisch auch Wohnraum zu teilen. Fremde und Flüchtlinge aufzunehmen, entspricht dem Wort Jesu: „Ich war fremd und obdachlos, und ihr habt mich aufgenommen." In der Zeit der großen Flüchtlingskrise in Europa ist es deshalb das Anliegen der Diözese, heimatlos gewordenen Menschen Herberge zu bieten. Wenige Monate nach dem Martinuskongress konnten Flüchtlinge in Gebäude der Klosteranlage in Weingarten ziehen. Der Martinsberg ist seitdem das Symbol für das Engagement für Flüchtlinge in der Diözese Rottenburg-Stuttgart.

Ich freue mich, dass der Schwabenverlag nun anlässlich des Martinsjahres das umfangreiche Text- und Bildmaterial des Martinuskongresses einem breiten Publikum zugänglich macht. Mein besonderer Dank gilt allen, die in der

Vorbereitung und Durchführung des Martinuskongresses beteiligt waren, namentlich der Direktorin der Akademie, Dr. Verena Wodtke-Werner, allen Referentinnen und Referenten, Autorinnen und Autoren des vorliegenden Buches, Frau Gertrud Widmann und Frau Karin Schieszl-Rathgeb für das Zusammentragen und Redigieren der Texte und die Drucklegung. Der vorliegende Band dokumentiert in umfassender Weise sämtliche Forschungsergebnisse rund um den großen Heiligen der Kirche. In Text und Bild ist der vorliegende Band ein Nachschlagewerk für alle, die sich auf verschiedenste Weise mit dem heiligen Martin von Tours auseinandersetzen und ihr Wissen über sein Potential als Vorbild für eine Pastoral auf Augenhöhe sowie als Leitfigur für ein humanes Europa vertiefen möchten.

Rottenburg, im Juli 2016

Bischof Dr. Gebhard Fürst

Diözese ROTTENBURG-STUTTGART

BISCHÖFLICHES ORDINARIAT
Bischöfliche Pressestelle
Unser Zeichen: unz

Ihr Gesprächspartner:
Uwe Renz
Telefon: +49 (0) 7472 169-528
E-Mail: urenz@bo.drs.de

pressestelle@bo.drs.de

Rottenburg, 11. Oktober 2013

Pressemitteilung

Martinskloster als Herberge für syrische Flüchtlinge
Bischof Fürst: Leere Räume in Weingarten zur Verfügung stellen

Rottenburg/Weingarten. 12. Oktober 2013. Bischof Gebhard Fürst will leerstehende Räume des seit Jahren nicht mehr besiedelten Benediktinerklosters Weingarten als Ort für Flüchtlinge zur Verfügung stellen. Zum Abschluss eines viertägigen Martinus-Kongresses sagte Bischof Fürst am Samstag in Weingarten, Mantelteilung nach dem Vorbild des heiligen Martin bedeute, solidarisch auch Wohnraum zu teilen. Fremde und Flüchtlinge aufzunehmen, entspreche dem Wort Jesu „Ich war fremd und obdachlos, und ihr habt mich aufgenommen".

Bischof Fürst ermunterte dazu, nach dem Vorbild des heiligen Martin Möglichkeiten zu suchen, heimatlos gewordenen Menschen Herberge zu bieten. Es lohne, sich im Interesse christlicher Nächstenliebe an Martinus zu orientieren. Der Bischof rief dazu auf, die Idee des Pilgerns auf dem vom Europarat ausgewiesenen Martinusweg, der die württembergische Diözese auf 1.200 Kilometer Länge durchzieht, weiter zu verfolgen und die Menschen in den Ländern des Kontinents miteinander zu vernetzen.

www.drs.de

Verantwortlich: Uwe Renz, Pressesprecher/Leiter der Pressestelle
Anschrift: Postfach 9, 72101 Rottenburg am Neckar - Dienstgebäude: Bischof-von-Keppler-Str. 7, 72108 Rottenburg am Neckar

BISCHOF DR. GEBHARD FÜRST

Eröffnung des Martinus-Kongresses

Dass eine solch bedeutende Veranstaltung mit einem internationalen Publikum – aus Ungarn, aus Frankreich, aus der Slowakei und aus verschiedenen deutschen Bistümern – hier in der Diözese Rottenburg-Stuttgart und in dieser Stadt stattfindet, erfüllt mich mit Freude.

Blicken wir zurück in die lange Tradition der Kirchengeschichte, so verkörpert niemand diese europäische Vision mehr als der heilige Martin von Tours. Mit seinem Lebenslauf – geboren im ungarischen Szombathely, begraben im französischen Tours – ist er nahezu Vorbild für die Leitidee einer europäischen Einheit. Zeit seines Lebens unermüdlich in Europa unterwegs, war er in der Spätantike sicherlich seiner Zeit voraus. Heute ist er ein europäischer Heiliger, der weit über die katholische Kirche und über Ländergrenzen hinaus verehrt wird.

Nicht ohne Stolz kann ich sagen: Ich bin glücklich, diesen bedeutenden Heiligen Vorbild und Patron der Diözese Rottenburg-Stuttgart nennen zu dürfen!

Auch in der Stadt Weingarten steht die Verehrung des heiligen Martinus in einer langen und reichen Tradition. Das Herz dieser Klosteranlage, die wunderbare Basilika, die größte barocke Basilika in Deutschland, ist dem heiligen Martinus geweiht. Über die Jahrhunderte hinweg war und ist sie für zahllose Gläubige Wallfahrtsort. Weingarten liegt nicht nur seit jeher auf einem der vielen Jakobspilgerwege quer durch Europa in Richtung Santiago de Compostela. Auch der Martinsweg, die Via Sancti Martini, durchquert die Stadt.

In Weingarten hat die katholische Akademie der Diözese Rottenburg-Stuttgart, die – neben ihrem Hauptsitz in Stuttgart-Hohenheim – hier in Oberschwaben angesiedelt ist, ihren Sitz. Seit ihrer Gründung im Jahr 1951 ist die Akademie nicht nur ein Garant für fachlich herausragende Veranstaltungen, sondern auch für Bildung, Begegnung und Diskurs auf Augenhöhe. Ihr Ruf ist international anerkannt. Seit vielen Jahrzehnten erstreckt sich ihr Netzwerk über die Grenzen der Diözese Rottenburg-Stuttgart hinweg weit hinein in viele Länder Europas. Sie ist im wahrsten Sinne des Wortes ein „Global Player" des lebendigen Dialogs. An dieser Stelle, möchte ich Ihnen, Frau Dr. Wodtke-Werner, und Ihnen, Herr Dr. Öhlschläger, für ihr Engagement in der Planung und Umsetzung dieses Martinus-Kongresses danken.

Zweifellos gehört der heilige Martin zu den bedeutendsten europäischen Glaubenszeugen. Sein Wirken war und ist seit der Zeit der Antike bis hinein in unsere Gegenwart von außerordentlicher Strahlkraft. Als unser Patron ist er für unsere Diözese eine wichtige Orientierungsfigur und Vorbild. Durch seinen eigenen Lebensweg, durch sein Handeln erschließt Martinus die Heilsgeschichte Jesu und lässt sie konkret und lebendig werden. Er gibt den Gläubigen in unserer Ortskirche und darüber hinaus Orientierung und Weisung für unsere Zeit: Wendet euch den Schwachen und Bedrückten aller Art zu, unterstützt die Unglücklichen. Martin erinnert uns unablässig daran, dass die Kirche eine diakonische, eine helfende und heilende Kirche ist.[1]

Ich bin fest davon überzeugt, dass die Glaubwürdigkeit unserer Kirche, ihre öffentliche Reputation, Relevanz und auch ihr missionarisches Wirken in die Gesellschaft hinein von der Verlebendigung der inneren Kraft der Caritas nur profitieren kann. Denn die Ausstrahlung unserer Kirche ist niemals unabhängig von der wahrnehmbaren und wahrgenommenen Gestalt, vom konkreten Lebens- und Praxisstil, in welchem sich der Geist ausdrückt, der uns bewegt und prägt.

Papst Franziskus hat kürzlich in seinem großen Interview in der Jesuitenzeitschrift „La Civiltà Cattolica" folgende Worte formuliert: „Ich sehe ganz klar, dass das, was die Kirche heute braucht, die Fähigkeit ist, die Herzen der Menschen zu wärmen – Nähe und Verbundenheit. (…) Man muss die Wunden heilen. Dann können wir von allem anderen sprechen."[2]

Man muss die Wunden heilen – Franziskus spricht von der integrativen Wirkmacht der Kirche. Als „Ikone der Nächstenliebe"[3] hat Martinus uns den konkreten Kern des Christseins vorgelebt. So nehmen die Worte des Papstes Bezug auf das Vermächtnis, das der heilige Martin uns hinterlassen hat. Martinus ist für uns bleibende Mahnung und Aufforderung.

Und so lautet die Botschaft eines Christseins und einer Pastoral, die sich vom heiligen Martin inspirieren lässt: In der helfenden Hinwendung, in der Liebe zum anderen findet der Mensch aufgrund einer wirklichen Christuserfahrung und Gottesbegegnung zu sich selbst.

Die Diözese Rottenburg-Stuttgart ist Martinsland! Unser Diözesanpatron ist Ausgangspunkt und Zentrum einer diakonischen, missionarischen, dialogischen und schöpfungsfreundlichen Pastoral, die wir in den Mittelpunkt unseres Wirkens stellen.

Unsere Diözese ist Martinsland, weil sich hier die neue, 2005 vom Europarat ausgerufene, „Via sancti Martini" mit dem „alten Jakobsweg" kreuzt. Hier, in

---
[1] Vgl. Brief des Bischofs aus Szombathely in seine Diözese, in: Gebhard Fürst (Hrsg.): Martin von Tours – Ikone der Nächstenliebe, Ostfildern 2011, S. 128.
[2] Antonio Spadaro SJ: Das Interview von Papst Franziskus, in: Stimmen der Zeit (deutsche Übersetzung), http://www.stimmen-der-zeit.de/zeitschrift/online_exklusiv/details_html?k_beitrag=3906412
[3] Papst Benedikt XVI.

der geografischen Mitte zwischen Geburts- und Wirkort des heiligen Martin, berühren sich Alt und Neu – Vergangenheit, Gegenwart und Zukunft – Ost und West.

Ich wünsche Ihnen und uns allen erlebnis- und erfahrungs- und Geist-reiche Tage hier in Weingarten.

Herzlich willkommen im Martinsland!

BISCHOF DR. GEBHARD FÜRST

Predigt im Eröffnungsgottesdienst

Der Starjournalist Gabor Steingart, gegenwärtig Herausgeber des Handelsblattes in Deutschland, hat vor einigen Monaten ein Buch veröffentlicht mit dem Titel „Das Ende der Normalität – Nachruf auf unser Leben, wie es bisher war". Dieses Buch ist inzwischen auf der Bestsellerliste des Spiegels ganz oben. Er beschreibt darin, wie in allen Bereichen unseres Lebens, in unserer Gesellschaft, in Deutschland, aber sicher auch darüber hinaus, die bisher geltenden Normalitäten zerstört werden und wie sich etwas ganz Neues, Unabsehbares bildet. Gewissermaßen als Quintessenz des Endes der Normalitäten schreibt Steingart im letzten Kapitel dieses Buches folgenden Satz: „Die zwei deutschen Großreligionen" – Steingart meint damit die beiden christlichen Konfessionen – „diese Verfemten könnten neu befragt werden. Vielleicht haben sie gerade jetzt, wo ihre Kraft nicht mehr reicht, die Gesellschaft zu dominieren, ihr Brauchbares zu bieten. Niemand muss ein Gefolgsmann Luthers oder Messdiener des Papstes werden, um die Stille der Kirche und die Spiritualität ihrer Gottesdienste als bereichernd zu erleben. Wir können die Erzählungen der Apostel weiterhin als Werbebotschaft für ein ungewisses Jenseits interpretieren und mit routinierter Empörung zurückweisen. Mit gleichem Recht können wir diese Botschaften aber auch als Gleichnisse lesen, die Nachdenklichkeit anregen und Trost spenden. Dauertiefstpreise gibt es an jeder Ecke, Hoffnung aber haben Schlecker und Media-Markt bisher nicht im Sortiment. Schon Johann Wolfgang von Goethe schrieb 1774 an Betty Jacobi: ‚Wer an nichts glaubt, verzweifelt an sich selber.'"

Ein Mittel, ein Therapeutikum, ein Heilmittel gegen die Verzweiflung an sich selbst, brauchbares Hoffnungsgut ist die christliche Botschaft. Bei Matthäus finden wir einen der Kernsätze des Evangeliums. Das Jesuswort, das uns der Evangelist überliefert hat, lautet: „Was ihr für einen meiner geringsten Brüder und Schwestern getan habt, das habt ihr mir getan." (vgl. Mt 25,40)

Dieses Wort Jesu, das damals an seine Jünger erging, das sich in Variationen durch das heutige Evangelium zieht, ist für die ganze Christenheit zentral. Und es hat doch zwischenzeitlich oftmals einen abgegriffenen, inhaltslosen Beigeschmack. Aber da steht ein Mensch wie der heilige Martin von Tours vor unseren Augen und auf einmal wird für uns anschaulich und gegenwärtig, wie konkret Christsein unser Leben und Handeln verändert und prägt. Und es wird deutlich, dass es Christsein glaubwürdig eben nur konkret und im Handeln für den Nächsten gibt. Die Szene ist uns wohlvertraut: Der Bettler an der Straße von Amiens, Martin, der nicht vorbeigeht an der konkreten Not, sondern handelt.

Im Handeln und Erfahren Martins finde ich aber noch mehr als Geben und Teilen. Ich finde bei ihm vieles vom Sichtbarwerden Gottes, wonach wir uns heute so sehnen, weil Gott uns so entfernt erscheint: ja, vieles von der Erfahrung Gottes mitten im Leben.

Erinnern wir uns an den frierenden Bettler: Er wird uns zum Bild für viele Menschen heute. Kälte erleben wir anders als jener. Wir alle spüren: Kälte ist nicht nur für unseren Leib eine tödliche Gefahr. Wir sprechen zu Recht von sozialer Kälte und oftmals dringt Kälte täglich in unsere Herzen. Menschliche Wärme, die uns als Menschen doch erst leben lässt, droht allzu oft zu vergehen. Wir alle kennen das Eingezwängt-Sein in Pflichten und Terminen, die uns keine Zeit lassen füreinander. Wir kennen die kalten Gesetzmäßigkeiten von Handel und Markt, die uns beherrschen: Wer eiskalt rechnet, kommt nach oben und behauptet sich auch dort. Was nichts bringt, wandert auf der inneren Prioritätenliste nach unten und fällt oft hinten herunter, weil wir keine Zeit haben.

Und erst allmählich spüren wir, wie allein wir sind. Wir spüren, dass menschliche Beziehungen erkalten und auf Eis gelegt werden: Schließlich sterben viele Menschen den regelrechten Kältetod.

Martin hat mit seinem Handeln eindrucksvoll gezeigt, was Aufstehen für das Leben heißt, wenn Menschen wagen, einander Nähe zu schenken und sich heilsam nahe sind. Da verändert sich alles und neues Leben kann beginnen. Martin führt uns zu Jesus Christus! Das „Liebet einander", das Christus und zuruft, das Geben und Teilen, sind nicht nur große Worte (vgl. Joh 13,34). Dieser Ausruf beinhaltet vor allem die Lebensgeschichte des Jesus von Nazaret, die liebende Praxis eines Menschen aus Fleisch und Blut, der uns auffordert und anstiftet, ebenso zu handeln wie er. „Du sollst den Nächsten lieben wie dich selbst." (Lk 10,27) Nächsten- und Fernsten-, Bekannten- wie Fremdenliebe verlangt uns ab, Maß zu nehmen an der Liebe, die Jesus aus Nazaret uns vorgelebt hat. Stellvertretende Liebe, die bereit ist, bis ins Letzte zu gehen. Gerade darin ist uns Martin von Tours ein beispielhafter Heiliger. Er hat uns die Heilsgeschichte Jesu erschlossen, indem er sie durch seinen eigenen Lebensweg und durch sein Handeln konkret und lebendig werden ließ.

Aber die Geschichte Martins geht noch einen entscheidenden Schritt weiter. Und hier erschließt er uns das Leitwort unserer Diözesanpastoral „Gott und den Menschen nahe".

In der Nacht der Mantelteilung hat Martin einen Traum. Christus begegnet ihm mit eben dem Mantel bekleidet, den er dem frierenden Bettler, dem vom Kältetod bedrohten Menschen, gab. Der bettelnde Mensch – so fällt es ihm wie Schuppen von den Augen – ist Christus selbst. In jedem, der sagt: Ich habe nichts, ich brauche Hilfe, Zuwendung und Nähe, ich bin arm, krank, nackt, einsam; in jedem, der bedürftig ist, der unsere heilsame Nähe braucht, erscheint und begegnet uns Christus selbst. In jedem, der etwas von mir, von uns braucht, sei er arm oder einsam, verurteilt, verspottet, bevormundet oder behindert, benachteiligt oder ausgegrenzt, wird uns das Jesuswort verlebendigt: „Was ihr dem Geringsten getan habt, das habt ihr mir getan!" In jedem dieser Menschen begegnet uns Christus, in jedem menschlichen Hilferuf steckt Jesus Christus — Gott selbst. Die Geschichte dreht sich um: Nicht mehr der Bedürftige kann dankbar sein, dass da einer kommt, der mit ihm teilt, was er hat. Nein: Martin selbst, der, der hatte und geben konnte, ist am Ende der Beschenkte. Ihm wird die heilsame Begegnung geschenkt, dass ihm im Bedürftigen Jesus Christus, Gott selbst begegnet — eine Begegnung, die wir alle suchen.

Als Gebender mag sich Martin vielleicht noch groß vorgekommen sein, als er seinen Mantel teilte und den Bettler wärmte. Aber das, was er tut, erdet ihn: Er gibt ein Stück seines Mantels her. Aber Gott selbst nimmt diesen Gestus und stellt sich selbst, bekleidet mit der Mantelhälfte, vor Martin und macht ihm damit deutlich: Das Entscheidende ist nicht allein die soziale Tat; das Entscheidende ist nicht das Halbe, das du gibst. Dich erfüllt, dass du im Armen Christus begegnest!

Im Gedenken an Martinus erschließt sich uns wirklich, wie einladend offen der Himmel für uns ist. Es erschließt sich, dass Gott uns Menschen nahe gekommen ist im anderen Menschen. Er lädt uns ein, ihn zu entdecken. Und wir dürfen erfahren, dass wir immer dort, wo wir anderen Menschen heilsam nahe kommen, ein Stück vom Reich Gottes konkret und wirklich werden lassen.

In diesem zweiten Blickwinkel der Geschichte hebt sich der Unterschied zwischen Geben und Nehmen auf. Derjenige, der gibt, ist zugleich der unendlich Empfangende. Und derjenige, der empfängt, ist letztlich der wirklich Schenkende. – Er ist derjenige, der dem anderen die Nähe mit Christus Jesus schenkt. Das ist die tröstliche und hoffnungsvolle Botschaft für uns alle.

Wer ganz aus Gott lebt, sieht sich unversehens neben dem Nächsten, neben dem Armen und Schwachen stehen. Und wer sich dem Menschen in Kälte und Not zuwendet, der begegnet im Geringsten, im Notleidenden unversehens Christus.

Zum Schluss möchte ich an ein Wort erinnern, das der Jesuitenpater Alfred Delp während des Krieges 1945, kurz vor seiner Ermordung aufgeschrieben hat. Alfred Delp schreibt: „Wir haben durch unsere Existenz den Menschen das Vertrauen zu uns genommen. Von zwei Sachverhalten wird es abhängen, ob die Kirche noch einmal einen Weg zu diesen Menschen finden wird. Der eine Sachverhalt meint die Rückkehr der Kirchen in die Diakonie, in den Dienst der Menschheit. Und zwar in einen Dienst, den die Not der Menschheit bestimmt. Der Menschensohn ist nicht gekommen, sich bedienen zu lassen, sondern zu dienen. Es wird kein Mensch an die Botschaft vom Heil und vom Heiland glauben, solange wir uns nicht blutig geschunden haben im Dienste des physisch, psychisch, sozial, wirtschaftlich, sittlich oder sonstwie kranken Menschen. Rückkehr in die Diakonie habe ich gesagt, damit meine ich, das Sich-Gesellen zum Menschen, in allen seinen Situationen, mit der Absicht, sie ihm meistern zu helfen. Damit meine ich das Nachgehen und Nachwandern auch in die äußersten Verlorenheiten und Verstiegenheiten des Menschen, um bei ihm zu sein. Genau und gerade dann, wenn ihn Verlorenheit und Verstiegenheit umgeben. Geht hinaus, hat der Meister gesagt, und nicht, setzt euch hin und wartet, bis einer kommt."

So ist uns Martin ein Wegweiser für das Evangelium. Und genau das ist es, was Papst Franziskus meint, wenn er zu uns als Kirche sagt, geht an die Peripherie und findet dort in den verlorensten Existenzen den Gott, der uns rettet: Genau das ist Hoffnung und Brauchbares für Europa.

Martin von Tours – eine geschichtsträchtige Heiligengestalt

BISCHOF DR. GEBHARD FÜRST

Das missionarisch-diakonische Potential Martins für das heutige Europa und die Kirche

Nachdem wir den Martinus-Kongress gestern mit einem Pontifikalgottesdienst feierlich eröffnet haben, werden wir uns nun der Bedeutung Martin von Tours als einer geschichtsträchtigen Heiligengestalt nähern.

In meiner Einführung in das Thema möchte ich einige Aspekte des missionarisch-diakonischen Potentials des heiligen Martinus für das heutige Europa und die Kirche benennen und ausführen.

Verantwortung als Christen in Europa

Gleiche Chancen beim Zugang zu Bildung, Arbeit und gesellschaftlicher Teilhabe – diese Forderungen, die nicht zuletzt im Vorfeld der Bundestagswahlen immer wieder diskutiert wurden, sind Grundlagen für erfolgreiche Integration. Und gleichzeitig sind es Themen, die jede und jeden von uns in unserem konkreten Umfeld betreffen. Sie fordern uns sowohl als Kirche insgesamt, aber auch als kirchliche Mitarbeiterinnen und Mitarbeiter sowie Verantwortungsträgerinnen und -träger heraus. Integration betrifft uns in unserem innersten Kern – bedenken wir beispielsweise allein die große Zahl an Katholiken anderer Muttersprache in unseren Gemeinden.

Das Miteinander, die gelingenden Integrationskonzepte hierzulande sind umso höher zu werten, wagt man den Blick ins europäische Ausland. Wie vor wenigen Tagen bekannt wurde, gilt laut einer Studie die größte Sorge der Deutschen der Euro-Krise.[1]

Griechenland, Portugal, Irland, Zypern, Italien, Spanien, all diese Staaten sind hoch verschuldet und bedürfen mehr oder weniger der Hilfe der EU-Mitgliedsstaaten. Der Angst der Deutschen steht der Vorwurf der fast schon sprichwörtlich gewordenen „typisch deutschen Überheblichkeit" gegenüber, der aus den von der Schuldenkrise stark gebeutelten Staaten Europas immer lauter zu hören ist.

---

1   Ergebnis der Umfrage eines großen Versicherungsanbieters, http://www.spiegel.de/wirtschaft/soziales/studie-euro-krise-und-inflation-jagen-deutschen-angst-ein-a-920599.html, 5.9.2013.

Was hat Europa mit uns zu tun? – So können wir uns fragen. Die Antwort fällt sicherlich am ehrlichsten aus, wenn wir die Frage umkehren: Besinnen wir uns darauf, was wir mit Europa zu tun haben! Wir haben einen Auftrag in und für Europa. Gerade wir Christen können aus unserer Tradition, unserer Ethik heraus, Grundlegendes für ein gelingendes Miteinander beitragen.

Aus welchem Land wir auch stammen: Unsere gemeinsamen christlichen Wurzeln bergen ein großes Potential für Europa.[2]

Identitätspunkt Martinus

Martinus, der zwischen 316 und 397 in Europa auftritt, darf schon allein aufgrund seines Lebenslaufs und noch mehr durch sein christliches Lebenszeugnis als Mönch und Bischof, vor allem aber durch den hieraus erwachsenden Beitrag für das Entstehen des „christlichen Europa" zu Recht als „Identitätspunkt"[3] und „Heiliger Europas" bezeichnet und verehrt werden.

Als Täter des Wortes der Liebe hat er Christus in den Armen und Schwachen erkannt und hat so Jesus Christus den Menschen verkündet.

Als Christen und als katholische Kirche ist es unsere Aufgabe, in Rückbesinnung auf das Wirken des heiligen Martin die Einheit in Europa und das Konzept einer Europäischen Union zu unterstützen und zu fördern. Unsere Grundfrage dabei sollte lauten: Wie kann der Geist der Humanität in der Gesellschaft bewahrt bzw. wiederhergestellt werden? – Die Antwort auf diese Frage finden die Christen in der Botschaft des Glaubens.

Das Christentum hat wesentlich zum europäischen Verständnis von Menschlichkeit in Bezug auf das Individuum, aber auch in Bezug auf die gesamte Gesellschaft beigetragen. Denn erst der christliche Glaube, die christliche Ethik und die tätige Nächstenliebe sind Basis für die Freiheit des Einzelnen und den Dialog von Zivilisationen und Kulturen.

In jüngster Vergangenheit haben sich hochrangige Europapolitiker immer wieder zur christlichen Tradition und zum Erhalt des entsprechenden Wertefundamentes in Europa bekannt. Jacques Delors, von 1985 bis 1994 Präsident der EU-Kommission, sprach mehrfach – zuletzt 2012 in einem größeren Zeitungsinterview – angesichts der Gefahr einer zunehmend eindimensionalen und egoistischen Gesellschaft von der Notwendigkeit, *Europa in neuer Weise eine Seele zu geben*. Dies könne einzig in Rückbindung an die christliche Religion und in einer eindeutigen „Option für die Armen" gelingen. Den erforderli-

---

2 Vgl. Gebhard Fürst, „Europa eine Seele geben", in: Martin von Tours, Ikone der Nächstenliebe, herausgegeben von Gebhard Fürst, Ostfildern 2011.
3 Hubert Wolf, in: Glauben leben, Leben teilen – Katholisch in Württemberg, herausgegeben vom Bischöflichen Ordinariat, Ostfildern 2011, S. 63.

chen „spirituellen Elan", wie Jacques Delors sagt, finde man niemals abstrakt, sondern vor allem in Glaubenszeugen, welche die Inspirationskraft des Evangeliums verkörpern.

Politiker wie Jacques Delors haben erkannt: Wie kaum ein anderer versinnbildlicht Martin die soziale und karitative Dimension der europäischen Kultur und Gesellschaft. Martin ist und bleibt Mahnung an uns: Das christliche karitative und soziale Engagement muss insbesondere in einem größer gewordenen Europa lebendig bleiben. Es geht um eine zentrale geschichtliche Entwicklung und um ein fundamentales Erbe, das für die Identität Europas wichtig ist – und das nicht zuletzt auch als Voraussetzung für den Dialog der Zivilisationen und Kulturen.

Im Jahr 2005 rief der Europarat das Projekt „Via Sancti Martini", den Martinsweg durch Europa, als europäischen Kulturweg aus. „Seit dem 4. Jahrhundert ist Martin von Tours Bestandteil des kollektiven Gedächtnisses Europas", begründet der Europarat seine Entscheidung. Martinus versinnbildliche den universellen Wert des Teilens. Zeit seines Lebens unermüdlich in Europa unterwegs, sei er als Europäer seiner Zeit voraus gewesen.

Damit hat der Europarat ein Zeichen gesetzt. Zweifellos ist Martin ein Wegbereiter der europäischen Einheit; ja noch mehr: Er ist Beispiel, Maßstab und Wegweiser für die Glaubwürdigkeit Europas, aber auch der europäischen Kirche.

Seit 2009 arbeiten wir am „Projekt Martinsweg" in der Diözese Rottenburg-Stuttgart. Der im Jahr 2011 in der Diözese eröffnete, nun 1200 Kilometer lange und gut ausgeschilderte Martinsweg ermöglicht Pilgerinnen und Pilgern, von diesem Heiligen viel zu erfahren und zu lernen, was missionarisches Christsein heißt. Wandernd kann man sich diesen großen europäischen Christen in seinem Leben aus dem Glauben für die Menschen in ihren Sorgen und Nöten vergegenwärtigen. Im konkreten Miteinander des Pilgerns verkörpern sie so missionarische und dialogisch gelebte Kirche. Sie sind das „wandernde Volk Gottes", das den Weg exemplarisch mit der ganzen Menschheit gemeinsam geht und zum Sauerteig der in Christus zu erneuernden menschlichen Gesellschaft wird.

MARTIN HEINZELMANN

Martin von Tours – ein Identität stiftender Europapatron

Ich beginne mit einem Zitat, das mitten in unseren Gegenstand hineinführt und diesem gleichzeitig sein besonderes Gewicht verleiht: „Damals ging auch schon unsere Sonne auf – *tunc iam et lumen nostrum exoritur* – und erleuchtete Gallien mit neuen Strahlen des Lichts, in der Zeit nämlich, als der heilige Martin in Gallien zu predigen begann, wobei er den Völkern durch viele Wunder Christus, den Sohn Gottes, als wahren Gott erwies und den Unglauben der Heiden zum Guten wandte."[1]

Dieser Satz ist der ersten bedeutenden mittelalterlichen Universalgeschichte entnommen, den in der Nachfolge von Eusebius, Augustin und Orosius verfassten zehn Büchern Geschichte oder *Historiae* des Bischofs Gregor von Tours aus der zweiten Hälfte des 6. Jahrhunderts. Das bis in die neueste Zeit als *Frankengeschichte* falsch überschriebene und gründlich missverstandene Werk, dessen ausführliche Erzählung im zweiten Buch von der fränkischen Reichsgründung durch den Merowingerkönig Chlodwig allen späteren historiographischen Berichten bis in die neueste Zeit zugrunde liegt, hat im gleichen Maße das Bild des Bischofs Martin von Tours in der Geschichte für die Überlieferungen wohl aller folgender Zeiten festgeschrieben.

Dabei ist es aber keinesfalls so, dass der sechzehnte Nachfolger Martins als Bischof der Loirestadt, also jener Gregor, ein grundsätzlich neues Bild von seinem Vorgänger im Auge hatte, das von demjenigen der ihm bekannten Quellen bezüglich der Person und zum Leben Martins unterschieden werden müsste. Gregor hat sich vielmehr stets auf die ihm vorliegenden Zeugnisse zum Leben seines Vorgängers berufen und deren hohe, quasi biblische Glaubwürdigkeit hervorgehoben. Diese Glaubwürdigkeit war für ihn auch deshalb gegeben, weil er in allen 21 Jahren eigener Ausübung des Bischofsamtes (573–594) regelmäßig Zeuge von erstaunlichen Begebenheiten in und um die Basilika des Heiligen gewesen ist. Solche Begebenheiten hat er im Übrigen in Übereinstimmung mit den Anordnungen Augustins in dessen ‚Gottesstaat' festgehalten und in vier Büchern über die Wunder oder *Virtutes* Martins zusammengestellt. Er wählte

---

1 Gregor von Tours, Historiarum libri X, hg. von Bruno Krusch, Monumenta Germaniae historica, Scriptores rerum Merovingicarum Bd. 1, ²1951, S. 27 (Buch I Kap. 39). – Zur heilsgeschichtlichen Rolle Martins für die Geschichte der Universalkirche siehe Heinzelmann, Gregor von Tours (vgl. Bibliographie), besonders S. 116–118.

dafür eine streng annalistisch-chronologische Form, indem er bis an sein Lebensende weit über 200 teilweise selbsterlebte Wunderepisoden jeweils kurz nach dem betreffenden Geschehen aufgezeichnet hat.[2] Über diese besondere und stets gegenwärtige Beziehung zu Martin hinaus war der Bischof und Historiker Gregor weniger als 200 Jahre nach dem Tode seines Vorgängers aber auch bestens in der Lage, die ihm bekannten Nachrichten einzuordnen und entsprechend dem Leben wie dem Nachleben Martins seine historische, für ihn heilsgeschichtlich geprägte Bedeutung zu verleihen.

Der Martin zukommende historische Stellenwert konnte für seinen Nachfolger Gregor selbstverständlich deutlicher vor Augen stehen als für die ihm vorangehenden Biographen des Heiligen, da er die Auswirkungen von dessen gewaltig angewachsenem Prestige ständig vor Augen hatte; das gilt für seine Bischofsstadt selbst, aber viel mehr noch für weite Teile der spätrömischen Welt und Europas. Tatsächlich hat die durch die Heiligenvita bewirkte Rezeption des martinischen Wirkens außerordentlich früh eingesetzt, auch wenn man erste Höhepunkte dieser beispiellosen Wirkungs- und Erfolgsgeschichte in entsprechenden, uns noch vorliegenden Überlieferungen meist erst etwa zwei oder drei Generationen nach dem Tode des Bischofs im Jahr 397 ansetzt, wobei freilich zahlreiche Reaktionen außer Acht gelassen werden, die bereits unmittelbar nach der Veröffentlichung der frühesten Martinsschriften stattgefunden haben.

Der nicht zu umgehende Ausgangspunkt für das Verständnis des Heiligen ist in jedem Fall seine Biographie, die der unerhört gebildete südfranzösische Aristokrat und Literat Sulpicius Severus dem Bischof Martin zu dessen Lebzeiten, wohl 396, geschrieben hat, nachdem er noch kurz zuvor die persönliche Bekanntschaft mit dem großen Asketen gemacht hatte. Da in diesem ersten Text aber so wichtige Bestandteile wie das Gesamtporträt des Heiligen und die Schilderung seines Todes fehlten, hat der gleiche Autor um 400 drei Briefe mit entsprechenden Elementen angefügt, um schließlich weitere vier bis sechs Jahre später zwei Bücher in Dialogform („*Gallus*. Dialoge zu den Tugenden des heiligen Martin") anzuhängen, die in der handschriftlichen Überlieferung seit der Karolingerzeit meist dreigeteilt erscheinen; gleichzeitig hat er eine Chronik geschrieben, in der besonders die Vorgänge um den Prozess gegen die Priszillianisten behandelt werden.

---

2 Gregor von Tours, Libri I–IV de virtutibus sancti Martini episcopi, hg. von Bruno Krusch, Monumenta Germaniae historica, Scriptores rerum Merovingicarum Bd. 1–2, 1885. Vgl. dazu Martin Heinzelmann, La Réécriture hagiographique dans l'œuvre de Grégoire de Tours, in: La Réécriture hagiographique dans l'Occident médiéval, hg. Monique Goullet und Martin Heinzelmann (Beihefte der Francia, 58), Ostfildern 2003, S. 15–70, hier S. 23–37 (Les miracles de saint Martin: l'édification de l'Église ou la Réécriture sans fin du Verbum Dei).

Bei einer ersten, oberflächlichen Lektüre ist nicht gleich zu erkennen, weshalb die Martinsbiographie zu einem der meistgelesenen Werke des ersten Jahrtausends und zu einer umstrittenen Streitschrift in ihrer Zeit werden konnte. Sie handelt von einem Mann, der drei Jahre nach dem konstantinischen Toleranzedikt von 313 im pannonischen *Sabaria* (Szombathely, früher Steinamanger, im heutigen Ungarn) geboren wurde, in einer Gegend, die dem römischen Reich mehrere aus Soldatenfamilien stammende Kaiser geschenkt hat. Martins Vater war ebenfalls Soldat und Offizier, der zumindest teilweise im italischen Pavia stationiert war, dessen Sohn mit 15 Jahren zwangsläufig die gleiche Laufbahn betreten musste und wohl auch das übliche Dienstpensum von 25 Jahren ableistete, was sein Biograph nur zögerlich durchblicken lässt. In diese lange Dienstzeit fällt die bemerkenswerte Episode der Mantelteilung oder ‚Charité' von Amiens als 18-jähriger Taufanwärter (Katechumen), auf die wir zurückkommen werden. Nach dem militärischen Abschied bei Worms begibt sich Martin nach Poitiers zu dem Kirchenlehrer Hilarius, dem überragenden Dogmatiker der Trinität; der verleiht ihm einen niederen Kirchenrang, wird aber selbst bald darauf wegen seiner Treue zur in Nikaia formulierten Trinität ins Exil nach Kleinasien verbannt. Martin reist indessen zurück nach Pannonien, bekehrt seine noch heidnische Mutter und wird in der Folge wegen seiner antiarianischen Haltung aus einer ungenannten Stadt Illyriens mit Rutenschlägen verjagt. In Mailand lebt er in einem selbsteingerichteten Kloster, wird aber vom arianischen Bischof Auxentius aus der Stadt vertrieben. Er flüchtet sich auf eine Insel in der Nähe von Genua, von wo er sich nach Poitiers aufmacht, als Hilarius 361 aus dem Exil zurückkehrt. Bei Poitiers gründet er ein Kloster, wahrscheinlich Ligugé, beginnt mit einer spektakulären Totenerweckung seine thaumaturgische Laufbahn und wird mit der entsprechend enormen Popularität 371 Bischof von Tours. Sein Episkopat ist getragen von der schlichten Demut wie der Unbeugsamkeit des Asketen – sein bevorzugter Aufenthaltsort in seiner Bischofsstadt ist das von ihm dort nördlich der Loire gegründete Kloster Marmoutier; dazu kommt ein ungeheurer missionarischer Eifer, den er auch außerhalb der eigenen Diözese eingesetzt hat. Am Kaiserhof in Trier tritt er ohne Erfolg für das Leben spanischer Häretiker ein, deren kirchliche Verurteilung durch zwei Konzile er zuvor noch mitgetragen hatte. Bei seinem Tun ist er beseelt von einem unendlichen Gottvertrauen und den Worten Christi an seine Apostel über die ihnen nach dem Zeugnis der Evangelien übertragenen Aufgaben (Mt 10,8; Mk 16,17; Joh 14,12, etc.), ein Vertrauen, auf dem seine scheinbar unbeschränkten thaumaturgischen Fähigkeiten beruhen, die er besonders bei Heilungen (*gratia curationum*) und der Austreibung von Dämonen einsetzt.

Ausgehend von unserer Kenntnis des Umstandes, dass der gewaltige Ruhm Martins in erster Linie auf der medialen Wirkung der gerade in kürzester Form resümierten Biographie beruht, lassen sich zwei Erklärungen dafür ins Feld führen: Zum einen hat der besondere historische Zeitpunkt ihrer Verbreitung offensichtlich eine Rolle gespielt, zum anderen ist eine ganze Anzahl von Elementen im Text der Vita selbst zu nennen, die – im Gegensatz zu vielen anderen hagiographischen Zeugnissen – die Bedeutung ihres Helden von Anfang an weit über den engen lokalen Rahmen hinausheben und damit Martin offensichtlich zu einer geeigneten Identifikationsfigur für eine universale christliche Gemeinschaft werden lassen.

Tatsächlich fällt die Abfassung der Biographie in die Zeit eines noch relativ gut funktionierenden Römerreiches, trotz dessen zunehmender Spaltung in ein West- und ein Ostreich. Der geistige Austausch zwischen beiden Teilen und die Auseinandersetzung lateinischer Theologen mit den asketisch-monastischen Ideologien in Ägypten und Kleinasien waren noch eine stimulierende Realität, sichtbar etwa am Beispiel des in Rom und in Bethlehem tätigen Hieronymus. Die von Theodosius im Jahr 380 verabschiedeten Gesetze mit der Einrichtung des Christentums als Staatsreligion bewirkten zunächst ein neues Selbstbewusstsein und neue Hochstimmung in der Kirche, hatten andererseits aber auch zur Folge, dass die Beziehungen zwischen Kirche und Staat von nun an ständig heftig ausgefochten werden mussten, dass profane soziale Strukturen zu großen Einfluss in der Kirche gewannen und umgekehrt kirchlich-dogmatische Probleme mit den Machtmitteln der Profangesellschaft gelöst wurden.

In theologisch-dogmatischer Hinsicht fällt die Publikation der *Vita Martini* in eine Periode grundsätzlicher, existentieller Auseinandersetzungen hinsichtlich der Rolle des Gottessohns im Heilsplan, deren Bedeutung und Auswirkungen bis in unsere Gegenwart reichen. Während für die orthodoxe Theologie der Sohn Gottes längst vor der Zeit, also vor der Schöpfung, eines Wesens mit dem Vater war, der als *Verbum Dei* bei der Erschaffung Adams den wesentlichen Anteil hatte und der diese seine Schöpfung, die *ecclesia Christi* – die Christenheit –, durch Inkarnation und Passion von der Gefangenschaft der Sünde befreite, war für die Arianer Christus selbst Geschöpf, geboren *in* der Zeit, also *nach* dem Schöpfungsakt. Diese durch missverständliche Formulierungen des Konzils von Nikaia 325 entstandene Auffassung der Arianer wurde durch die Unterstützung einiger Kaiser zu einer der größten Herausforderungen des Katholizismus, was unter anderem das in der Martinsbiographie erwähnte Exil des Hilarius von Poitiers und die Verfolgungen Martins in Illyrien und Oberitalien zur Folge hatte.

In den Augen der Zeitgenossen verband diese enge, in der Vita angedeutete Partnerschaft im Kampf gegen den Arianismus Martin auf das engste mit Bischof Hilarius, der durch seine theologischen Arbeiten wie durch sein Exil längst zu den weltweit anerkannten Kirchenführern des 4. Jahrhunderts gehörte. Noch viele Jahrhunderte danach hatte dieses gemeinsame Eintreten für das richtige Bild von Christus zur Folge, dass das Zweigestirn Hilarius und Martin sich an der Spitze von ungezählten Litaneien und anderen liturgischen Dokumenten gemeinsam manifestieren und alle anderen Heiligen Galliens anführen würde.

Für die ersten Generationen nach dem Tode Martins schien sich, nach Hilarius, eine weitere Assoziation des Turoner Bischofs mit einem illustren Zeitgenossen aufzudrängen, und zwar mit Ambrosius von Mailand, der ebenfalls 397, im gleichen Jahr wie Martin gestorben war. Zwar wird Ambrosius in dem der Martinsvita folgenden Dialog (*Gallus*, Dialog 1,26,6) nur relativ kurz erwähnt, doch die Übereinstimmung des Todesjahres beider Bischöfe hat eine Reihe von Chroniken in der Mitte des 5. Jahrhunderts angeregt, zwischen Nachrichten aus der Weltpolitik die Verdienste des untadeligen Lebens dieser beiden Bischöfe sowie ihre Wundertaten in Gallien und Italien hervorzuheben. Zuvor hatte bereits der Autor der Ambrosiusbiographie um 420 ausdrücklich hervorgehoben, die *Vita Martini* als Modell gewählt zu haben. Und noch im 6. Jahrhundert erzählte man sich in Gallien die Geschichte, wie Ambrosius während einer Messfeier eingeschlafen war und in seiner Vision in dieser Zeit seines Schlafes an der Todesfeier Martins teilnehmen durfte[3] – die in Wirklichkeit freilich erst fünf Monate nach seinem eigenen Tod stattfinden würde.

Spricht man von den herausragenden Personen, die dauerhaft zum Ruhm Martins beigetragen haben, wird man in keinem Fall Paulinus von Nola vergessen dürfen, einen der reichsten Männer des römischen Westens, heute würde man sagen einen Multimilliardär, der seinen Reichtum in spektakulärem, asketischem Verzicht aufgegeben hatte, was von der gesamten römischen Welt wahrgenommen wurde; er war enger Schüler Martins und schließlich Bischof des kampanischen Nola geworden. Schon um das Jahr 400 hat er die Martinsvita in Rom eingeführt, herausgegeben und dort regelmäßig vorgelesen; seine Briefe, darunter die an den Biographen Martins, Sulpicius Severus, sind noch erhalten. Als er 431 in Nola starb, beschreibt ein anwesender Priester, wie er noch kurz zuvor mit Martin Zwiesprache geführt und den gallischen Bischof als „in allen Dingen apostolisch" bezeichnet hat.[4]

Wegen seiner überregionalen Perspektive musste für die Zeitgenossen selbstverständlich das in der Biographie angesprochene Verhältnis zu den Kaisern des weströmischen Reiches von besonderem Interesse für das Prestige unseres Heiligen sein. Eine erste Begegnung ist die mit Julian, den man den Abtrünnigen nennt, dem der Gardeoffizier Martin bei seinem Abschied aus der Armee entgegenhielt, von nun an nur noch Soldat Christi sein zu wollen. Als

---

3   Gregor von Tours, Liber I de virtutibus sancti Martini episcopi, cap. 5, S. 141.
4   Uranius presbyter, Epistola de obitu sancti Paulini Nolensis episcopi (ad Pacatum), 3, Patrologia latina von J.-P. Migne, Bd. 53, Kol. 861.

Bischof hatte er danach mit zwei weiteren Kaisern zu tun, die in Trier residierten. Beide in der *Vita* genannten Kaiser, sowohl der – wie Martin selbst – aus Pannonien stammende ältere Valentinian als auch der Usurpator Magnus Maximus, werden vom Bischof von Tours nach dem Zeugnis seines Biographen mit offensichtlicher Distanz behandelt, die seine kritische Unabhängigkeit von weltlicher Macht und staatlicher Institution erkennen lässt. Dennoch ist es bemerkenswert, wie viele hohe Würdenträger des Reichs engen Kontakt mit dem Bischof suchten (und fanden), während nur wenige Bischöfe Gnade vor seinen Augen finden konnten. Martins Verhältnis zu seinen gallischen Amtskollegen scheint bereits bei seiner Wahl durch das Volk von Tours wegen seiner asketischen Aufmachung getrübt gewesen zu sein; der Höhepunkt dieser Negativbeziehung war freilich bei der Verurteilung des spanischen Häretikers Priszillian erreicht, als eine große Gruppe spanisch-gallischer Bischöfe diesen der weltlichen Macht und Justiz überließen.[5] Als Magnus Maximus fünf dieser Häretiker hinrichten ließ, brach Martin – im Übrigen wie auch Ambrosius von Mailand – die Gemeinschaft mit den zahlreichen Bischöfen kurzfristig ab, die dazu beigetragen hatten, dass zum ersten Mal Christen durch Christen zum Tode verurteilt wurden.

Das Scheitern seines Eintretens für das Leben des Priszillian und Genossen, deren Hinrichtung durch das Massaker vieler spanischer Christen grausame Fortsetzung fand, ist für den Bischof von Tours auch dadurch zur größten Niederlage seines Lebens geworden, dass er den spanischen Asketen nicht ohne gewisse Sympathien begegnen konnte. Vorwürfe gegen die iberischen Sektierer hatten deren kritische Einstellung gegenüber der Amtskirche betroffen, die Einbeziehung von Frauen in das kirchliche Leben, das Halten von religiösen Vorträgen ohne kirchliche Genehmigung, das Mitnehmen der Eucharistie in private Haushalte. Für Martin konnten das zweifelsohne keine Gründe für eine Verurteilung durch staatliches Recht darstellen. Dennoch hat er schließlich nach langem Widerstand eingewilligt, die Kirchengemeinschaft mit den dafür verantwortlichen Bischöfen wieder aufzunehmen, auch wenn er danach ausdrücklich vermied, Versammlungen von Bischöfen zu besuchen. Seinen engsten Schülern hat er in dieser Zeit unter Tränen gebeichtet, dass er sein Einlenken mit einem bedeutenden Teil seiner *virtus*, der ihm verliehenen Wunderkraft, bezahlen musste (*Gallus*, Dialog 3,13,5).

Für unsere Fragestellung nach der Eignung Martins als Identifikationsfigur ist es natürlich von größtem Interesse, dass der Asket und Thaumaturg Martin die Gemeinschaft mit der Gesellschaft, in der er lebte, auch in dieser Situation nicht aufgegeben hat, trotz der von ihm als bitter empfundenen Schwächung

---

5   Friedrich Prinz, Das Kirchenverständnis Bischof Martins von Tours und die Verfolgung der Priscillianer, in: Rottenburger Jahrbuch für Kirchengeschichte 18 (1999), S. 49–59.

seiner spirituellen Kräfte. Seine Entscheidung gehört grundsätzlich in den Zusammenhang der Problematik vom Wesen und Sinn von Askese, wie sie im 4. und 5. Jahrhundert verstanden und wiederholt in der Martinsbiographie thematisiert wurde. Der in den Schriften selbst kaum vorkommende und in der frühchristlichen Literatur als „Kampf gegen Dämonen und die Sünde" begriffene Ausdruck ‚Askese' (der im Lateinischen durch *disciplina* oder *exercitia*, also Übungen, wiedergegeben werden konnte) wurde im 4. Jahrhundert vor allem im bevölkerten ägyptischen und syrischen Ostteil des Römerreichs durch die spezifischen Elemente der Weltflucht und Weltverachtung zusätzlich definiert und am Beispiel der dortigen Wüstenasketen in idealer Weise illustriert:[6] Höchstes Ziel für jeden Einzelnen war die persönliche Vervollkommnung durch eine von harten Einschränkungen charakterisierte Lebensweise vorzugsweise in Abgeschiedenheit. Eine rein kontemplative Haltung im Gebet wurde grundsätzlich höher eingeschätzt als aktive Fürsorge für andere oder für eine Gemeinschaft. So ist dann auch die literarische Entgegnung auf die emblematische Vita des ägyptischen Asketen Antonius durch Bischof Athanasius von Alexandria einer der wichtigsten Gründe für das Schreiben der Martinsvita durch Sulpicius Severus gewesen, zumal die lateinische Übersetzung des Antoniuslebens seit den 70er-Jahren des 4. Jahrhunderts die Hitlisten der Buchveröffentlichungen im lateinischen Europa anführte; der Vergleich der beiden Protagonisten, der eine Bischof, der andere Abt, ihrer Lebensweise und der ihnen entsprechend verliehenen Wunderkraft war folglich ein wesentliches, wenn auch überwiegend polemisch verfolgtes Thema für den gallischen Verfasser.

Im Gegensatz zu den einzigartigen Asketen östlicher Prägung, die sich als ‚Athleten Christi' der Einhaltung höchster Disziplin und dem heroischen Kampf gegen die Schwächen der menschlichen Natur und gegen das Böse verschrieben hatten, war das Anliegen Martins in erster Linie auf den Dienst für Christus und für seine Mitmenschen ausgerichtet. Was dieser ‚Dienst für Christus' beinhaltet, hat Gregor von Tours in dem bereits zu Beginn aufgeführten Zitat zwei Jahrhunderte später so zusammengefasst: „Als der heilige Martin in Gallien zu predigen begann, hat er den Völkern durch viele Wunder Christus, den Sohn Gottes, als wahren Gott erwiesen und den Unglauben der Heiden zum Guten gewendet" (*Historiae*, 1:39). „Er hat", so fährt Gregor fort, „Tempel zerstört, Irrlehren unterdrückt, Kirchen erbaut und nach vielen anderen Wundern sogar drei Tote zum Leben erweckt."

Will man Martin als Identifikationsfigur gerecht werden, kann man über seine besondere Beziehung zu charismatischer Wunderkraft, wie sie sonst nur bei wenigen großen Asketen des Orients Parallelen findet, keinesfalls hinweg-

---

6 Artikel ‚Askese' von Jean Leclercq, in Lexikon des Mittelalters, Bd. 1, München 1980, Kol. 1112–1115.

gehen, selbst wenn der Zugang zu diesem Phänomen durch unseren an naturwissenschaftlichen Normen geschulten Verstand erheblich erschwert wird.[7] Offensichtlich ist es aber tatsächlich diese – von vertrauenswürdigen Zeitgenossen im Übrigen reichlich bestätigte – Begabung gewesen, die ihm zu seinem Bischofsamt und frühzeitig zu einem überregionalen Ruf verholfen hat. Weniger als zwei Generationen nach seinem Tod haben mehrere profane Chroniken Westeuropas signalisiert, dass der Bischof Martin sich durch seine apostolischen Wundertaten (*apostolicis virtutibus*) hervorgetan habe.[8] Das knüpft wahrscheinlich daran an, dass bereits der Biograph Sulpicius Severus festgestellt hatte, dass Martin schon in der Folge seiner ersten Totenerweckung – also noch vor dem Erlangen des Bischofsamtes – als „mächtig und wahrhaft apostolisch" (*Vita Martini* 7,7) angesehen wurde und dass ihm als einzigem Bischof am Trierer Kaiserhof „apostolica auctoritas", also Autorität, die derjenigen der Apostel vergleichbar ist, zuerkannt wurde (*Vita Martini* 20,1). Wenn danach der Martinsschüler Gallus ausrief „es ist nur gerecht, daß derjenige mit den Aposteln und Propheten verglichen wird, der sich ihnen durch seinen großen Glauben und seine Wundertaten als ebenbürtig erweist" (*Gallus*, Dialog 2,5,2), sind Wundertätigkeit und Apostolat offensichtlich in einem wesensmäßigen Zusammenhang gesehen worden, was uns wieder zu dem zuvor erwähnten ‚Dienst für Christus' hinführt. Für den Glauben Wunder zu wirken, ist nach den Evangelien der letzte Auftrag des Herrn selbst an seine Apostel gewesen, wie es bei den Evangelisten Matthäus (10:8), Markus (16:17) oder Johannes (14:12) nachzulesen ist, wo auch etwa die Art der Wunder detailliert wird, wie Krankenheilungen, Totenerweckungen, Heilung von Leprosen, Austreibung von Dämonen. Auf die bei Johannes angeführten Christusworte, „wer an mich glaubt, der wird die Werke, die ich tue, auch tun", kommt der Biograph Martins zurück, wenn er argumentiert, „wer nicht an die Realität der Werke Martins glaubt, der glaubt auch nicht, daß Christus diese Worte gesprochen hat" (*Gallus*, Dialog 1,26,5).

Tatsächlich ist das Attribut ‚*apostolicus*' der möglicherweise wichtigste Begriff der Medien gewesen, die im 5. Jahrhundert das einzigartige Prestige des Bischofs von Tours verbreitet haben. Die Grundlage dafür ist in der Vita angelegt (7,7) und im ergänzenden ersten Brief durch den Ausruf des Biographen bestätigt (*Vita Martini, Ep.*1:5), der den Heiligen wie folgt anspricht: „Oh glückseliger und in allem den Aposteln gleicher Mann". Das wiederum führt kurz

---

[7] Dazu Martin Heinzelmann, Die Funktion des Wunders in der spätantiken und frühmittelalterlichen Historiographie, in: Mirakel im Mittelalter. Konzeptionen, Erscheinungsformen, Deutungen, hg. von Martin Heinzelmann, Klaus Herbers und Dieter Bauer, Stuttgart (Steiner) 2002, 492 S. (Beiträge zur Hagiographie, 3), S. 23–61.
[8] Zu den Chroniken des 5. Jhs., die Martin erwähnen, siehe Heinzelmann, Identität stiftender Diözesanpatron (siehe Bibliographie), S. 31 mit Anm. 8.

später zur Feststellung, dass Martin nun, nach seinem Tod, mit den Aposteln und Propheten zusammen sei und in dieser glorreichen Schar keinem den Vorrang überlassen müsse (*Vita Martini, Ep.* 2:8). Als wenig später die Martinsbasilika in Tours in den Siebzigerjahren des 5. Jahrhunderts als eine der bedeutendsten Kirchen der lateinischen Christenheit geschaffen wurde, nahm die Apostelthematik dann auch den Löwenanteil bei der künstlerischen Ausgestaltung der Kirche ein. In meinem Vortrag von 2003 zur Feier des 175-jährigen Bestehens der Diözese Rottenburg-Stuttgart ist schon ausführlich die Rede von dem Bildzyklus gewesen, der um 470 der Basilika eine programmatische Ausrichtung gab und dessen zugehörige Inschriften mit den entsprechenden Bilderklärungen durch eine außergewöhnlich günstige Überlieferungslage bis heute überliefert sind.[9] Vermutlich sind schon im 5. Jahrhundert diese Inschriften in einem Band, dem sogenannten *Martinellus*, zusammengestellt und später in der Karolingerzeit mit anderen Martinsschriften wie der Vita mit ihren Anhängen in einer eigenständigen Veröffentlichung herausgegeben worden, deren Auflagenhöhe – wenn man das in unserem modernen Jargon so sagen darf – im 9. Jahrhundert diejenige aller anderen Quellenzeugnisse der Zeit um ein Mehrfaches übersteigt.

Doch zurück zur Basilika, deren Ausgestaltung wie gesagt ganz dem Thema der Apostolizität oder Aposteleigenschaft Martins gewidmet war, was kaum ohne Einfluss auf den fränkischen Reichsgründer König Chlodwig geblieben sein dürfte, als dieser eine Generation nach dem Bau der neuen Basilika im Jahr 507 seinen Feldzug gegen die westgotischen Arianer – wir erinnern uns an die Auseinandersetzungen von Hilarius und Martin gegen die gleichen Gegner – an diesem speziellen Ort in Tours eröffnete und damit einen wichtigen Grundstein für das gerade von ihm gegründete Frankenreich legte. Im Langschiff der Kirche, auf der dem Loirefluss zugewandten Seite, befand sich eine Darstellung der Kirche von Sion mit der entsprechenden Bildunterschrift: „die allerheiligste Kirche Christi, die von Aposteln begründet wurde und in welcher sich der Heilige Geist in Form von Feuerzungen auf die Apostel ausgoß". Die Sion-Kirche von Jerusalem steht hier – im Gegensatz zu der traditionell-hierarchischen Kirchenvorstellung, wie sie die petrinische römische Kirche pflegte, die freilich nur den Westteil des römischen Reiches hätte repräsentieren können – als Sinnbild einer durch alle Apostel kollegial repräsentierten universellen Kirche, einer Weltkirche, die auch als ‚Gemeinschaft der Heiligen' angesprochen werden konnte. Entsprechend wird das Attribut *apostolicus* schon seit dem Ende des 2. Jahrhunderts für Priester und Bischöfe verwendet, die als direkte Erben des Auftrags und der Vollmachten angesehen werden konnten, mit denen Christus nach den Evangelien seine Jünger ausgestattet hat. Auftrag und Voll-

---

9   Heinzelmann, Identität stiftender Diözesanpatron, S. 29–30.

macht bedeutet Verkündigung der Botschaft Christi und die legitimierte Autorität zur Ausführung des Auftrags. Deshalb sprechen die Inschriften der Basilika da von „apostolischen Zeichen" (*apostolica signa*), wo die Wunder Martins im Einzelnen an der anderen Wand des Kirchenschiffs dargestellt werden. Den Rundgang in der Basilika fortsetzend führt dieser letztendlich zu zwei Inschriften in der Chorapsis am Martinsgrab: In der ersten verkündet die auf Martin bezogene Selbstaussage des Apostels Paulus, den rechten Kampf gekämpft, den Lebenslauf vollendet, den Glauben bewahrt zu haben (2 Tim 4,7), in der zweiten wird im Sinn einer abschließenden Zusammenfassung postuliert, dass Martin durch seine Verdienste Bekenner, durch sein Leiden Märtyrer, durch sein Handeln Apostel sei. Noch im 10. Jahrhundert erinnert der berühmte Hymnus *Martinus par apostolis* des nicht minder berühmten Abtes Odo von Cluny an diese Apostolizität Martins.[10]

Zur apostolischen Dimension des Pannoniers Martin gehören selbstverständlich auch die Belege, die den Heiligen einer Region zuordnen, die über die Grenzen seiner eigenen Diözese hinausweist. Diese Zielsetzung verfolgen bereits die sieben Jahre nach dem Tode Martins aufgezeichneten Dialoge, Notizen der Gespräche von drei Martinsschülern, von denen einer, Postumianus, gerade von einer dreijährigen Pilgerreise zurückgekehrt war, die ihn über Karthago nach Ägypten und Jerusalem führte (cf. *Gallus,* Dialog 1,23,1–8 u.26). Nachdem er bei den Buchhändlern der genannten Orte das Martinsleben bereits vorgefunden hatte, sollte er nun in einer weiteren Reise auch die nachträgliche Aufzeichnung der Dialoge zum Ruhme Martins verbreiten; der Reiseplan sah vor, ihn über Kampanien mit Paulinus von Nola erneut nach Karthago und dann nach Griechenland zu bringen: Dieses Land könne zwar glücklich gepriesen werden, sagt Sulpicius Severus, dass es die Predigt eines Apostels habe erleben dürfen – es handelt sich um die *Areopagitica* des Apostels Paulus in Athen (Act 17:21–32) –, aber keinesfalls könne von einer Benachteiligung der gallischen Lande durch Christus die Rede sein, der diesen dafür Martin geschenkt habe. Sollte er – also der Martinsschüler Postumian – nun aber nach Ägypten kommen, das auf seine heiligen Asketen so stolz sei, so müsse dieses Land erfahren, „daß Europa Ägypten, ja dem gesamten Asien in der Person des einen Martinus in nichts nachsteht" (*Gallus,* Dialog 3,17).

Die Erfolgsgeschichte vom bestmöglichen Verkünder der Botschaft Christi als Apostel von Gallien ist damit freilich keineswegs beendet: Im 6. Jahrhundert würde in diesem Sinn der italische Dichter Venantius Fortunatus die Apostel jeweils ihren klassischen Provinzen zuweisen, also Petrus nach Rom, Matthaeus nach Äthiopien, Thomas nach Persien, Bartholomaeus nach Indien, etc., um in

---

10 Heinzelmann, El culto a san Martín con especial atención a su trascendencia hispánica (siehe Bibliographie), S. 177.

dieser glorreichen Reihe Martin als Repräsentant Galliens direkt anzuschließen (Venantius Fortunatus, *Carmen* 5:2). Etwa zur gleichen Zeit hat im nordspanischen Galizien des 6. Jahrhunderts Bischof Martin von Braga, Pannonier wie der frühere Martin, sein neugegründetes Martinskloster von Dumio mit einer Inschrift ausgestattet, die den Turoner Martin als den Hirten von ganz Gallien und als Patron von Galizien zelebriert, und der darauf verweist, dass selbst das kalte Germanien durch die verdienstvollen Wunder Martins die Zuneigung Christi erlangt habe. Er zählt auf, welche Völker durch die Vermittlung Martins einen Bund mit Christus geschlossen hätten, und nennt Alemannen, Sachsen, Thüringer, Pannonier, Rugen, Slawen, *Nara*, Sarmaten, *Datus*, Ostgoten, Franken, Burgunder, Daker und Alanen.[11] Glaubt man Gregor von Tours, so hat sich der arianische Suebenkönig von Galizien durch die Wunder am Martinsgrab in der Basilika von Tours um 556 zum katholischen Glauben bekehren lassen (*De virtutibus sancti Martini* I:11).

Eindrucksvoller noch als auf der iberischen Halbinsel war Martin nach seinem Tod in Italien gegenwärtig: So hat um das Jahr 500 Papst Symmachus in Rom die Kirche *San Martino in montibus* geweiht, wenig später Cassiodor sein Kloster Vivarium mit dem Patrozinium des Mönch-Bischofs von Tours ausgestattet und der heilige Benedikt bei seiner Ankunft in Montecassino an der Stelle eines zerstörten Apollotempels ein Martinsoratorium errichtet, wo er später sogar gestorben ist. Besonders hervorzuheben ist das Beispiel von Sant' Apollinare Nuovo in Ravenna, die frühere Palastkirche des arianischen Ostgotenkönigs Theoderich, die 561 neu geweiht und Martin zugeeignet wurde. Auf dem berühmten Mosaik des Langhauses dieser Basilika ist auf der rechten Seite ein Prozessionszug von 26 Märtyrern in weißen Tuniken abgebildet, angeführt von einem in purpurnem Gewand gekleideten Martin. Die Prozession führt hin zum Christus Pantokrator, dem Weltherrscher, der ebenfalls in Purpur gekleidet ist. Die Bedeutung dieser Darstellung für die universale Kirche wird erst durch die parallele Abbildung der Prozession weiblicher Märtyrer ganz deutlich, da sie von Euphemia, der Titelheiligen der Kirche von Chalcedon angeführt wird, wo beim Konzil von 451 die gültige Definition vom Wesen Christi als „wahrhaftig Gott und wahrhaftig Mensch" festgelegt worden war: In spektakulärer Weise sind damit Martin und Euphemia als Führer der universalen Kirche im Kampf für Christus hervorgehoben.[12]

Es ist hier nicht notwendig, die gesamte glorreiche Geschichte Martins in den fränkischen Reichen der Merowinger und der Karolinger nachzuzeichnen,

---

11 D. José Vives, Inscripciones cristianas de la España romana y visigoda (Monumenta Hispaniae sacra. Series patristica, 2), Barcelona 1969, n° 349, S. 119–120; die Volksnamen (?) Nara und Datus ließen sich nicht identifizieren.
12 Dazu auch Hermann Josef Vogt, Der heilige Martin als Patron des rechten Glaubens, in: Theologische Quartalschrift 178 (1998), S. 177–193, hier S. 181–184.

was in der reichlich vorhandenen Literatur mit größerer Ausführlichkeit nachgelesen werden kann.[13] Stichwortartig soll erwähnt werden, dass Martin seit dem bereits genannten Reichsgründer Chlodwig bis zum Ende des Mittelalters Patron oder mindestens Mit-Patron fast aller fränkischen und französischen Könige und damit auch ihrer Schlachten werden konnte und dass sein Festtag zum wichtigsten Volksfest des Reiches wurde, zum wichtigsten Termin für Herrschaftsantritte, Huldigungen, Königstreffen und Reichsversammlungen. Er gehört zu den drei gallischen Heiligen, die in den ältesten Sakramentaren des Frühmittelalters mit einem eigenen, ,personifizierten' Messformular ausgestattet wurden, und seine Biographie ist das ausdrückliche Modell für einen Großteil der literarischen hagiographischen Produktion des lateinischen ersten Jahrtausends. Noch heute sind Martin 3675 Pfarreien in Frankreich gewidmet, wo über 5000 Toponyme und immer noch 300 Gemeinden seinen Namen tragen; selbst im spanischen Katalonien sind über 400 Orte mit Martinsverehrung nachgewiesen worden. In Deutschland waren allein für Baden-Württemberg nach einem einschlägigen Handbuch von 1975 424 Martinspatrozinien bezeugt und mindestens 284 Sakralbauten führen Martin als Titelheiligen, wovon 195 katholisch und – was noch bemerkenswerter ist – 89 evangelisch sind.[14]

Es ist folglich nicht zu bezweifeln, dass die Erfolgsgeschichte vom asketischen Bischof eines relativ unbedeutenden Bistums aus dem 4. Jahrhundert in der Rezeption der Nachwelt gewaltige Ausmaße angenommen hat, die selbst dem Anspruch eines Apostels von Gallien gerecht werden konnten. Aber rechtfertigt dieser Erfolg allein, die Frage zu beantworten, ob Martin tatsächlich immer noch die Identifikationsfigur sein kann, die er offensichtlich einmal gewesen ist? Auf Grund welcher Eigenschaften ist eine solche Identifikation möglich, wenn man einräumen muss, dass strenge Askese, unverrückbarer Glaube und die damit verbundene Wunderkraft heute kaum mehr den gleichen Stellenwert wie in Spätantike und Mittelalter haben?

Bei genauerem Hinsehen lässt sich durchaus erkennen, dass die historische Tradition auf diese letzten Fragen längst schon eine schlüssige Antwort gegeben hat. In unser kollektives Gedächtnis hat sich von Martin nämlich nicht das Bild des Apostels von Gallien eingeprägt, auch nicht das des strengen Mönch-Bischofs, der sich vorzugsweise in seinem Kloster Marmoutier aufgehalten hat, ja nicht einmal das des unvergleichlichen Wundertäters, der, wie Christus im Evangelium, drei Personen ins Leben zurückgerufen hat.[15] Martin

---

13 Vgl. die in der Bibliographie angegebenen Arbeiten, besonders die zum Jubiläumsjahr 1997 herausgegebenen Werke.
14 Heinzelmann, Identität stiftender Diözesanpatron, S. 24–27.
15 Diese Übereinstimmung ist durchaus gesehen worden, etwa bei Gregor von Tours, in den *Historiae* X:31, S. 527, oder in dessen *De gloria confessorum*, cap. 4, wonach Zeitgenossen Martins gesagt haben sollen „in Martin wohne der, der einst den Lazarus aus seinem Grab gerufen hat". Vgl. auch

ist in unserer Vorstellung gemeinhin nicht der Mann, der dem Kaiser, Bischöfen und anderen bedeutenden Persönlichkeiten Paroli bieten und sogar den Teufel zurechtweisen konnte, der heidnische Tempel einriss und der den Landbevölkerungen in Illyrien, Italien und ganz Gallien die Botschaft Christi nahezubringen versuchte.

Das Bild Martins mit der größten Ausstrahlungskraft durch alle Jahrhunderte hindurch ist vielmehr das eines jungen, 18-jährigen Soldaten, der, obwohl erst im Stadium der Taufvorbereitung, beseelt ist von seiner Liebe für Christus und der am Stadttor von Amiens im strengen Winter einen nackten, frierenden Besitzlosen antrifft,[16] mit dem er gegen jedes militärische Reglement seinen Militärmantel teilt: Diesen schneidet er mit seinem Schwert in zwei Teile und übergibt davon einen dem Bedürftigen. Von den Umstehenden sieht man einige lachen, andere dagegen sind beschämt: Beide von Sulpicius Severus notierten Reaktionen sind uns heute noch durchaus vertraut.

Diese Episode der Martinsbiographie ist hier noch nicht abgeschlossen, wie man vor allem im ersten Jahrtausend sehr wohl wusste. In der folgenden Nacht hat der junge Soldat nämlich einen Traum und Träumen wurde in dieser Zeit als Äußerungen des Göttlichen höchste Bedeutung zugemessen. Martin sieht Christus mitten unter seinen Engeln, bekleidet mit der Hälfte des Mantels, den er dem Bedürftigen gegeben hat, und mit lauter Stimme sagen: „Der Taufanwärter Martin hat mich mit diesem Kleidungsstück bedeckt." Die frühesten ikonographischen Zeugnisse der sogenannten ‚Charité' von Amiens haben deshalb in einem Medaillon Christus mit seinem Teil des Mantels am oberen Rand der betreffenden Abbildung eingeblendet und damit die enge Verbindung des himmlischen Herrschers mit seinem Heiligen dokumentiert. Dass diese Szene für viele in erster Linie – besonders im ersten Teil des Mittelalters – Ausdruck höchster Machtentfaltung darstellen konnte, zeigt sich etwa am Beispiel der oben schon besprochenen ravennatischen Mosaiken, die in der Tat schon gezeigt haben, wie Martin durch seinen Mantelteil an der durchweg irdisch konkret gesehenen Herrschaft des diesen gleichen Mantel tragenden Weltenherrschers partizipieren konnte.[17] Die *Vita Martini* des italischen Dichters Venantius Fortunatus, eine in Versen gehaltene Nachdichtung des 6. Jahrhunderts der ursprünglichen Vita des Sulpicius Severus, drückt dies um die gleiche Zeit durch den Satz aus, dass das weiße Gewand des Soldaten Martin

---

unser Eingangszitat aus den *Historiae* des Gregor von Tours, wo Martin in Parallele zu Christus als „lumen nostrum" angesprochen wird.
16 Die Vita des Jahres 396/400 spricht von *pauper*, was nicht, wie es allzu häufig der Fall ist, mit dem Begriff ‚Bettler' wiedergegeben werden sollte, auch wenn bereits das Mittelalter in diesem Sinn interpretiert hat.
17 Wolfgang Urban, Der Heilige am Throne Christi. Die Darstellung des heiligen Martin im Überblick von der Spätantike bis zur Gegenwart, in: Werner Groß, Wolfgang Urban (Hg.), Martin von Tours (wie Bibliographie), 1997, S. 193–272, hier S. 196.

alle Purpurmäntel der Kaiser an Ehre übertreffe (*Vita Martini*, Liber I, Verse 64–65). In einem gleichen Sinn argumentieren auch unsere ältesten erhaltenen Messbücher wie das *Missale Gothicum* und das *Missale Bobbiense* vom 7. beziehungsweise 8. Jahrhundert; sie formulieren nämlich in *Collectio* und *Contestatio* zur Martinsmesse wie folgt: „Martin, der durch die Gabe des Heiligen Geistes im frühen Dienst des Glaubens so vollkommen war, daß er Christus bekleidete, als er dem Armen gab, und daß der Mantel, den der Arme empfing, vom Herrn der Welt angelegt wurde. Oh glückliche Freigebigkeit, in welcher die Gottheit sich offenbarte. Oh glorreiche Mantelteilung, die den Soldaten und den König bekleiden konnte."[18]

Neben diesem gerade im frühen Mittelalter überwiegenden Element der Verbundenheit des Heiligen mit der göttlichen Macht enthält die gleiche Szene der Mantelteilung aber gleichzeitig auch einen anderen Aspekt, der bei unserer Suche nach einem geeigneten Identifikationsmodell weiterhelfen sollte. Wohl kaum mehr als 100 Jahre nach dem Tod Martins, also noch vor dem ravennatischen Mosaik, haben Gläubige in Amiens an genau der Stelle, wo zuvor die Mantelteilung stattgefunden hatte, ein klösterliches Institut eingerichtet, in dem Nonnen zweifellos die Erinnerung an die Tat des jungen Taufanwärters wachhalten sollten (Gregor von Tours, *De Virtutibus sancti Martini* 1:17). Es ist anzunehmen, dass die an diesem Unternehmen Beteiligten sich bei ihrer Identifikation mit ihrem Helden in erster Linie am Schlussportrait Martins aus der Feder des Sulpicius Severus orientiert haben, wo dieser römische Aristokrat, Feingeist und Schriftsteller ausruft: „Welch ein Mann! Über alle Worte erhaben war seine Frömmigkeit, sein Erbarmen, seine Nächstenliebe. Mag diese auch selbst bei heiligmäßigen Männern in der Kälte dieser Welt jeden Tag mehr erkalten (Mt 24,12), in ihm blieb sie trotzdem bis an sein Ende bestehen, ja sie nahm von Tag zu Tag zu" (*Vita Martini, Ep.* 2:14).

Pietas, im Deutschen meist als Frömmigkeit übersetzt, aber in seiner zeitgenössisch-römischen Bedeutung die rechte Haltung gegenüber Gott, Eltern, und Vaterland bezeichnend, begleitet von *misericordia* – Erbarmen – und schließlich *caritas* – Liebe und Nächstenliebe – wie sie in Amiens demonstriert worden war. Beim Versuch, Martinus von Tours auf seine Tauglichkeit hinsichtlich seiner Eignung als Identifikationsfigur für Europa kritisch zu befragen, wird jeder ernsthafte Historiker *e contrario* antworten, dass es schon in den nächsten fünfzig Jahren kaum eine wirkliche Zukunft für ein Europa geben wird, wenn dessen Bürger nicht in der Lage sein werden, sich jene drei Haupttugenden Martins zu Eigen zu machen: *pietas – misericordia – caritas*.

---

18   The Bobbio Missal. A Gallican Mass-Book, London 1920, S. 108f. und Missale Gothicum, hg. von Leo Cunibert Mohlberg, Rom 1961, S. 113.

Bibliographie

Zu Martin von Tours, seiner Biographie und der frühen Verbreitung seiner Verehrung können vom Autor dieses Beitrags nachgelesen werden:
Martin von Tours, in: Reallexikon der Germanischen Altertumskunde. Begründet von Johannes Hoops, 2. Aufl., Bd. 19, 2001, S. 365–369. – Martin von Tours – Identität stiftender Diözesanpatron, in: Dokumentation des Jubiläumsjahres 2003. 175 Jahre Diözese Rottenburg-Stuttgart, Bd. 1: Texte, hg. von Werner Groß und Eckhard Raabe, Stuttgart 2004, S. 24–40. – Le modèle martinien, in: Les saints et l'histoire. Sources hagiographiques du haut Moyen Âge. Études réunies par Anne Wagner (Sources d'histoire), Rosny-sous-Bois, Bréal Éditions, 2004, S. 33–42. – El culto a san Martín con especial atención a su trascendencia hispánica, in: Visitandum est. Santos y Cultos en el Codex Calixtinus. Actas del VII Congreso Internacional de Estudios Jacobeos (Santiago de Compostela, 16–19 de septiembre de 2004), Galicia (Xunta de Galicia, Consellería de Cultura e Deporte, Xerencia de Promoción do Camiño de Santiago) 2005, S. 163–187.

Zum wichtigen Zeugen der Martinsverehrung Gregor von Tours: M. Heinzelmann, Gregor von Tours (538–594). „Zehn Bücher Geschichte". Historiographie und Gesellschaftskonzept im 6. Jahrhundert, Darmstadt, Wiss. Buchgesellschaft 1994, X–275 S. (engl. Übersetzung von Cambridge University Press 2001). – Zum Bistum Tours vom 4.–6. Jh.: Luce Pietri, La ville de Tours du IVe au VIe siècle. Naissance d'une cité chrétienne, Rom (École française de Rome) 1983, 853 S. (Collection de l'École française de Rome, 69).

Die maßgebliche Ausgabe der Martinsvita (mit den drei Briefen) ist von Jacques Fontaine, Sulpice Sévère, Vie de saint Martin, 3 Bde., Paris, Cerf, 1967–1969 (Sources chrétiennes, 133–135), die der ‚Dialoge' (Originaltitel: ‚Gallus. Dialogues sur les ‚vertus' de saint Martin') vom gleichen Herausgeber, Paris 2006 (Sources chrétiennes, 510); eine gute deutsche Ausgabe von Vita und Briefen ist von Kurt Smolak, erschienen in Eisenstadt, St. Martins-Verlag 1997.

Aus dem Jubiläumsjahr 1997 hervorgegangen sind folgende Sammelbände mit zahlreichen, einschlägigen Beiträgen: Werner Groß, Wolfgang Urban (Hg.), Martin von Tours, ein Heiliger Europas, Ostfildern (Schwabenverlag) 1997, 392 S. – Mémoires de la Société archéologique de Touraine, Bd. 62, 1997: XVIe centenaire de la mort de Saint Martin, Conférences Martiniennes, 224 S. (24 Beiträge); ebenda Bd. 63, 1997: XVIe centenaire de la mort de Saint Martin, Colloque universitaire, 312 S. (28 Beiträge). – Rottenburger Jahrbuch für Kirchengeschichte, Bd. 18, 1999 (mit 6 Beiträge aus der Studientagung von 1997 in Weingarten).

Abb. 1: Martinus führt die Prozession der hl. Märtyrer
zum Throne Christi an (Ausschnitt).
Byzantinisches Mosaik um 560, San Apollinare Nuovo, Ravenna

WALTER FÜRST

Martin von Tours – Zeuge des „rechten Glaubens"

Zur Aktualität der frühen Martinsbilder[1]

Orientierender Überblick und vorläufige Hypothesen zur Entwicklung der Martinus-Ikonographie[2] vom Ende des 4. bis zum Beginn des 20. Jahrhunderts

Zwei ikonographische Epochen

Die Geschichte der (westkirchlichen) Martinus-Ikonographie[3] (bis Anfang 20. Jh.) weist zwei deutlich voneinander unterscheidbare Bild-Epochen auf, die ich mit der Überschrift „frühe Martinsbilder", bzw. „spätere Martinsbilder" kennzeichne. Die beiden Bildphasen in ihrer jeweiligen christentums-geschichtlich bedingten Eigenart, Pluriformität und Differenziertheit wahrzunehmen, ist für ein aktuelles, lebensnahes Martinus-Verständnis von nicht zu unterschätzender Bedeutung. In der heutigen Übergangssituation kommt vor allem den „frühen Martinsbildern" besondere Aktualität zu.

1. Die *„frühen Martinsbilder"* (4. bis Ende 14. Jh.) zeigen den Heiligen zu allererst (und später über lange Zeit hinweg) als einfachen und demütigen Mönchsbischof, sehr bald (um die Mitte des 6. Jh.) jedoch auch als machtvollen Beken-

---

1   Mit diesem Referat versuche ich eine grundlegende Weiterentwicklung und Neufassung meiner früheren Forschungen zur Thematik; vgl. Walter Fürst, Teilnahme und Teilgabe – statt Versorgung von oben herab. Das ursprüngliche Martinsbild als Kriterium eines missionarisch wirksamen Pastoralstils, in: Johannes Kreidler/Thomas Broch/Dirk Steinfort (Hg.), Zeichen der heilsamen Nähe Gottes. Auf dem Weg zu einer missionarischen Kirche. Bischof Gebhard Fürst zum 60. Geburtstag. Ostfildern 2008, 488–507.
2   Eine hervorragende Sammlung von Martinsbildern – mit vielen ikonographischen Belegen für die These eines nachhaltigen und signifikanten Wandels der Martins-Ikonographie – finden sich in Werner Groß/Wolfgang Urban (Hrsg.), Martin von Tours. Ein Heiliger Europas. Ostfildern 1997; vgl. hierin bes. Wolfgang Urban, Der Heilige am Throne Christi. Die Darstellung des heiligen Martin im Überblick von der Spätantike bis zur Gegenwart, a. a.O. 193–272.
3   Die Martinus-Ikonen der Ostkirche bleiben hier außer Betracht. Sie dienen, anders als in der westkirchlichen Ikonographie, mehr der Verehrung des Heiligen als der pastoralen Erschließung seiner Botschaft bzw. seines Zeugnisses.

ner des rechten katholischen Glaubens sowie als hoheitlichen Patron des Frankenreiches und der fränkischen Reichskirche (9. Jh.). – Ein weiterer ikonographischer Akzent, der sich in überraschend kurzer Zeit und auf breiter Front durchgesetzt hat, kam im 10. und 11. Jh. hinzu: Martin wird jetzt vor allem als real-symbolischer Zeuge der in Jesus Christus erschienenen Barmherzigkeit Gottes dargestellt – unter bild-katechetischer Bevorzugung der Mantelteilungsszene.

Allerdings erscheint hier das Geschehen der Begegnung mit dem armen Nächsten auf Augenhöhe stets im größeren Kontext der christlichen Glaubens-Verkündigung insgesamt. Die theologisch-christologischen Implikationen werden dabei jeweils im Bild selbst oder im bildlichen Kontext sichtbar gemacht.

Um die skizzierte frühe ikonographische Epoche zusammenfassend zu kennzeichnen, kann man sagen: In diesem Zeitraum sind die diversen Motive der Martinsbilder, trotz ihrer Verschiedenheit, allesamt Ausdruck für das exemplarisch-christliche, ganzheitlich-kirchliche Lebenszeugnis des Heiligen. Sie sind, ihrer Intention nach, Prägefiguren wahren Christ-Seins bzw. konkret gelebten Kirche-Seins, und sie wollen insgesamt – selbst dort, wo sie politisch instrumentalisiert werden – der personal-sozialen und ekklesialen „Bezeugung des wahren Glaubens" dienen.

2. Dagegen werden die „*späteren Martinsbilder*" (seit dem 14. bis zum beginnenden 20. Jh.) hauptsächlich vom ethisch-karitativen Motiv des idealen christlichen Ritters dominiert, der hoch zu Ross seinen Mantel zerteilt und eine Hälfte von oben herab dem Bettler zukommen lässt. In dieser zweiten Epoche der Martinsbilder hat sich der Akzent von der früheren pastoral-evangelisierenden Ausrichtung eindeutig zur ethisch-karitativen Ebene hin verschoben. Hinzu kommt: Das ursprünglich typisch-christliche, communional-ekklesiale Lebensmodell Martins erscheint in der nunmehr vorherrschenden Motivgestaltung der Charité von Amiens nicht nur auf die fürsorgende Nächstenliebe reduziert, sondern zusätzlich auch vom Oben-Unten-Schema der mittelalterlichen Standesgesellschaft überformt.

3. Eine die beiden Epochen scheidende ikonographische Zäsur ist unverkennbar: Die Bilder zeigen jetzt in der zweiten Bild-Epoche Martin als „Ikone fürsorgender Nächstenliebe" – nicht mehr, wie zuvor im Blick auf seine Persönlichkeit und Biographie insgesamt als „Zeugen des rechten Glaubens (und authentischen Glaubenslebens)".

Innere Strukturierung und Differenzierung der zwei Bild-Epochen in christentums-geschichtlichem Kontext

Die Einteilung der Martinus-Ikonographie in zwei Epochen, wie sie hier vorgeschlagen wird, bedarf jedoch, um wirklich Gegenwarts-Relevanz zu gewinnen, einer noch genaueren Betrachtung ihrer inneren Strukturierung und Differenzierung und – wenigstens in großen Zügen – einer christentums-geschichtlichen Kontextualisierung:

1. Die *„frühen Martinsbilder"*, die *vor* der Wende im 14. Jahrhundert entstanden sind, weisen untereinander, wie schon angedeutet, divergente Entwicklungslinien auf und zeigen ihrerseits bereits verschiedene ikonographische Ausformungen, die in erheblicher Spannung zueinander stehen. In ihrer überraschend spannungsgeladenen Auffächerung entspringen und entsprechen sie offensichtlich der seit dem 4. Jahrhundert im Gang befindlichen Umbruchszeit im Verhältnis von Christentum und spätantiker Gesellschaft bzw. von Kirche und politischer Herrschaft des frühen Mittelalters. Sie sind, in je unterschiedlicher Weise, an Martin als „Typus christusförmigen Lebens", als „Leitfigur missionarisch-pastoraler Evangelisierung" oder (anti-arianisch) als „Anführer der rechtgläubigen Kirche" interessiert, schlussendlich sogar an Martin als „politischem Promotor der Christianisierung Europas". Ihren spirituellen Höhe- und Endpunkt erreicht diese erste Bild-Epoche in den Farbfenstern einiger großer gotischen Kathedralen des 13. Jh. (Chartres; Tours u. a.): Grandiose Martins-Zyklen vereinen die zentralen Wundertaten und Lebensstationen des *Tat*bekenners zu einem eindrucksvollen christlichen, durchaus auch politik-kritischen Gesamt-Zeugnis.

2. Demgegenüber gehören die *„späteren"* (nach der Zäsur im 14. Jh. entstandenen) *Martinsbilder* einer mehr eindimensionalen, im Grunde auf zwei Motive reduzierten Ikonographie an: Neben der jetzt vorherrschenden separaten Szene der ritterlichen Mantelteilung von oben herab bildet nach wie vor die Darstellung Martins als Bischof ein häufiges Motiv; allerdings erscheint er jetzt – insbesondere in den unzähligen Martinsgemälden, Martinsfiguren und -skulpturen seit der Hochgotik und der Renaissance (oft zusammen mit Nikolaus) – als festlich gewandeter kirchlicher Würdenträger, der den durchwegs klein gehaltenen, kaum mehr halb so großen Bettler zu seinen Füßen oder an seiner Seite gnädig beschenkt. So oder so, Martin erscheint fortan in erhöhter Position – entweder als mantel-teilender Ritter oder als hoch-würdiger Bischof (später öfter auch mit dem Attribut der ‚Martinsgans' versehen) – und bleibt in dieser doppelten Bildgestalt über Jahrhunderte hinweg einer der beliebtesten Heiligenfiguren und anerkanntesten Vorbilder der Caritas des kulturell und gesellschaftlich etablierten abendländischen Christentums.

3. Dass sich in jüngster Zeit, im Zeichen „moderner" Martinsbilder, die eindeutig auf die frühe Martins-Ikonographie zurückgreifen, eine neuerliche epochale Wende ankündigt, ist unverkennbar, soll im Allgemeinen und Einzelnen hier jedoch außer Betracht bleiben.

Eigenart und Indizien der Zäsur

Die Annahme einer, beide Martins-Bild-Epochen voneinander trennenden, gravierenden Zäsur im 14. Jahrhundert bedarf der Erläuterung:

Selbstverständlich kann der ikonographische Einschnitt nicht auf einen einzigen Zeitpunkt terminiert werden, zumal es europaweit regionale Verschiebungen und Ungleichzeitigkeiten im ikonographischen Entwicklungsprozess gab. Der Umschlag geschah nicht, wie es zunächst scheinen könnte, einfachhin schon dort, wo erstmalig ein Pferd in den Martinsbildern erscheint[4] (obwohl das Pferd später für den Eintritt der Wende eine entscheidende Rolle spielt). Vielmehr ist der epochale „Bildwechsel" erst dort eindeutig und trennscharf lokalisierbar, wo in der Darstellung der Charité von Amiens das „Miteinander-Teilen des Mantels von Angesicht zu Angesicht" und die „Begegnung auf Augenhöhe" zugunsten des Standesgefälles (Ritter-Bettler) typisch verändert oder ganz aufgegeben wurde. Dies trifft ab dem 14./15. Jahrhundert auf fast alle Martinsbilder zu. Im Extremfall gibt es sogar zwischen beiden Personen keinerlei „Blickkontakt" mehr.

Ein anderes signifikantes Indiz für den definitiv erfolgten Umschlag ist es, wenn der Zusammenhang mit dem christologisch-ekklesiologischen Lebenszeugnis Martins ikonographisch nicht mehr kenntlich gemacht ist.

Auf der Basis dieses hypothetischen Gesamt-Überblicks ist nunmehr eine hinreichend detaillierte und schlüssige Beschreibung der „frühen" Ikonographie möglich. Anhand ausgewählter Martins-Bilder sollen im folgenden Teil II die wichtigsten Entwicklungs-Linien und -Stationen der frühen Bild-Epoche – d. h. vor der genannten großen Zäsur – nachgewiesen und veranschaulicht werden. Am Ende der Illustration werden – zur Kontrastierung – noch einige bezeichnende Bild-Beispiele angefügt, die der „späteren" Epoche zuzurechnen sind.

---

4   In der Vita Martini des Sulpicius Severus ist bei der Schilderung der Begegnung und Mantelteilung mit dem Bettler vor den Toren der Stadt Amiens bekanntlich ein Pferd nicht erwähnt. Dass Martin beritten war, als er dem Bettler begegnete, wird literarisch erstmals in der Legenda aurea des Jacobus de Voragine, Mitte des 13. Jh. insinuiert („als er durch das Stadttor *ritt*"). – Der früheste bildliche Beleg für die Gegenwart eines Pferdes in dieser Szene ist in einer illustrierten Handschrift der Vita Martini (um 1100) zu finden, die in der *Bibliothek de Tours* aufbewahrt wird. Vgl. dazu: Tony Sauvel, Les miracles de Saint-Martin. Recherches sur les peintures murales de Tours au Ve et au VIe siècle, in: Bulletin Monumental 114 (1956) 153–179; hier 173, Fig. 4.

Nähere Erläuterung und Veranschaulichung der frühen Martinus-Ikonographie, ihrer Fortentwicklung und polaren Ausdifferenzierung anhand ausgewählter Bilder

Die pastoral-ekklesialen Martinsbilder des 4.–6. Jahrhunderts in ihren unterschiedlichen, zum Teil konträren Ausformungen

1. Das erste, ursprüngliche Martinsbild, das anscheinend 398 an die Innenwand des von Sulpicius Severus errichteten Baptisteriums in Primuliacum gemalt worden war, ist uns physisch nicht überliefert; es ist jedoch bei Paulinus von Nola (um 402) literarisch bezeugt und ausführlich beschrieben.[5] Das Bild des Mönchs und Bischofs Martin werde zu Recht, wie Paulinus sagt, in „loco refectionis", d. h. im Baptisterium, als dem „Ort der Wiederherstellung des Menschen" angebracht, denn er habe durch die vollkommene Nachahmung Christi („perfecta Christi imitatione") das Bild eines himmlischen Menschen an sich getragen.[6] Ein in Mailand (S. Vittore in Ciel d'Oro) erhaltenes, um 450 entstandenes („ganzfiguriges") Mosaik-Portrait des (mit Martin theologisch und kirchenpolitisch vielfältig verbundenen) Bischofs Ambrosius, das offenbar als Replikat eines noch zu Lebzeiten gemalten Bildes angefertigt wurde, könnte nach Auffassung von Thomas Lehmann u. U. eine ungefähre Vorstellung davon vermitteln, wie das Martinsbild von Primuliacum ausgesehen haben könnte (vgl. Abb. 2).[7]

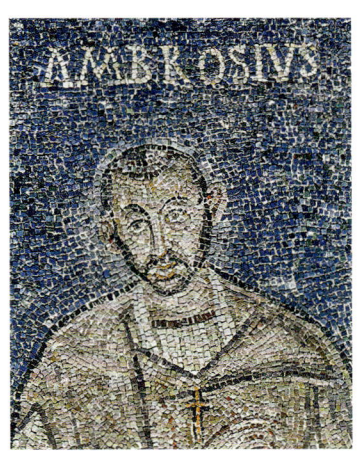

Abb. 2: Ambrosius. Detail eines „ganzfigurigen" Mosaik-Portraits. Kapelle S. Vittore in Ciel d'Oro, Milano, um 450

---

5 Vgl. Thomas Lehmann, Martinus und Paulinus in Primuliacum (Gallien). Zu den frühesten nachweisbaren Mönchsbildnissen (um 400) in einem Kirchenkomplex, in: Hagen Keller/Franz Neiske (Hg.), Vom Kloster zum Klosterverband. Münsterische Mittelalterschriften 74. München 1996, 56–67; hier bes. 59ff.
6 Vgl. Lehmann, 62.
7 Vgl. Lehmann, 63, Anm. 34 und S. 67, Abb. 2.

Abb. 3: Euphemia führt die Prozession der heiligen Jungfrauen zum Throne Christi an. Byzantinisches Mosaik um 560. San Apollinare Nuovo, Ravenna

Neben den einzelnen gezeigten portrait-ähnlichen Abbildungen Martins sind frühe biographische Bilder-Zyklen der wichtigsten Stationen seines Lebens und Wirkens („miracula et gesta Sancti Martini") literarisch bezeugt, nämlich durch die von Paulin von Perigeux auf Geheiß von Bischofs Perpetuus zu den Bildern (Fresken und/oder Mosaiken) in der alten (um 460 entstandenen, später zerstörten) Martins-Basilika zu Tours verfassten Inschriften sowie durch den bei Gregor von Tours erwähnten Freskenzyklus in der 560 von ihm errichteten bischöflichen Kathedrale St. Gatien zu Tours, die, den wahrscheinlich in Versen des Venantius Fortunatus literarisch erhaltenen Bild-Titelinschriften zufolge, Martin in ähnlicher Weise als Tatzeugen Jesu Christi und Vorbild einer dem Evangelium gemäßen Amtsausübung und Lebensführung vor Augen gestellt haben.[8]

---

8 Vgl. Sauvel, a.a.O. 153 f.; bes. 157–163. Vgl. auch Herbert L. Kessler, Pictoral Narrative and Church Mission in the Sixth-Century Gaul, in: Herbert L. Kessler/Marianne Shreve Simpson (Hg.), Pictoral Narrative in Antiquity and the Middle Ages (Studies in the History of Art 16) Hannover-London 1985, 75–91; sowie Brian Brennan, Text and Image: „Reading" the Walls of the Sixth-century Cathedral of Tours, in: Journal of medieval Latin 6 (1996) 65–83; hier 65 f.

Abb. 4: Martinus führt die Prozession der heiligen Märtyrer zum Throne Christi an. Byzantinisches Mosaik um 560. San Apollinare Nuovo, Ravenna

Sowohl die ‚autonom-figürlichen' als auch die ‚lebens-zyklischen' Darstellungen Martins haben eine primär pastoral-katechetische bzw. missionarische Intention und wollen vor allem die „christoformitas" des Heiligen und seiner Vita als authentisch und exemplarisch christliches Lebens-Zeugnis vor Augen führen. Sie stellen den Mönch und Bischof als schlichten Tat-Bekenner des rechten Glaubens dar.

2. Überraschenderweise kommt nun aber im 6. Jahrhundert noch ein ganz anderes (dem eben geschilderten konträr gegenüber stehendes) Martinsbild zum Tragen, das zudem die älteste uns erhaltene, um 560 entstandene bildliche Darstellung Martins ist. Im Kontext eines byzantinischen Großmosaiks an der rechten Seitenwand des Hauptschiffs der Kirche San Apollinare Nuovo zu Ravenna (vgl. Abb. 3 und 4) erscheint Martin als würdevoller ‚Anführer' der über den Arianismus siegreichen Kirche in Gestalt ihrer Märtyrer (d. h. der Gemeinschaft der Heiligen). Als einziger trägt er – offenbar als Zeichen der ‚christofor-

mitas'– in Analogie zum königlichen Purpurmantel Christi in der Apsis ein schwarz-violettes Gewand, das seinerseits wohl eine indirekte Kritik am Primatsanspruch des im Purpurgewand auftretenden Kaisers darstellt.

Die Vermutung, dass Martin hier als der führende Repräsentant und Garant des Dogmas von Chalcedon auftritt, wird durch eine von Josef Vogt mitgeteilte Beobachtung zur Gewissheit: Analog zum Zug der Märtyrer von San Apollinare, denen Martin voranschreitet, wird auf der gegenüberliegenden linken Seitenwand der Zug der Märtyrerinnen von der heiligen Euphemia angeführt, in deren Grabeskirche zu Chalcedon das genannte Konzil im Jahr 451 stattfand. In Summa: Das Martinsbild von Ravenna entspricht dem anti-arianischen Interesse der damaligen Kirche. Martin wird dargestellt als triumphaler Confessor und Patron des dogmatisch rechten Glaubens.[9]

Zwei differierende Martinsbilder der Karolingerzeit (8.–9. Jahrhundert)

1. Das früheste physisch erhaltene Beispiel für eine Darstellung Martins als Mönchsbischof findet sich in einem Dedikationsbild des sogen. Mainzer Psalters (vgl. Abb. 5).[10] Die stilvolle Buchmalerei stammt zwar erst aus dem Jahr 770, dürfte jedoch ein Beleg dafür sein, dass die Martin als bescheidenen Bischof zeigenden Bilder von Anfang an die üblichere Darstellungsweise des Heiligen gewesen ist. Das Motiv des einfachen Mönchsbischofs und Tatbekenners hat offenbar die ersten Jahrhunderte überdauert und sich, mehr als das Motiv des großen dogmatischen Confessors, nachweislich bis ins 12. Jahrhundert hinein ikonographisch ausgewirkt (vgl. Abb. 6–9).

2. Einige ausdrucksstarke Martinsdarstellungen der späten Karolingerzeit (9. Jh.) sind ähnlich wie das Bild von Ravenna stark politisch motiviert – allerdings in anderer Weise; dort eher römisch-kirchlich, hier mehr reichs-kirchlich: Ein gut erhaltenes typisch karolingisches Dedikationsbild in einer Handschrift des Traktates ‚De laudibus crucis' von Rhabanus Maurus wird auf die Jahre 820/840 datiert (Abb. 10). Es zeigt den Heiligen als Schutzpatron der fränkischen Reichskirche und des Frankenreiches, wie er, segnend auf dem bischöflichen Thron sitzend, das Buch aus der Hand des (in Begleitung Alkuins auftretenden) Rhabanus entgegennimmt. Auch diese Art der Darstellung hat sich parallel zu den Bildern des demütigen Mönchsbischofs erstaunlich lange gehalten. Auch die Bilder des thronenden bischöflichen Schutzpatrons Martin

---

9 Ich beziehe mich hierbei besonders auf die Interpretationen des Kirchenhistorikers Vogt: Vgl. Hermann-J. Vogt, Der heilige Martin als Patron des rechten Glaubens, in: ThQ 178 (1998) 177–193.
10 In Abb. 6 fällt auf: Martin trägt keine Pontifikalgewänder, lediglich der kleine Bischofsstab weist ihn als Amtsträger aus.

Abb. 5: Eremberto bittet Bischof Martin um Vergebung. Miniatur im sogen. Mainzer Psalter, um 770 (Biblioteca Apostolica Vaticana, Pal. lat. 67, fol. 5r)

Abb. 6: Martin als Mönchsbischof (Detail). Initial-Miniatur (Igitur) um 1100. Manuskript der Martins-Biographie des Sulpicius-Severus und des Pseudo Aurelianus (Württembergische Landesbibliothek Inv. Nr. HB XIV 6, fol 5r)

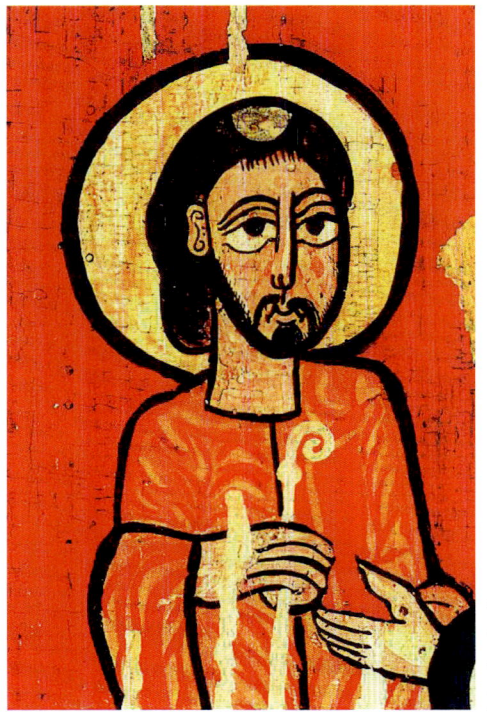

Abb. 7: Martins-Altar-von Puigbo, Katalonien, um 1120. Linke untere Tafel des Frontals: Martin tauft vom Tod erweckten Katechumenen, Museo Episcopal de Vic, Barcelona

Abb. 8: Martinus in der Initiale Igitur der Handschrift „Lectionarium Officii Monasterii" des Klosters Muri, um 1150 (Cod 6, p 243v)

Abb. 9: Bischof Martin von Tours – Fresko, ca. 1200. Wehrkirche in Weidenhain bei Torgau (Dübener Heide)

Abb. 10: Rhabanus Maurus (zusammen mit Alkuin) übergibt sein Werk „De laudibus sanctae crucis" Bischof Martin auf dem Thron (Kathedra) Dedikationsbild, karolingischen Manuskript, um 850 (Biblioteca Apostolica Vaticana, Reg. lat. 124, fol. 2v)

sind bis ins 12. Jahrhundert hinein anzutreffen. Martin, auf dem bischöflichen Thron sitzend, gleicht hier geradezu Karl dem Großen, der sich angeblich selbst als „neuer Martin" verstanden haben soll.

Die Ikonographie bis zur Mitte des 10. Jahrhunderts lässt sich wie folgt charakterisieren: Während das erste, ursprüngliche Martinsbild von Primuliacum und die frühen Martins-Bilderzyklen in Tours einer ausgesprochen pastoral-missionarischen Intention entspringen, entsprechen sowohl das älteste uns erhaltene Martinsbild in Ravenna als auch die spezifischen Martinsbilder des Frankenreichs mehr einem dogmatisch-kirchlichen bzw. gesellschaftlich-politischen Interesse. Trotz ihrer unterschiedlichen Akzentuierung ist ihnen eine gemeinsame, zumindest vergleichbare intentionale Stoßrichtung eigen: Es geht ihnen um figural-mimetische Veranschaulichung und Beförderung der Evangelisierung resp. um Christianisierung.

Theologische Erneuerung der Martinsbilder im 10.–13. Jahrhundert

1. Gegen Ende des 10. Jahrhunderts bildet sich ein neuer, nochmals anderer Bild-Typ heraus: Die Martins-Ikonographie richtet nun (fast urplötzlich und in erstaunlicher Häufigkeit) ihren Focus auf die Szene der Mantelteilung. (Die überhaupt erste uns erhaltene Darstellung der Charité von Amiens findet sich im Fuldaer Sakramentar von 975).[11] – Offensichtlich kommt nun, nach dem Zerfall des Karolinger-Reiches und im Kontext der Benediktinischen Klosterreformen, eine pastorale und theologische Neuorientierung zum Tragen: Martin als Heiliger der Barmherzigkeit in solidarischer Begegnung auf Augenhöhe, als Typus der teil-nehmenden und teil-gebenden Zuwendung zum bedürftigen Menschen. (vgl. Abb. 11–14).

2. In der Martins-Ikonographie des 11./12. Jahrhunderts, bei der die Mantelteilung Martins mit dem Bettler im Mittelpunkt steht, ist das nunmehr vorherrschende pastorale und diakonische Anliegen dennoch sehr deutlich in die umfassende christliche Verkündigung integriert: Martin wird mit seiner Liebestat und seiner gesamten Vita gleichsam zur Schlüsselfigur für die Konkretisierung der grundlegenden christlichen Lebensvollzüge: Diakonia – Koinonia – Martyria, und zur Veranschaulichung der zentralen Glaubensgeheimnisse: der Entäußerung Gottes, der Auferstehung Christi und der Wiederherstellung des Menschen in seiner Würde. – Bezeichnenderweise wird z. B. die Szene der Man-

---

11 Vgl. hierzu Christoph Winterer, Das Fuldaer Sakramentar in Göttingen. Petersberg 2007. – Ich verdanke Herrn Winterer weitere wichtige Hinweise zur Martins-Ikonographie, die in die Vorbereitung dieses Beitrags und seine Thesen mit eingeflossen sind.

Abb. 11: Mantelteilung (Detail). Fuldaer Sakramentar von 970/98 (2° Cod. Ms. theol. 231 Cim. Bl. 113r) (Ausschnitt)

Abb. 12: Martinus, Mantelteilung. Miniatur aus dem Zwiefaltener Passionale um 1130/1140 (Württembergische Landesbibliothek Stuttgart Codex Bibl. 2°, 58, fol. 117 r a–b)

Abb. 13: Martins-Altar-von Puigbo, Katalonien, um 1120. Linke obere Tafel des Frontals: Martin teilt seinen Mantel mit dem Bettler, Museo Episcopal de Vic, Barcelona

Abb. 14: Martinus mit dem Bettler; Mantelteilung. Miniatur aus dem Zwiefalter Martyrologium um 1162 (Württembergische Landesbibliothek Stuttgart, Cod. hist. fol 415 77r)

telteilung in der Fuldaer Miniatur als Sinn-Bild des eucharistischen Geheimnisses gedeutet. (Abb. 15). Das Frontal des Martinsaltars von Puigbo platziert die Charité von Amiens direkt über der Darstellung von Auferweckung und Taufe des Katechumenen (Abb. 16). In der Abfolge der Tafeln der romanischen Holzdecke von Zillis/Schweiz (um 1125 entstanden), nehmen die Martinstafeln

Abb. 15: Fuldaer Sakramentar von 970/980 (2° Cod. Ms. theol. 231 Cim. Bl. 113r)

Abb. 16: Martins-Altar-von Puigbo, Katalonien, um 1120. Museo Episcopal de Vic, Barcelona

sogar direkt die Stelle der Darstellung der Auferstehung Christi ein (vgl. Abbildungen 9–12 im Beitrag Wolfgang Urban). Der Hildesheimer Albani-Psalter fügt die Szene der Mantelteilung direkt in die Reihe der Oster-Bilder ein; sie erscheint im Manuskript unmittelbar vor dem Bild der Himmelfahrt (Abb. 17).

3. Die berühmten Zyklen der gotischen Farbglasfenster einiger großer Kathedralen des 12./13. Jahrhunderts (z. B. Tours und Chartres) bilden den Höhepunkt der mittelalterlichen Martinus-Ikonographie. Sie schildern die gesamte Vita Sancti Martini als fortgesetzte Nachahmung der Heilstaten Christi: Krankenheilungen; Totenerweckung; Befreiung von Dämonen, Zuwendung zu den Armen und Kranken; all diese Taten erscheinen als Ausdrucksgestalten der göttlichen Barmherzigkeit und eines barmherzigen christlichen Lebens. Die dort entfalteten Bildprogramme vermeiden eine spirituell-karitative Verengung der Martinus-Geschichte und verhindern eine politische Instrumentalisierung (vgl. Abb. 18–23).[12] Übrigens zeigt sich hierbei auch, dass die Szene der Mantel-

---

12   Dies zeigt sich zum einen in der Art der Einordnung der Mantelteilung-Szene in die Bildfolge

Abb. 17: Mantelteilung, Albani-Psalter, ca. 1140. Dombibliothek Hildesheim (MS St. Godehard)

teilung bis ins hohe Mittelalter hinein keineswegs das generell dominierende Martins-Bild war. Möglicherweise stand ursprünglich eher die Umarmung und Heilung des Leprösen, wie sie etwa in Chartres eindrucksvoll dargestellt ist (vgl. Abb. 24)[13] im Mittelpunkt der Martins-Ikonographie. Im erwähnten Bilder-Zyklus des 6. Jahrhunderts in der Kathedrale des Bischofs von Tours, St. Gatien, scheint dies in der Tat der Fall gewesen zu sein.

---

der Heilungs- und Totenerweckungswunder, zum andern in der offensichtlich bewussten Gegenüberstellung der beiden Reiter Martin und Kaiser.

13 Kessler (vgl. Anm. 7) stellt aufgrund seiner Forschungen überzeugend dar, dass die Szene der Heilung des Leprösen („Healing the Leper") die beherrschende Position im Freskenzyklus von Tours einnahm (vgl. a. a. O. bes. 80–88). Allerdings spricht sich Brennan (vgl. Anm. 7) in seiner zehn Jahre später versuchten Rekonstruktion des in der Kathedrale zu Tours dominierenden Bildes gegen Kesslers These aus und plädiert für die Zentralstellung jener anderen Szene, in der bei Martins Messfeier eine feurige Zunge über dem Haupt des Heiligen erscheint (vgl. a. a. O. 78).

Abb. 18–21: Wundertaten des hl. Martin, Martins-Glasfenster der Kathedrale Notre Dame, Chartres, um 1215–1250. Ausgewählte Ausschnitte

Blick auf einige, für die eingetretene Zäsur typische, ethisch-karitative Martinsbilder

Seit dem 14. Jahrhundert gerät – wohl unter dem Einfluss zunehmender Bedeutung des Ritterstandes – die Szene der Mantelteilung (teils separat, teils noch in einen Bilderzyklen integriert) immer mehr zum beherrschenden Bildmotiv: Schlussendlich teilt Martin seinen Mantel stets als „Ritter hoch zu Ross" mit dem Bettler. Die ritterliche Mantelteilung wird zum Ausdruck und Exempel eines zunehmend vom Oben-Unten-Schema geprägten Standes-Ethos.

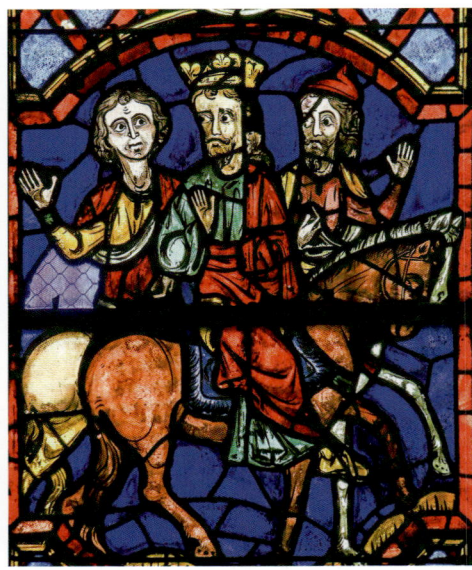

Abb. 22–23: Martins Mantelteilung in Kontraposition zum Kaiser, Martins-Glasfenster der Kathedrale St. Gatien zu Tours, um 1279. Ausgewählte Ausschnitte

Doch muss hier, was die Präsenz des Pferdes anbelangt, nochmals differenziert werden: Anfangs steht das Pferd meist neben Martin; er ist abgestiegen (vgl. Abb. 12). Oder aber er sitzt, um in Augenhöhe zu bleiben, auf einem außerordentlich kleinen Reittier (vgl. Abb. 13). Vielfach steht der Bettler nahezu gleich groß und aufrecht vor dem berittenen Martin (Abb. 17). Später wird das Pferd immer größer dargestellt und Martin dreht sich, gleichsam im Vorüberritt, nach dem Bettler um. Den erstaunlich beständigen Versuch, den Impuls christlicher Solidarität mit den Armen auch bildlich zu bewahren und situativ zu vergegen-

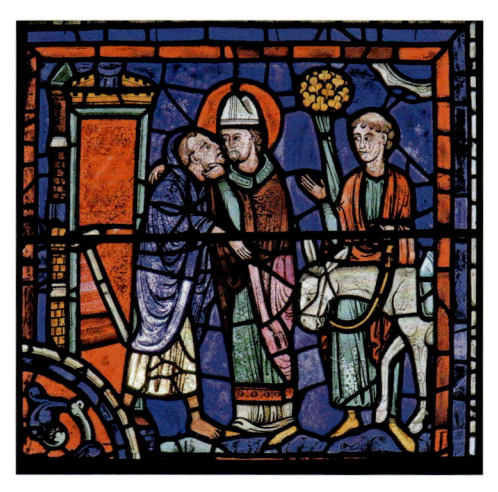

Abb. 24 links: Martin umarmt und heilt den Leprösen, Ausschnitt aus dem Martins-Glasfenster der Kathedrale Notre Dame, Chartres, um 1250

Abb. 25: Mantelteilung, Altartafel, Ungarischer Meister um 1490. Budapest, Ungarische Nationalgalerie

wärtigen (vgl. Abb. 25) vermag die zunehmende Einseitigkeit im Handlungsgeschehen immer weniger abzuwenden. Schließlich geht der Augenkontakt zwischen Martin oben und Bettler unten verloren (vgl. Abb. 26). In manchen Darstellungen der Mantelteilung dieser Zeit zeigt sich eine fast erschreckende Depravation des ursprünglichen theologisch-christlichen Gehaltes: Das Miteinander von Teilgabe und Teilhabe und die wechselseitige Christus- und Gottesbegegnung ist nicht mehr erkennbar (vgl. Abb. 27). Dies gilt übrigens auch für die nach der genannten Zäsur ebenso einschneidend gewandelte Darstellung Martins als Bischof (Abb. 28; man vergleiche diese Darstellung beispielsweise mit Abb. 24).

Das bei den späteren Martinsbildern dominierende Oben-Unten-Schema hat unabsehbare Folgen, die sich bis heute nachhaltig auswirken. (Nicht zuletzt

Abb. 26: Mantelteilung, Ulmer Meister um 1426. Alte Pinakothek (Bayrische Staatgemäldesammlungen) München

Abb. 27: Mantelteilung, Holzskulptur, um 1300. Kathedrale Groß-St. Martin, Colmar, Giebel des Wimpergs, Westfassade

Abb. 28: Kardinal Albrecht von Brandenburg als
hl. Martin. Simon Franck, 1524, Museen der Stadt
Aschaffenburg

bezieht der Martinsritt teilweise bis heute hieraus einen Teil seiner Attraktivität. Die Frage, ob Martin vom Pferd steigen soll, um dem Bettler auf Augenhöhe zu begegnen und mit ihm zusammen den Mantel zu teilen, spielt in den Überlegungen für die mimische Gestaltung der Szene bis dato kaum oder nur sehr selten eine Rolle.)

Aktualität und Relevanz einer christentums-geschichtlichen Deutung der „frühen Martinsbilder" – Thesen zur Diskussion

Zusammenfassende christentums-geschichtliche Deutung der „frühen Martinsbilder"

1. Martin (geb. 316, gest. 397) hat fast gleichzeitig mit dem Entstehungsprozess der Reichskirche gelebt (313 Mailänder Toleranzedikt – 380 verfügt Kaiser Theodosius das christliche Bekenntnis als verbindlich für das Imperium). In der damaligen *Zeit einer* epochalen Wende von der verfolgten Diasporakirche zur

römischen Staatsreligion ging es ihm als *Mönch* vor allem um Bewahrung des authentisch Christlichen (‚Christoformitas'). Als *Bischof* leistete er dementsprechend Widerstand gegen die wachsende ‚Staatsförmigkeit' der sich entwickelnden Reichskirche und der ‚Staatshörigkeit' ihrer Bischöfe, kämpfte für den Erhalt des ‚rechten Glaubens' anstelle des sich ausbreitenden Arianismus und stellte sich ebenso gegen den aus ‚heidnischer' Zeit stammenden kaiserlichen Primats-Anspruch in Sachen Religion.

2. Hieraus erklärt sich die auffallende innere Spannung, welche Geschichte und Eigenart der frühen Martinsbilder prägt: Zu seiner Lebenszeit wurde Martin vor allem als vorbildlicher *Mönchsbischof* wahrgenommen und verehrt, nach seinem Tod aber sah man in ihm nicht zuletzt den machtvollen Patron des rechten christlichen Glaubens, resp. der Reichskirche.

3. Nach dem Konzil von Chalcedon (451: „Jesus Christus, wahrer Gott und wahrer Mensch") und dem Sieg der römisch-katholischen Reichskirche über den Arianismus (um 550) wurde Martin nunmehr als ‚Anführer' des ‚rechten Glaubens' bzw. der recht-gläubigen Kirche herausgestellt (wenn nicht sogar kirchen-politisch instrumentalisiert). Hieraus erwuchs die in den Mosaiken von Ravenna dokumentierte Gestalt des großen purpur-tragenden ‚Confessors' Martinus, der – in Parallelität mit dem Zug der von Euphemia, der Patronin der Konzilskirche von Chalcedon, angeführten heiligen Frauen – dem Zug der Märtyrer voranschreitet, d. h. (im ‚Gleichschritt' mit der Garantin des Chalcedon-Dogmas) die Gemeinschaft der Heiligen anführt. Auf dieser Linie eines Patrons des rechten Glaubens liegt im späteren Verlauf auch die Verehrung Martins als Schutzpatron des christlichen Frankenreiches.

4. Gleichwohl steht vom 6. Jahrhundert an die überwiegende Zahl der bezeugten bzw. erhaltenen Martinsbilder nach wie vor in Kontinuität zum ursprünglichen Bild des demütigen *Mönchsbischofs*. Hinzu kommt, dass nach dem Zerfall des Frankenreiches im Zuge der mittelalterlichen Klosterreformen Martin wieder verstärkt als Heiliger der Barmherzigkeit und, konzentriert auf seine Vorbildlichkeit für solidarische, Christus- und Gottesbegegnung einschließende, Begegnung auf Augenhöhe, als *exemplarischer Tatzeuge Christi* gesehen und dargestellt wird.

Aktualität der „frühen Martinsbilder"

1. Die Wahrnehmung der frühen Martins-Ikonographie ermöglicht eine generelle Rückbesinnung auf Martin als realsymbolischen Zeugen des Glaubens an Jesus Christus, in dem die Barmherzigkeit Gottes menschliche Gestalt ange-

nommen und dadurch die Heilung und Auferstehung des armen, kranken und bedürftigen Menschen, die Wiederherstellung seiner Würde als Bild Gottes, begonnen und bewirkt hat: *Die frühen Martinsbilder verhelfen* dazu, Martin als einen zutiefst botschaftsgemäßen und authentischen Wort- und Tatzeugen des Evangeliums zu verstehen und auszulegen.

2. Die Wahrnehmung der früheren Martins-Ikonographie ermöglicht darüber hinaus und insbesondere eine heutige situationsgerechte Martins-Adaption: Die Vergegenwärtigung Martins als Leitfigur für eine humane Kultur und die Zukunft des Christentums in Europa vollzieht sich derzeit nämlich abermals in einer epochalen christentums-geschichtlichen Zeitenwende, jetzt aber mit umgekehrten Vorzeichen: Die Kirche befindet sich gegenwärtig im Übergang von der ‚Volkskirche des christlichen Europa' zur prekären ‚Diaspora-Situation in der säkularen und pluralen europäischen Gesellschaft'.

Im Übergang von der etablierten ‚Volkskirche des ehemaligen abendländisch-christlichen Europa' zur ‚Diasporakirche in der modernen europäischen Gesellschaft' bedarf es – in gegenläufiger Analogie zur Dualität der Martins-Ikonographie des 6.–14. Jahrhunderts – einer dynamischen Balance zwischen pastoral-missionarischer und sozial-politischer bzw. sozial-ethischer Interpretation des martinischen Lebenszeugnisses, jenseits kirchlicher Spiritualisierung oder karitativer Vereinseitigung auf der einen und eindimensionaler ökonomisch-politischer Instrumentalisierung auf der anderen Seite. Die frühen Martinsbilder verhelfen dazu, kirchliche Evangelisierung und gesellschaftliche Diakonie als spannungsvolle Zwei-Einheit zusammen zu sehen; beide sind nicht völlig identisch, sie bilden vielmehr, gerade in unserer säkularen und pluralen Zeitsituation, zwei sich gegenseitig bedingende und verstärkende Brennpunkte kirchlicher Praxis.

Zusammenfassung der aktuellen Relevanz der „frühen Martinsbilder"

Es hat sich gezeigt: Die frühe Martins-Ikonographie ist in zweifacher Weise von aktueller Relevanz:

Zum einen fällt von ihr her ein bezeichnendes Licht auf die offensichtlichen Verengungen und Verzerrungen der bis heute virulenten „späteren" Gattung der Martinsdarstellungen. Die tiefgreifende ikonographische Wende um die Mitte des 14. Jahrhunderts, die sich beobachten ließ und lässt, ruft nach korrektiver Rückbesinnung auf die frühen Martinsbilder und ihre ganzheitlichere ikonographische Botschaft.

Zum andern ergeben sich aus der beobachteten geschichtlich bedingten Pluralität der frühen Ikonographie Impulse für eine der gegenwärtigen kirchlich-politischen Umbruchszeit angemessene, differenzierte Martinsdeutung – in personal-ekklesialer und sozial-politischer Hinsicht.

Martin ist heute für die Kirche vor allem – insbesondere im säkularen pluralistischen Europa – als Leitfigur der Evangelisierung im umfassend-ekklesialen Sinn von Interesse. Zugleich behält er seine bleibende gesellschaftliche Bedeutung als Ikone solidarischer Nächstenliebe. In eben dieser Dualität vermag der Heilige der göttlich-menschlichen Barmherzigkeit gegenwärtig in neuer Weise zu wirken und zu neuer öffentlicher Geltung zu kommen.

Abb. 29: Die Mantelspende des hl. Martin von Tours. Fresko um 1320/25 von Simone Martini. Assisi, S. Francesco (Unterkirche, Martinskapelle)

WOLFGANG URBAN

Der Blick auf den Anderen

Das Martinusbild in der Kunst des Abendlandes. Eine Übersicht[1]

Gleich einem „Paukenschlag", könnte es aus der verkürzenden Perspektive heutiger Sicht feuilletonistisch formuliert werden, betritt die Gestalt des heiligen Martin von Tours (um 316–397) die große Schaubühne der Kunst des Abendlandes; denn im Monumentalmosaik der Hochwand von San Apollinare Nuovo in Ravenna aus der Zeit von 560/70 mit der ältesten erhaltenen der in die Tausende gehenden Martinusdarstellungen steht Martin von Tours an erster Stelle. Den schriftlichen Zeugnissen nach reicht die Folge der Martinusdarstellungen allerdings bis in die Anfänge des 5. Jahrhunderts zurück. Damit erstreckt sie sich über einen Zeitraum von rund 1600 Jahren und beginnt fast unmittelbar nach 397, dem Todesjahr dieses Bischofs von Tours. Wie wir seinen Briefen entnehmen können, wünschte sich nach dem Hinscheiden Martins Paulinus von Nola (um 364–431) ein Bildnis des als Vorbild verehrten heiligen Bischofs von Tours. Das Martinusbild des Paulinus von Nola dürfte wohl in Anlehnung an die Totenbildnisse oder Memorialbilder der Spätantike ein porträtartiges Gemälde gewesen sein. In Ravenna, der Hauptstadt des Westens im Übergang von der Spätantike zum Mittelalter, wurde schon um 500 in der Kirche des heiligen Paulus und Johannes ein Wunder wirkendes Martinusbild verehrt. Venantius Fortunatus (um 530 bis nach 600), der große geistliche Dichter und Bischof von Poitiers, und sein Freund Felix verdankten ihrem Zeugnis zufolge ihm die Heilung ihrer Augen. Das Martinusbild befand sich wohl in einem eigenen, dem Heiligen gewidmeten Oratorium, wo auch Reliquien von ihm aufbewahrt wurden.[2] Bei diesem nicht erhalten gebliebenen ravennatischen Martinusbild „handelt" es sich zugleich „um das älteste im Abendland nachweisbare wundertätige Andachtsbild".[3]

---

[1] Dieser Darstellung mit einer ganzen Reihe neuer Aspekte basiert gleichwohl auf der früheren, umfangreicheren: Wolfgang Urban, Der Heilige am Throne Christi. Die Darstellung des heiligen Martin im Überblick von der Spätantike bis zur Gegenwart, in: Werner Groß – Wolfgang Urban (Hgg.), Martin von Tours. Ein Heiliger Europas. Ostfildern 1997, S. 193–272. Eine kurze Übersicht der Entwicklung bietet Wolfgang Urban, Iconografia di san Martino nei secoli, in: Alessio Geretti (Hg.), Martino. Un santo e la sua civiltà nel racconto dell'arte. Milano 2006, S. 29–39.
[2] Vgl. Friedrich Wilhelm Deichmann, Ravenna. Hauptstadt des spätantiken Abendlandes. Bd. 1: Ravenna. Geschichte und Monumente. Wiesbaden 1969, S. 27.
[3] Ebenda.

Abb. 1: Zug der Heiligen vor dem Throne Christi mit Martin von Tours an der Spitze. Mosaik (Ausschnitt) in San Apollinare Nuovo, Ravenna 560/70

Die zwischen 560 und 570 entstandenen Mosaiken von San Apollinare Nuovo, in denen Martin von Tours in exponierter Position erscheint, zählen zu den Hauptwerken der frühen christlichen Kunst. Der Bau von San Apollinare Nuovo diente zuvor als Palastkirche des Gotenkönigs Theoderichs des Großen (451/456–526) in Ravenna und war ursprünglich „Christus Salvator" geweiht. Theoderich war Anhänger, Vertreter und Förderer des Arianismus in seinem Herrschaftsbereich. Diese auf den Priester Arius († 337) zurückgehende Lehre erkannte Christus nicht als Gott von Gott, gleichen Gott vom gleichen Gott, wahren Gott vom wahren Gott an. Die Palastkirche war mit ihrem anfänglichen Bildprogramm arianisch ausgerichtet. Mit dem Untergang der Gotenherrschaft konnte die katholische Orthodoxie sich wieder behaupten. So erfuhr die Palastkirche Theoderichs unter Bischof Agnellus von Ravenna eine Umwidmung und wurde nun dem heiligen Martin von Tours geweiht. Gleichzeitig wurden die

Mosaiken an den Hochwänden des Kirchenschiffs gründlich umgestaltet. Vom vorhergehenden Bildzyklus blieben nur im Westen der Hochwände die Abbildungen der Städte Classis und Ravenna und die paradiesische Blumenwiese, auf der die feierlichen Reihen der weiblichen und männlichen Heiligen wandeln.

Die neue, antiarianische Ausrichtung des Gotteshauses dokumentiert sich einmal im neuen Martinspatrozinium, galt doch Martin von Tours mit seinem Lehrer und Mentor Hilarius von Poitiers als einer der entschiedenen Bekämpfer der arianischen Häresie und der daraus erwachsenen Vorzugsstellung, die Martin von Tours im Bildprogramm eingeräumt wird. Die dogmatisch-antiarianische Akzentuierung des Bildprogramms unterstreicht auf der Nordseite der von der hl. Euphemia angeführte Zug der heiligen Jungfrauen und Märtyrerinnen (vgl. Abb. auf S. 46). Dort führt diese Märtyrerin den Zug der weiblichen Heiligen an, weil in der Euphemia-Kirche von Chalcedon 451 die entscheidenden Entschlüsse gegen die Lehre des Arius gefasst worden sind.[4]

Martin ist im Mosaik von San Apollinare Nuovo (Abb. 1) gleich in doppelter Weise herausgestellt. Obwohl kein Märtyrer wie die übrigen, führt er in lebensgroßer Ausführung die lange Reihe der männlichen Blutzeugen am Throne Christi an. Er ist der einzige in der dichten Folge der in weiße Gewänder gekleideten Märtyrer, der seinen Glauben an Christus nicht durch den Tod als Blutzeuge besiegelt hat. Doch nicht nur seine Stellung an der Spitze des Zuges der Heiligen hebt ihn heraus, mehr noch die andere Gewandfarbe. Wiederum ist er der einzige in der Garde der 26 auf Christus ausgerichteten Heiligen, der statt eines weißen ein hellviolettes Gewand trägt, ein Gewand in Purpurfarbe.

Die weißen Gewänder der mit Martin dargestellten Märtyrer gründen in der visionären Schilderung der am Ende der Zeiten am Throne Christi Versammelten im Buch der Offenbarung. Die Erwählten *standen in weißen Gewändern vor dem Thron und trugen Palmzweige in den Händen.* In der Bildsprache des Mosaiks verdeutlichen dies kleine Palmbäume, die neben den in Sandalen auf der blumenreichen Paradieswiese schreitenden Märtyrern aufwachsen. Erläuternd heißt es in der Vision der Apokalypse zu den Personen und ihrer Kleidung: *Es sind die, die aus der großen Bedrängnis kommen; sie haben ihre Gewänder gewaschen und im Blut des Lammes weiß gemacht* (Offb 7,9.14). Das Buch der Offenbarung fährt fort: Es sind die, die zur Hochzeit des Lammes geladen sind. *Sie durften sich kleiden in strahlend weißes Leinen. Das Leinen bedeutet die gerechten Taten der* Heiligen (Offb 19,7–8).

Jeder der Dargestellten trägt im Hinblick auf Offenbarung 2,10 – *sei getreu bis in den Tod und ich werde dir die Krone des Lebens geben* – ein individuell gehaltenes, Kostbarkeit signalisierendes Krondiadem in Händen. Durch einen

---

4 Vgl. hierzu auch den Beitrag von Walter Fürst, S. 47/48.

großen weißen Nimbus im Gold des Hintergrundes ist das Haupt eines jeden Einzelnen ausgezeichnet. In einigem Abstand über ihren Köpfen sind ihre Namen mit dem jeweiligen Prädikat SCS (Sanctus) in das Mosaik eingelegt. Direkt hinter Martin folgen – durch ihre Namen in der Überschrift gekennzeichnet – der noch zu den „apostolischen Vätern" zählende Papst Clemens I. (um 50 bis 97/101), als nächste Papst Xystus oder Sixtus II. – SYSTUS geschrieben – und der mit ihm verbundene hl. Diakon Laurentius († 258).

Die gegenüberliegende linke Hochwand von San Apollinare Nuovo zeigt entsprechend eine stattliche Sphalanx von 22 weiblichen Heiligen in prachtvoller, edelsteingeschmückter Kleidung und festlichen Frisuren. Zudem ist diesen heiligen Jungfrauen ein weißer Mantel um die Schultern gelegt. Wiederum wachsen neben ihnen Palmen als Zeichen ihres Martyriums und wiederum trägt jede von ihnen eine Krone in den Händen. Während Christus auf der Martinus-Seite in erwachsener Gestalt den Thron einnimmt, führt der Zug hier zum Christusknaben. Das Jesuskind sitzt im Schoß seiner Mutter Maria. Vier Erzengel umgeben den Thron Mariens und ihres Kindes. Es ist eine Version des Motivs des „sedes sapientiae", des „Sitzes der Weisheit", in dem Maria den Thron für die in Christus menschgewordene Weisheit Gottes bildet. Dem Aspekt des „Sitzes der Weisheit" entsprechen die dem Thron mit ihren Gaben sich ehrfürchtig nähernden Weisen aus dem Morgenland (vgl. Mt 2,1–11). Unmittelbar auf die Anbetung der Weisen folgt an erster Stelle in der Reihe der Jungfrauen die hl. Euphemia von Chalcedon († 303). Wiederum sind alle dargestellten Frauen durch Nimben ausgezeichnet und durch die Inschrift ihres Namens.

Sowohl mit Martin von Tours wie mit der hl. Jungfrau Euphemia haben wir den Schlüssel für den dogmen- und kirchengeschichtlichen Hintergrund des Bildprogramms von San Apollinare Nuovo. Das im ersten Viertel des 6. Jahrhunderts von Theoderich dem Großen gestiftete Gotteshaus diente zunächst dem arianischen Kultus. Im Jahre 540 fiel Ravenna an Byzanz, womit der Wandel in der christologischen Positionierung eingeleitet wurde. In der Euphemia-Kirche von Chalcedon hatte 451 das 4. Ökumenische Konzil getagt und damit seine antiarianischen christologischen Entschlüsse unter den Schutz dieser Märtyrerin gestellt. In Ravenna wurde unter Bischof Agnellus 556 bis 570 die Wende vom Arianismus zur katholischen Christologie vollzogen und die Kirche dem katholischen Ritus unterstellt, weshalb eine systematische Neugestaltung der Mosaiken in San Apollinare Nuovo für erforderlich gehalten wurde.

Da Martin, wie die Vita des Sulpicius Severus (um 363–420/25) festhält, mit seinem Lehrer Bischof Hilarius von Poitiers (um 315–367) im Kampf gegen den Arianismus stand, zudem in Ravenna bereits eine Martinsverehrung gepflegt wurde, konnte er zusammen mit Euphemia zur theologisch-dogmatischen Schlüsselgestalt im neuen Bildprogramm an der Hochwand von San Apollinare Nuovo avancieren.

Zu berücksichtigen und zu bedenken ist bei der auffälligen Gewandgleichheit von Christus und Martin das besondere Verständnis des Bekleidungsaktes als eines Hoheitsaktes in der Vergangenheit. Biblisch fundiert, war das Bekleiden selbst ein göttlicher Akt. Der Schöpfer selbst machte nach dem Sündenfall Gewänder für Adam und Eva und bekleidet das Urelternpaar (vgl. Gen 3,21). Die große Bedeutung des Aktes der Bekleidung fassen wir noch in Begriff und Ritual der Investitur. Das Wort geht zurück auf das lateinische *investiri*, „bekleidet werden". Durch das Wort „Investitur", dem Namen für den Bekleidungsakt, wird vielfach heute noch der Hoheitsakt der Amtsübergabe bezeichnet und an das Anlegen der damit verbundenen Amtskleidung erinnert. Der in dieser Weise in ein Amt Eingesetzte ist in eine höhere Stellung gehoben, hat dadurch einen neuen Rang und eine neue Würde verliehen bekommen. Dies ist noch in weltlichen Amtsritualen wie dem Anlegen der Amtsrobe gegenwärtig – wir sprechen ja auch vom „Bekleiden eines Amtes" –, wird aber besonders noch in der katholischen Taufliturgie durch das auf Christus bezogene Anlegen des weißen Taufkleides präsent.

Der Mantel selbst gehörte in der Vergangenheit stets zu den Insignien eines Amtes, war Zeichen der Auszeichnung des jeweiligen Würdenträgers. Der Akt der Investitur oblag und obliegt dem Höhergestellten. Es sind diese besonderen Aspekte des Bekleidungsaktes, die gerade bei der Mantelteilung und dem Bekleiden des nackten Bettlers in der Sicht der Vergangenheit zum Tragen gekommen sind. Von daher ist auch die Aussage in der Martinsvita des Sulpicius Severus zu verstehen, wo von Martin berichtet wird, dass er im Traum erlebte, wie Christus den Engeln gegenüber bekundete, dass Martin ihn bekleidet habe und dass er nun nicht abgehoben habe in menschlichem Stolz, sondern sich nur als Werkzeug der Barmherzigkeit Gottes verstanden habe.[5] Da gerade in der Vergangenheit der Bekleidungsakt als Hoheitsakt stärker im Bewusstsein verankert und lebendig war, konnte dieses Vorwissen in das Verständnis der zahlreichen Mantelteilungsszenen hineinspielen und wurde interpretatorisch mitbedacht.

Die eschatologische Konnotation des Bekleidungsaktes machte schon das Mosaik von San Apollinare Nuovo deutlich. Dem inneren Zusammenhang des Bekleidens eines Nackten mit dem Weltgerichtsszenarium von Matthäus 25,36–41, wo die Werke der Barmherzigkeit von Christus alle einzeln genannt werden, und wer diese Taten, wie die Hungrigen zu speisen, die Dürstenden zu tränken, die Kranken zu betreuen, die Fremden aufzunehmen, Gefangene nicht im Stich zu lassen, und wer solches an den Geringsten und Elendesten vollziehe, der habe dies Christus selbst getan, diesem eschatologischen Aspekt mit dem Horizont des wiederkommenden Herrn haben die theologisch inspirierten Künst-

---

5   Vgl. Sulpicius Severus Vita 3,5; vgl. unten Anm. 70.

ler in der Vergangenheit immer mehr oder minder deutlich in der Mantelteilungsszene Rechnung getragen. Schon Sulpicius Severus hat in seinem Bericht der Mantelteilung sofort die Matthäusstelle 25,40 mit der Gleichsetzung der Geringsten mit dem Höchsten angeführt. Dies kommt ebenfalls zu Gesicht im bereits interpretierten ravennatischen Mosaik.

Die Aussicht auf das Weltgericht ist ebenfalls der entscheidende Aspekt bei der Martinusdarstellung in einem heute in Udine im Friaul aufbewahrten Sacramentarium Fuldense von 975–990.[6] In dieser im Skriptorium des Klosters Fulda entstandenen Prachthandschrift behandelt eine der Miniaturen die Mantelteilung und verbindet diese mit der Traumvision und einer Maiestas Domini[7] und bringt damit den Kontext von Mt 25,36–41 ins Bild, um die eschatologische Relevanz der Werke der Barmherzigkeit und des Handelns Martins von Tours herauszustellen und zu verdeutlichen. Genauso wie im hier gezeigten Fuldaer Sakramentar aus dem 11. Jahrhundert (Abb. 2) finden wir über dem Akt der Mantelteilung und des Traumschlafs Martins den in einer Mandorla thronenden Christus wie in der Weltgerichtsszene des wiederkommenden Herrn bei Matthäus.

Mit künstlerisch und inhaltlich herausragenden Zeugnissen der Martinusikonographie wartet die Buchmalerei des 12. bis 13. Jahrhunderts auf. Mantelteilung und Totenerweckung Martins von Tours verbildlicht das zwischen 1125 und 1139 entstandene Zwiefaltener Passionale[8]. Das Werk gelangte mit der Säkularisation Zwiefaltens in die Residenzstadt Stuttgart. Unter Passionale ist ein Werk mit der Lebens- und Passionsbeschreibung heiliger Frauen und Männer zu verstehen.[9] Das am Fuße der Schwäbischen Alb bis 1802 bestehende Kloster Zwiefalten wurde von den beiden Brüdern Kuno von Wülflingen und Luithold von Achalm aus dem schwäbisch-alemannischen Adel gestiftet und 1089 von Wilhelm von Hirsau (um 1030–1091) noch persönlich mit Mönchen des Reformklosters Hirsau im Schwarzwald besiedelt. In den Jahrzehnten unmittelbar nach seiner Gründung entfaltete sich eine erste kulturelle Blüte Zwiefaltens, von der nicht zuletzt das „Passionale" ein gleichermaßen eindrucksvolles wie anschauliches Zeugnis gibt. Das dreibändige Werk enthält die Passions- oder Lebensgeschichten von mehr als 135 Heiligen, wobei die Texte zu den hei-

---

6   Udine, Archivio capitolare Cod. 1, fol. 70r.
7   Zu diesem Codex vgl. auch Adalbert Ebner, Quellen und Forschungen zur Geschichte und Kunstgeschichte des Missale Romanum im Mittelalter. Iter Italicum. Freiburg i. Br. 1896; Heinrich Detzel, Christliche Ikonographie. Ein Handbuch der christlichen Kunst, Bd. 2. Freiburg i. Br. 1896, S. 525; Karl Künstle, Ikonographie der Heiligen. Freiburg i. Br. 1926, S. 440.
8   Württembergische Landesbibliothek Cod. bibl. 2° 58, fol. 107r.
9   Vgl. Katalog der illuminierten Handschriften der Württembergischen Landesbibliothek Stuttgart. Bd 2: Die romanischen Handschriften. Teil 1: Zwiefalten. Bearb. von Sigrid von Borries-Schulten. Mit einem paläographischen Beitrag von Herrad Spilling. Stuttgart 1987, S. 65–70, Nr. 36. – Zu Entstehungsort und -zeit vgl. ebenda, S. 69.

Abb. 2: Fuldaer Sakramentar, 11. Jahrhundert, Staatsbibliothek Bamberg

ligen Personen von bildlichen Darstellungen begleitet sind. Das „Passionale" von Zwiefalten ist damit sowohl ein bedeutendes Quellenwerk der Hagiographie wie insbesondere der Ikonographie. Die Vita des hl. Martin illustrieren gleich zwei Illuminationen. Einmal die Begegnung mit dem Bettler, zum anderen eine der spektakulären Totenerweckungen Martins.[10] Bei der Begegnung mit dem Bettler mit der Mantelteilung sehen wir Martin vom Pferd gestiegen, um stehend für den Armen den Mantel mit dem Schwert zu halbieren. Die Ausmalung der Mantelteilung Martins finden wir nun durch ein gesatteltes Pferd als Reittier Martins angereichert (Abb. 3). Zudem trägt der Heilige Reitsporen. Mit dem Reittier wird zwischen Martins Werk der Barmherzigkeit eine Brücke geschlagen zu Jesu Erzählung vom barmherzigen Samariter im Lukas-Evangelium 10,33–35, wo das „Reittier" des Samariters ausdrücklich Erwähnung fin-

---

10 In Cod. Bibl. 2° 58, fol 107ra und 107rb.

Abb. 3: Begegnung Martins mit dem Bettler. Zwiefaltener Passionale, Zwiefalten, um 1130 (Württembergische Landesbibliothek Stuttgart, Cod. bibl. 2° 58, fol. 107)

det.[11] Der jugendliche Martin steht vom Pferd gestiegen dem bärtigen, barfüßigen Hilfesuchenden gegenüber. Dieser ist mit einem kurzen, nur bis zu den Oberschenkeln reichenden Rock bekleidet und trägt in Hüfthöhe an einem über die Schultern gelegten Riemen eine Betteltasche. An den nackten Beinen sind durch rötliche Zeichnung Spuren von Wunden und Krankheit zu erkennen. Hinter dem Bettler liegt ein beiseitegelegter oder hingeworfener Krückstock. Sich erhebend hält der Bettler mit beiden Händen die eine Mantelhälfte, während Martin mit dem Schwert die Teilung vorzunehmen begonnen hat.

Bei der zweiten Illumination wurde die über zwanzig Zeilen reichende Initiale „I" figürlich ausgestaltet. Durch Knospen wurde den konkav geschwungenen Längsbögen des Buchstabens „I" die Bedeutung von Baum oder Baumästen gegeben (Abb. 4).[12] In fast makabrer Weise, das Seil befestigt am oberen Steg des Buchstabens, hängt in dieser Initiale ein jugendlicher Erhängter. Der

---

11 Vgl. hierzu insbesondere den Beitrag von Walter Fürst.
12 Vgl. Albert Boeckler, Das Stuttgarter Passionale, Augsburg 1923, S. 54.

Incip̄ uita
sc̄i martini
epī 7 confessoris;
GITUR
MARTIHVS
SABARIĘ
PANNONIORV̄
oppido oriun
dus fuit. sed
uitra italiam
ticini altus
ē. parentib;
sed m scli dig
nitatē non in
fimis. gentilib;
tam̄. Pater e²
miles primū.
p̄ tribunus mi
litū fuit. Ipse
armatā mili
tiā in adolescentia secutus int̄ scola

Abb. 4: Martins Erweckung des toten Knechtes des Lupicinus. Zwiefaltener Passionale, Zwiefalten, um 1130 (Württembergische Landesbibliothek, Cod. bibl. 2° 58, fol. 107)

durch Nimbus ausgezeichnete Martin blickt hinauf zu dem Strangulierten. Über seinem Gewand trägt Martin einen von einer Schulterschließe gehaltenen Mantel als Würdezeichen. Der Heilige hat beide Arme ausgebreitet und dabei im Segensgestus die rechte Hand erhoben. Die Illustration thematisiert geradezu drastisch die Auferweckung des Knechtes des Landgutbesitzers Lupicinus. Mit einem Strick, heißt es bei Sulpicius Severus, hatte sich der Arbeiter erhängt.[13] In einem weiteren Moment von drastischem Realismus ist der Erhängte mit gebrochenen, halb geöffneten Augen gezeichnet.[14]

Etwa in der der gleichen Zeit wie das Ziefaltener Passionale entstand in England 1119–1135 der Albani-Psalter. Mit gleichfalls gezielt realistischer Intention wie im Skriptorium von Zwiefalten wird der Bettler in vollkommener Nacktheit in der Illumination des Psalteriums der Christine von Markyate, dem in die Bibliothek von St. Godehard in Hildesheim gelangten Psalterium von St. Alban oder Albani-Psalter (Abb. 5) gezeigt.[15] Geschaffen in der Abtei St. Alban in Hertfordshire ist der Codex ein Hauptwerk der romanischen Buchmalerei Englands. Die dem Martinsfest gewidmete ganzseitige Miniatur des Albani-Psalters teilt ihre Bilderzählung in zwei Ebenen. Die untere Hälfte ist der Mantelteilungsszene reserviert, die obere der Traumvision Martins. In der Mantelteilung hängt dem barfüßigen, nackten Mann in Hüfthöhe als einzigem Besitz eine Trinkflasche. Sie wird von einem um die Schulter geführten Riemen gehalten. Der Bettler steht vor einem dekorativ ausgeführten Rundbogentor. Mauerwerk illustriert eine Stadtbefestigung. Den Hintergrund zwischen dem Nackten und dem im Sattel seines Pferdes sitzenden Helfer bildet ein blaues, von kleinen weißen Wölkchen durchzogenes Karree, womit angezeigt wird, dass sich das Geschehen unter freiem Himmel abspielt.

Im oberen Teil der Miniatur ruht Martin in eine kostbar erscheinende Decke gehüllt, den Kopf auf die rechte Hand gestützt auf einer prachtvollen Liegestatt. Über dem Schlafenden erscheint, getrennt durch ein grünes, die Sphäre des Irdischen andeutendes Band, in einer als 2/3-Kreis ausgeführten Mandorla auf einer Thronbank sitzend Christus. Im unendlichen Blau der Ewigkeit umschweben seitlich zwei Engel den Himmelsherrscher. Mit beiden Händen anhebend präsentiert Christus das ihm gleich einem Schultervelum und Hoheits- oder Herrschaftszeichen angelegte Mantelstück.

Ein um 1180/90 in Echternach (Trier?) entstandener Codex mit der von Abt Richer von Metz (um 1135) in Versen verfassten Vita des Martin von Tours zeigt

---

13 Sulpicius Severus, Vita 8,1–3.
14 Dass der Erhängte "das eine Auge schon wieder aufschlägt" meint Boeckler, ebenda, S. 54. – Tatsächlich sind beide Augen mit herabhängenden, jedoch nicht völlig geschlossenen Lidern wiedergegeben.
15 Dombibliothek Hildesheim HS St. God 1.

Abb. 5: Mantelteilung Martins mit der anschließenden Traumvision. Albani-Psalter, England 1119–1135 (Dombibliothek Hildesheim)

in Federzeichnungen Szenen des Lebens des hl. Martin.[16] Im *Autorenbild* überreicht Richer (Richarius) von Metz sein Werk voll Ehrerbietung und Demut Sulpicius Severus. Den Text eröffnet ganzseitig – gewissermaßen Erde und Himmel anzeigend und damit die Totalität des Wirklichen und des Seins erfassend, ähnlich dem in Hildesheim aufbewahrten angelsächsischen Albani-Psalter von Hildesheim in zwei Registern angelegt – die *Mantelteilung am Stadttor von Amiens und die darauf folgende Traumvision* (Abb. 6). Martin zerschneidet vom Pferd herab den Mantel in der Weise, dass der Teil mit der kostbaren Schließe des Mantels, das Abzeichen der Würde des Mantelträgers, zum Geschenk für den Bettler wird. Halbnackt, nur ab der Hüfte mit einem Lendenschurz bekleidet, nimmt der barfüßige Bettler das Kleidungsstück entgegen. Der lateinische

---

16   Stadtbibliothek Trier cod 1378/103. – Zu dieser Handschrift vgl. die bibliographischen Angaben bei Urban (Anm. 1), S. 268, Anm. 35.

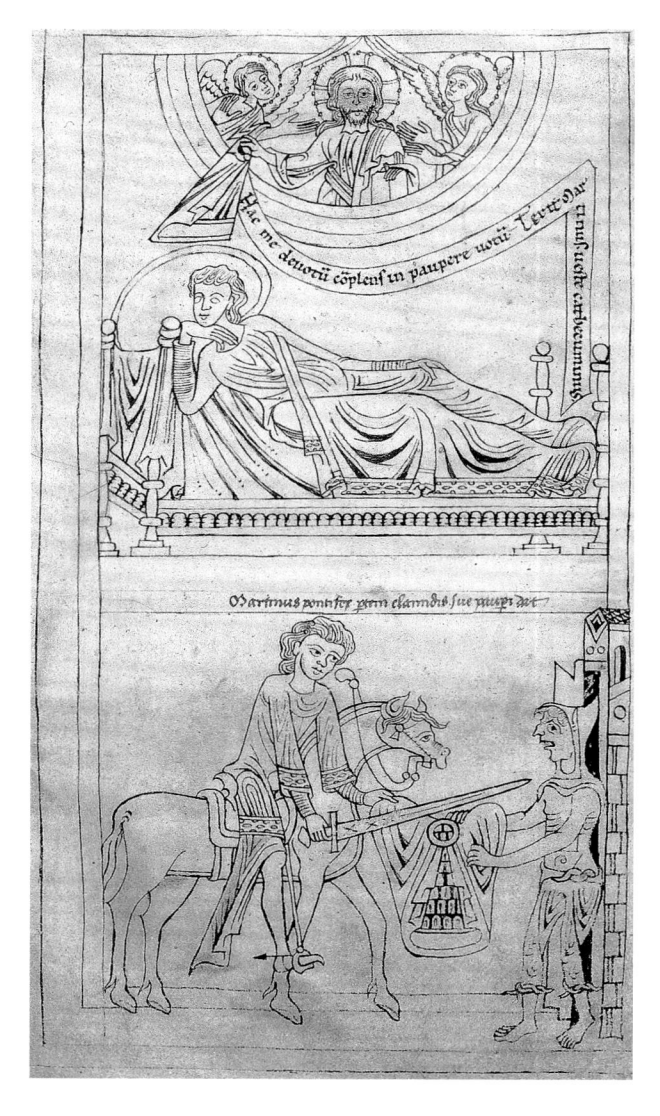

Abb. 6: Mantelteilung und Traumvision. Miniatur in Richer von Metz, Vita S. Martini, Echternach, um 1185 (Stadtbibliothek Trier, HS 1378/103)

Beitext lautet: *Martinus pontifex partem clamidis suae pauperi dat* – der (spätere) Bischof Martin gibt einen Teil seiner Chlamys einem Armen. Hier wird der Mantel ausdrücklich als „Chlamys", als „Staatskleid", als Hoheitszeichen bezeichnet. Im Gegensatz zur idealisierten Zeichnung Martins bemüht sich der Künstler in der Wiedergabe des Bettlers um einen harten Verismus; er gibt ihn naturalistisch wieder mit ausgemergeltem nackten Oberkörper und einem durch Entbehrungen unansehnlich gewordenen Gesicht.

In der Traumvision ruht Martin mit einem Nimbus um sein Haupt auf einer prunkvollen Kline. In einem dreifachen, die trinitarische Gottheit versinnbild-

Abb. 7: Martin küsst und heilt einen Leprosen, befreit Besessene von ihren Dämonen. Illumination zu Richer von Metz, Vita S. Martini, Echternach, um 1185 (Stadtbibliothek Trier, HS 1378/103)

lichenden Nimbus erscheint in Halbfigur – noch einmal eigens durch einen Sternennimbus ausgezeichnet – Christus zwischen zwei Engeln und weist das Mantelstück als die ihm von Martin zuteil gewordene Gabe vor. Das Mantelstück reicht über die Himmelssphäre hinaus. Es gewinnt in dieser Art des Vorweisens den Charakter eines Symbolon. In der Antike wurde durch Teilen oder Zerbrechen eines Gegenstandes ein Erinnerungszeichen für gewährte Gastfreundschaft geschaffen, wobei jeder der Gastfreunde ein Teilstück behielt. Durch späteres Zusammenfügen (griech. συμβάλλειν) der getrennten Teile wurde die einmal gewährte Gastfreundschaft erneuert. Das beigefügte Schriftband lässt im Anschluss an die entsprechende Stelle bei Sulpicius Severus Christus sprechen: *Hac me devotum complens in paupere votum texit Martinus veste me cathecuminus* – durch dieses Gewand hat Martin als Katechumene, sein (Tauf-)Gelöbnis erfüllend, im Armen mich bekleidet.

Die dritte Federzeichnung dieses Codex widmet sich in einem Bildrahmen vereint zwei der *Heilungswunder* Martins von Tours (Abb. 7). Einmal wird die Begegnung mit einem Aussätzigen am Stadttor von Paris illustriert.[17] Martin küsst das unansehnliche, von Aussatzbeulen entstellte Gesicht des nur mit ei-

---

17 Vgl. Sulpicius Severus, Vita 18,3 (CSEL 127,30–33): "Apud Parisios vero, dum portam civitatis illius magnis secum turbis euntibus introiret, leprosum miserabili facie horrentibus cunctis osculatus est adque benedixit, statimque omni malo emundatus …"

nem Lendenschurz bekleideten Leprosen, vor dem alle zurückschreckten. Durch seine Handlung und seinen Segen brachte er dem Kranken sofortige Genesung. Zum anderen berührt er in derselben Illumination zwei Besessene gleichzeitig und befreit sie von ihren Dämonen. Illustriert werden hier die beiden aufeinanderfolgenden Exorzismen, die Martin in Trier vollzogen hat. Der eine geschieht im Palast des Prokonsuls Tetradius, dessen Knecht er einen bösen Geist austreibt, worauf Tetradius den Glauben an Christus annimmt, die andere Reinigung widerfährt dem Koch eines vornehmen Haushalts. In beiden Fällen legt er den Besessenen die Finger auf den Mund. Dem Dämon des Kochs aber zwingt er, unter Schmerzen und Qualen nicht dem Mund seines Opfers zu entweichen. Unter Hinterlassung von Unflat geschieht dies über den Darmausgang.[18] Gleich einem Flatus entsteigen die bösen Geister in dieser schwarz-roten Federzeichnung den Okkupierten aus Hinterteil und Mund.

Die Martinusdarstellungen der Mantelteilung oder der Heilung von Kranken wie des Leprosen in der Miniatur des eben vorgestellten Echternacher Codex öffnen kulturgeschichtlich in der Wiedergabe der Bedürftigen und Kranken den Blick auf eine Realität fern aller Beschönigungen und Idealisierungen. Es ist, als ob in der Sicht des jeweiligen Bettlers ein Fenster aufgehe, durch das die Wirklichkeit in ihrer schonungslosen Härte und Brutalität in die sonst heile Bildwelt der sakralen Kunst eindringe, es zu einer dramatischen Konfrontation zwischen idealer und realer Welt kommt.

Nach dem Echternacher Codex bietet ein besonders erschütterndes Beispiel die Bettler-Darstellung in der Miniatur zum Wirken des hl. Martin im Berthold-Sakramentar oder Berthold-Missale aus dem ehemaligen Kloster Weingarten. Die heute in der Pierpont Morgan Library in New York aufbewahrte Prachthandschrift[19], eine der bedeutendsten Zimilien der Buchkunst des Mittelalters, entstand 1215/1217 in der 1056 durch das Hochadelsgeschlecht der Welfen gegründeten oberschwäbischen Benediktinerabtei Weingarten in der Ära des Abtes Berthold (1200–1232). Mit diesem Vorsteher des Klosters war ein enormer kultureller Aufschwung verbunden.[20]

---

18   Vgl. Sulpicius Severus 17,5–7 (CSEL 1, 126,29–31.127,6–7): "Ita Martinus imposita manu puero immundum ab eo spiritum eiecit, quo viso Tetradius Dominum Christum credidit … digitos ei Martinus in os intulit … et cum fugere de obsesso corpore poenis et cruciatibus cogeret nec tamen exire ei per os liceret, foeda reliquens vestigia fluxu ventris egestus est."
19   Pierpont Morgan Library, New York, MS 710, fol 125v. – Vgl. Hans Ulrich Rudolf, Kalender – Bilder – Gebete. Charakter und Inhalt des Sakramentars, in: ders., Ein Buch von Glanz und Silber. Das Berthold-Sakramentar aus Weingarten. Einblicke in die schönste Handschrift aus dem Kloster Weingarten. Ravensburg 1996, S. 90.
20   Vgl. Hanns Swarzenski, The Berthold Missal. The Pierpont Morgan Library MS 710 and the Scriptorium of Weingarten Abbey, New York 1943, S. 18: "The artistic production of the Abbey changed completely with the inauguration of Berthold (1200–1235)."

Abb. 8: Mantelteilung und Totenerweckungen Martins von Tours. Berthold-Missale, Weingarten, 1215/17 (Pierpont Morgan Library, New York, MS 710, fol. 126r)

Das für die liturgischen Bedürfnisse der Abtei Weingarten geschaffene Messbuch oder Missale ist nach dem Urteil von Hanns Swarzenski, einem der besten Kenner der Materie, die bedeutendste Schöpfung der spätromanischen Buchmalerei in Europa überhaupt. Im 12. und 13. Jahrhundert existiere kein vergleichbares Werk der Buchkunst, das sowohl dem künstlerischen Reichtum wie der ikonographischen und liturgischen Bedeutung des Berthold-Missale vergleichbar wäre.[21] Vom Goldschmied, dem der an Pretiosen reiche Einband des Missale zu verdanken ist, und vom Maler spricht Swarzenski als den „zweifellos … eigenwilligsten und großartigsten Persönlichkeiten der spätromanischen Kunst".[22]

Das Missale eines dem hl. Martin von Tours geweihten Klosters verlangte geradezu nach einer besonderen Hervorhebung des Festes des Patrons von Kirche und Abtei. Dem wurde im Weingartener Berthold-Missale durch zwei ganzseitig illuminierte Seiten als Auftakt zu den liturgischen Texten des Martinustages Rechnung getragen. Während die eine der beiden Seiten figurativ ausgestaltet ist, zeigt sich das Blatt der gegenüberliegenden zweiten Seite eher abstrakt ornamental.

Die figürlich-narrativ ausgeführte erste Seite ist in zwei Register aufgeteilt, dessen oberes sich der Mantelteilungsszene widmet, während das untere auf Martins Totenerweckungen eingeht (Abb. 8). Hier findet sich die schon angesprochene aufwühlende Darstellung des Hilfe erheischenden Bettlers. Entscheidend ist hier nicht nur die materielle Bedürftigkeit des Bettlers, sondern zugleich der Blick auf seine schwere körperliche Behinderung. Die Augen- und Stirnpartie der Elendsgestalt erscheint durch Verwachsungen oder Geschwulste verunstaltet. In drastischer Deutlichkeit sind die verkrüppelten Beine des Behinderten ausgeführt, welche seine Bewegungsfreiheit so schwer einschränken, dass er sich nur auf Knien kriechend mittels Handstützen bewegen kann. Während die Linke sich noch auf die niedere Hand-Krücke stützt, greift die rechte Hand nach dem Mantelstück Martins.[23]

Wenn auch in der Person des hl. Martin bildlich ein idealisiertes Menschenbild geboten wird, öffnet sich gerade in den Mantelteilungsbildern über die das Elend lebensnah abbildenden Bettlergestalten ein Fenster zu einer ungeschönten, schonungslos gebotenen Sicht auf die Realitäten menschlicher Existenz, ihrer zuweilen höchst grausamen Brutalität.

---

21   Vgl. ebenda, S. 38: „The Missal, with its rich and ornate decoration is an achievement far above the normal production of liturgical books in the late Romanesque period. At least, there is no known Missal of the twelfth and thirteenth century with al picture cycle of corresponding importance for icinigraphy and liturgy."
22   Vgl. Hanns Swarzenski, Englisches und flämisches Kunstgut in der romanischen Buchmalerei Weingartens. Dem Andenken Arthur Haseloffs, in: Weingarten 1056–1956. Festschrift zur 900-Jahr-Feier des Klosters. Hg. Gebhard Spahr, Weingarten 1956, S. 335.
23   Vgl. ebenda, S. 100.

Das untere Register dieses Pergamentblattes verweist auf die drei *Totenerweckungen* Martins. Die erste geschah am Katechumenen des Heiligen von Tours, die zweite an dem erhängten Knecht des Lupicinus, das dritte Wunder an einem Jüngling in Chartres.[24] Zu den besonderen Aspekten der drei Totenerweckungen gehört, dass die erste einem noch Ungetauften gilt und die zweite einem Selbstmörder und beide dadurch nicht nur dem irdischen Leben zurückgegeben werden, sondern ihnen zudem auch der Weg zur ewigen Seligkeit eröffnet wird, der dem einen durch die Todsünde der Selbsttötung, dem anderen durch das Fehlen der Taufgnade verbaut gewesen wäre.

Die zugehörige gegenüberliegende Seite bringt ornamental groß ausgearbeitet die Initiale D von „Deus qui", dem Anfang der „Oratio", des „Tagesgebetes", des Martinusfestes.[25] Bei dem kunstvollen Buchstaben D sind hochkomplex fünf Kreise ineinander geschlungen. In den beiden oberen Ecken der Illumination sind in dreifachem Kreisrahmen im Profil je zwei blaue Gänse gemalt, während in den beiden unteren Ecken zwei frontal erscheinende blaue Pfauen ihr Rad schlagen. Diese Seite des Berthold-Sakramentars bietet das älteste Zeugnis einer Verbindung von Martin von Tours mit dem Symbol oder Attribut der Gans. Doch ist die Gans hier sicherlich noch nicht mit der später entstandenen Geschichte der Umstände der Wahl Martins zum Bischof von Tours zu interpretieren, als den in einen Gänsestall geflüchteten Martin das Geschnatter des Federviehs verraten habe.[26] Die Gans steht hier vielmehr symbolisch für die Tugenden der Aufmerksamkeit und der Wachsamkeit, wie sie im Evangelium gefordert werden, um bereit zu sein, wenn der Herr kommt oder der Herr begegnet. Diesen symbolischen Sinn, zugleich die Ausrichtung auf Transzendenz, auf Gott oder Christus hin, unterstreicht die blaue Farbe, mit der die Gänse ins Bild gesetzt sind. In Blau, der Symbolfarbe der Ewigkeit, sind auch die beiden Pfauen koloriert. Das Rad des Pfaus wird in der Geschichte der Bildsprache auf die Unendlichkeit hin gedeutet und die Unsterblichkeit der Seele.

Einzigartig in Europa ist die fast vollständig erhaltene, in 153 ausgemalte Bildkassetten gegliederte romanische Holzdecke der Kirche St. Martin in Zillis im schweizerischen Graubünden. Für Entstehungszeit und Malerei der Decke

---

24 Vgl. Sulpicius Severus, 7,2–5; 8,14; 16,1–8. – Zur dritten, von Sulpicius Severus in seiner Schrift „Dialogus" geschilderten Totenerweckung vgl. Anm. 28..
25 Pierpont Morgan Library, New York, MS 710, fol 126r. – Die vollständige Oratio lautet: *Deus, qui conspicis, quia ex nulla nostra virtute subsistimus; concede propitius, ut intercessione beati Martini confessoris tui atque pontificis contra omnia adversa muniamur* – „o Gott, du siehst, dass wir aus eigener Kraft nicht bestehen können; so verleihe denn in deiner Huld, dass die Fürsprache des heiligen Bekenners und Bischofs Martin uns gegen alles Widrige schirme" (Übers. Schott-Messbuch, Beuron 1926).
26 So die Interpretation von Hans Ulrich Rudolf (Anm. 20), S. 94.

wird die erste Hälfte des 12. Jahrhunderts, die Zeit des Neubaus der Kirche im Hochmittelalter angenommen. An der Stelle dieses heute bestehenden Baus des Kirchenschiffs – der Chor fand in der Spätgotik eine Erneuerung – existierte schon auf einer römischen Grundschicht um 500 eine Kirche. Urkundlich findet eine Ende des 8. Jahrhunderts entstandene Kirche 830 und dann 940 Erwähnung.

Die Holzdecke stellt das gesamte romanische Kirchenschiff übergreifend und umfassend ein komplettes Weltbild in Raum und Zeit vor Augen. Die Zeit vergegenwärtigt der Kontinent des Innern dieses auf Universalität angelegten Weltbildes mit der Heilsgeschichte und ihren Motiven aus dem Alten und Neuen Testament. Dieses Festland der Glaubensbotschaft und des Glaubens wird in der rechteckigen Anordnung vom Weltmeer als den Grenzen des Erdenraums umflossen. An den Ecken finden sich in der Gestalt von Engeln Personifikationen der vier Winde. Die Bildbänder des Rahmens mit dem Weltmeer bevölkert eine Vielzahl von phantastischen, dämonisch erscheinenden Meeresungeheuern.

Die heilsgeschichtlichen Themen mit der Geburt Christi, der Anbetung der Könige führen über das Abendmahl Jesu, die Ölbergszene hinein in die Begebenheit der Passion Christi und enden bei der Dornenkrönung Jesu. Auf die Heilsgeschichte folgen als letztes Register die sieben Bildkassetten mit Motiven aus dem Leben des hl. Martin von Tours, des Patrons der Kirche von Zillis. Unmittelbar an die Heilsgeschichte Jesu anschließend, erscheint damit die Martinsgeschichte in der Bildwelt und im Weltbild der Decke von Zillis als die Fortsetzung und Fortführung der Heilsgeschichte im Leben und Wirken der Heiligen, insbesondere im Leben und Handeln des Martin von Tours.

In Zillis besitzen wir, da Vorgänger an anderen Orten nicht erhalten geblieben sind, heute die älteste erhalten gebliebene Sequenz von Ereignissen der Martinsvita. Die Bildfolge beginnt mit der auf zwei Bildfelder aufgeteilten Mantelteilung. Die Reihe wird fortgeführt mit den Darstellungen der Weihe Martins und der damit verbundenen Aufnahme in den geistlichen Stand, der Erweckung eines Toten und schließt – über drei Kassetten sich erstreckend – mit Martins Entlarvung des Fürsten dieser Welt.

Den Auftakt zur Mantelszene setzt, separat in einem eigenen Bildfeld untergebracht, das reiterlose, gesattelte, gesäumte Reitpferd. Durch die Accessoires wie durch die als kunstvoll geflochten angedeutete Mähne wird das Pferd als Ross eines Vornehmen vorgestellt. Im Hintergrund ist eine zinnenbewehrte Stadtmauer angedeutet, ebenso bildet in der nachfolgenden Kassette die Mauer- und Befestigungsanlage mit rundem Turm einer Stadt die Kulisse der Mantelteilung. Der aus dem Sattel gestiegene Martin zerschneidet vor dem Bettler stehend den an seiner Schulter mit einer Brosche gehaltenen Mantel. Der Bettler nimmt auf einer Art Sockel sitzend das Mantelstück entge-

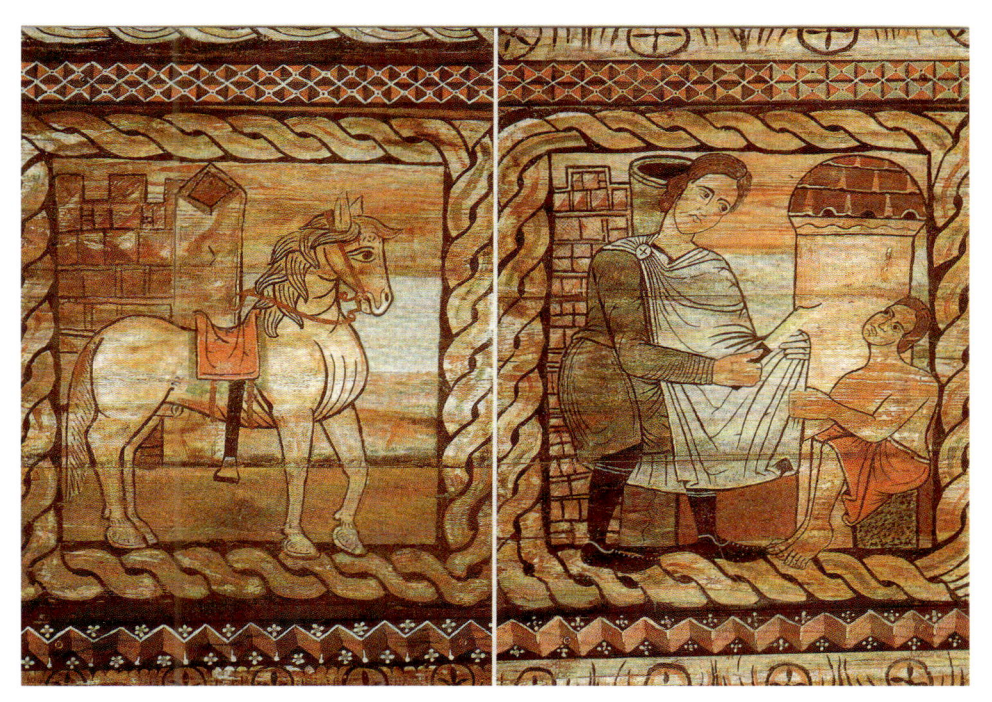

Abb. 9: Mantelteilung, Holzdecke St. Martin in Zillis (CH), 1130/40

gen.[27] Durch das Sitzen des nur um die Hüften bedeckten Bettlers wird nicht allein auf die zu assoziierende Gebrechlichkeit des Bedürftigen angespielt, sondern auf dessen besonderen Rang und Würde. Der Bettler ist der Thronende. Im Thronen wird auf die Gegenwart Christi in diesem Elenden aufmerksam gemacht. Unterstrichen durch den Abstieg vom Reitpferd wird die Mantelgabe zugleich als ein Akt der Huldigung des im Bettler thronenden Christus als Herrn und König gesehen. Hierfür existiert im Zyklus von Zillis in der Strukturierung der Geschehnisse um die mit den Drei Königen verbundenen Ereignisse eine analoge Erzählstruktur. Wie in der Martinsbildfolge wurde der Ausmalung der Reittiere eine separate Bildkassette reserviert. Über jeweils zwei weitere Bildfelder verteilt machen die von ihren Pferden abgestiegenen Weisen aus dem Morgenland auf der Suche nach dem neugeborenen König der Juden König Herodes ihre Aufwartung[28] und huldigen dem im Schoß seiner Mutter Maria thronenden Jesuskind und bringen ihm ihre Gaben dar.[29]

---

27 Erwin Poeschel, Die romanischen Deckengemälde von Zillis. Zürich 1941, Tafel 63, 3–4, Katalog Nrn. 147–148.
28 Vgl. ebenda, Tafel 50, 1–3, Katalog Nrn. 67–69.
29 Vgl. ebenda, Tafel 50, 4–6, Katalog Nrn. 70–72.

Die Martinsgeschichte wird fortgesetzt durch die von Bischof Hilarius Martin erteilte Weihe. Der mit einer Albe bekleidete Martin steht mit gefalteten Händen, gesenktem und tonsuriertem Haupt vor einer ebenfalls tonsurierten und damit als dem Klerikerstand zugehörig kenntlich gemachten Person. Diese trägt ebenfalls eine Albe und darüber eine Kasel, ein Messgewand. Der Geistliche hat dem sich demütig neigenden Martin drei Finger seiner rechten Hand aufs Haupt gelegt. Das Geschehen vollzieht sich in sakralem Raum. Als solcher ist das Umfeld gezeichnet durch einen Rundbogen im Hintergrund, der von Pfeilern aus Säulenbündeln mit Blattkapitellen getragen wird. Zwei kleine Rundbogenfenster veranschaulichen zusätzlich den Raum als das Innere eines Gotteshauses. Mit der Handauflegung wird der Weihehandlung der entsprechende Ausdruck gegeben. Es ist offensichtlich Martins Weihe zum Exorzisten (Abb. 10) und damit seine Aufnahme in den geistlichen Stand durch Bischof Hilarius von Poitiers.[30]

Das sich anschließende Bildfeld gilt dem Wunder der Wiedererweckung des verstorbenen Katechumenen. Nach der Rückkehr aus der in den arianischen Wirren erzwungenen Vertreibung aus Gallien zu Bischof Hilarius in Poitiers hatte sich Martin ein Taufbewerber angeschlossen. Während einer dreitägigen Abwesenheit seines Katecheten wurde der Katechumene von einer schweren Krankheit befallen. Er erlag einem starken Fieber und starb, ohne die Taufe empfangen zu haben. Als Martin zurückkam, fand er den aufgebahrten, entseelten Leichnam seines Katechumenen. Daraufhin ließ sich der innerlich vom Geist erfüllte Martin mit dem Toten einschließen, legte sich mit seinem eigenen Körper auf den Leichnam, worauf das Leben in den Katechumenen zurückkehrte.[31] Martin, dessen Füße den geflochtenen Rahmen des Bildes überschreiten, hat seine Hände erhoben. Die rechte Hand mit ausgestrecktem Zeigefinger weist in Richtung des nun zum Leben wieder erstehenden, auf seiner Bahre sich erhebenden Verstorbenen. Mit aufgerichtetem Oberkörper und erhobener Hand ist der von den Toten erstandene Katechumene ins Bild gebracht (Abb. 10). Offensichtlich sollen gemäß den Ausführungen der Martinsvita in der ganzen Haltung des Katechumenen die Dankesworte veranschau-

---

30 Von der Weihe zum Akolythen (Akoluthen), einer höheren Stufe der niederen Weihen als der des Exorzisten, sprechen andere ikonographische Deutungen; doch ist von einer Akolythenweihe bei Sulpicius Severus nirgends die Rede, sondern nach der Weihe zum Exorzisten nur noch von der Bischofsweihe. Ursprünglich wollte Hilarius Martin sogar, um ihn fester an sich zu binden, zum Diakon weihen, was dieser ablehnte.
31 Sulpicius Severus, Vita 7,1–3 (CSEL 1, 117,11–27): *quo tempore se (sc. Martinum) ei quidem catechumenus iunxit ... et cum per triduum defuisset, regressus exanime corpus invenit: ita subita mors fuerat, ut absque baptismate humanis rebus excederet ... ac foribus obseratis super exanimate defuncti fratris membra prosternitur ... videt defunctum paulatim membris omnibus in usum videndi palpitare luminibus.*

Abb. 10: Martin wird von Bischof Hilarius zum Exorzisten geweiht (Aufnahme in den geistlichen Stand); rechts: Martins Erweckung des Katechumenen von den Toten. Zillis, 1130/40 (vgl. Abb. 9)

licht werden, die der eben dem Leben Zurückgegebene mit kräftiger Stimme seinem Lehrer entgegenbrachte.

Den Martinszyklus der Bilderdecke beschließen drei Bildkassetten, die der Begegnung Martins mit dem Teufel gewidmet sind. „In verschiedensten Gestalten" habe sich der Teufel Martin immer wieder gezeigt.[32] Einmal, als Martin im Gebet in seiner Zelle weilte, sei ihm, „purpurnes Licht" vorauswerfend, der Teufel, „im Königskleid" erschienen. Er habe ein gemmenverziertes Diadem getragen und golddurchwirkte Schuhe (Abb. 11). Mit freundlichem Gesicht sprach ihn der Fürst dieser Welt an und forderte Martin auf, in ihm Christus zu erkennen, der wieder zur Erde herabgestiegen sei und sich zuerst Martin offenbaren wolle.[33] Auf Martins Schweigen forderte der Fürst der Finsternis Martin abermals auf, in ihm Christus zu erkennen, worauf der Geist Martin offenbarte, dass die Erscheinung der Teufel sei und nicht die des Herrn. Martin erwiderte, Christus habe nicht gesagt, dass er in Purpur und glänzendem Diadem komme. Er könne nicht an den wiedergekommenen Christus glauben, wenn er ihn nicht in

---

[32] Ebenda 22,1 (CSEL 1, 131,7–8): *Frequenter diabolus mille nocendi artibus sanctum virum conabatur.*
[33] Ebenda 24,4 (CSEL 1,134,1–10): *Non autem praetereundum autem videtur, quanta Martinum sub isdem diebus diabolus arte temptaverit. Quodam enim die praemissa prece et circumiectus ipse luce purpurea, quo facilius claritate assumpti fulgoris includeret, veste etiam regia indutus, diademate ex gemmis auroque redimitus, calceis auro inlitis, sereno ore, laeta facie, ut nihil minus quam diabolus putaretur, oranti in cellula adstitit … diu multum silentium tenuerunt. Tum prior diabolus: Agnosce, inquit, Martine, quem cernis: Christus ego sum, descendit ad terram prius me manifestare tibi volui.*

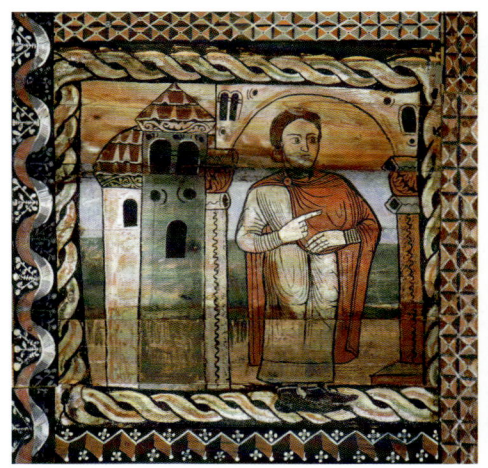

Abb. 11: Der Teufel als „Herr dieser Welt" (rechts) erscheint Martin von Tours. Zillis, 1130/40 (vgl. Abb. 9)

Abb. 12: Entlarvung des „Herrn dieser Welt" als Satan. Zillis, 1130/40 (vgl. Abb. 9)

jener Haltung und Gestalt sehe, in der er gelitten habe, wenn er nicht die Wunden des Kreuzes trage.[34]

In der Sequenz von Zillis mit dieser Teufelsbegegnung steht Martin unter einem von Säulen getragenen Rundbogen. Im seitlichen Hintergrund wird mit-

---

34 Sulpicius Severus 24,6–7 (CSEL 1, 134,11–31): *Ad haec Martinus taceret … iterare ausus est diabolus professionis audaciam: Martine, quid dubitas credere, cum videas, Christus ego sum. Tum ille, revelante sibi spiritu, ut intellegeret diabolum esse, non Dominum. Non se inquit Iesus Dominum pupuratum nec diademate renident eum venturum praedixit. Ego Christum nisi in eo habitu formaque, quae passus est, nisi crucis stigmata praeferentem venisse, non credam. Ad haec ille vocem statim evanuit, ut cellula tanto foetore complevit, ut indubia indicia reliqueret diabolum se fuisse.*

tels eines Kirchengebäudes an die Kathedrale von Tours erinnert. Martin ist wie schon zuvor mit einem an der Schulter gehaltenen Mantel über einer Albe bekleidet. Der Zeigefinger seiner rechten Hand richtet sich auf die Gestalt im benachbarten Bildfeld. Dort steht ebenfalls unter einem von Säulen mit Blattkapitellen getragenen Rundbogen eine auffällig prächtig gewandete Gestalt. Sie trägt ein Diadem gleich jenen Kronen, die in der romanischen Bilddecke von Zillis auch Herodes oder die drei Könige als Herrscher auszeichnen. Das dritte Bildfeld in dieser Sequenz bringt die Entlarvung des Fürsten dieser Welt als Satan und Fürst der Finsternis (Abb. 12). Die zuvor königlich anmutende Person ist nun zur Bestie mutiert. Die Füße des zuvor menschenähnlichen Wesens haben sich in lange grässliche Krallen verwandelt. Unter dem zuvor reich verzierten Umhang ist nun ein Monster zu Tage getreten mit tierähnlichen Beinen und nacktem Oberkörper. Aus dem Rücken sind große schwarze Flügel herausgewachsen. Der Kopf hat sich zum Bockskopf oder Stierkopf mit Hörnern gewandelt.

Martin hat, wie seine hagiogaphische Schilderung heraushebt, den Fürsten dieser Welt, der sich als Christus ausgeben wollte, durchschaut. Überhaupt erweist sich Martin als der Mann mit dem rechten Durchblick, als derjenige, der im Niedrigsten und Geringsten den Höchsten erkennt und umgekehrt im scheinbar Höchsten den Niedrigsten und Verworfensten.

Es ist die Zeit der Romanik und der Gotik, welche die ersten plastischen Darstellungen Martins hervorbringt. Martin erscheint in Bischofsornat als Halbfigur in Tympana des Mainzer Doms, so um 1210 als Bischof zusammen mit dem hl. Bonifatius als Assistenzfigur des zwischen Maria und Johannes dem Täufer thronenden Christus im Türbogenfeld des Leichhofportals (Abb. 13) und um 1220 im romanischen Tympanon der Memorie des Domes, dem Ver-

Abb. 13: Christus mit Maria und Johannes dem Täufer als Fürbitter (Deesis) begleitet von Martin von Tours (links) und dem hl. Bonifatius (?). Dom von Mainz, Leichhofportal, um 1210

Abb. 14: Martin als Patron des Doms von Mainz mit Kirchenmodell dieser Kathedralenneubauten. Tympanon der Nordseite, um 1220. Die Inschrift nennt „Emcho Zan" als Schöpfer des Werkes.

Abb. 15: Tympanon mit thronendem hl. Martin als Bischof, aus Lauffen a. N., Neckargebiet, nach 1227 (?), Landesmuseum Stuttgart (Inv. Nr. 1960–332)

sammlungsort des Domkapitels, zugleich Gedächtnis- und Begräbnisort von Domgeistlichen. Hier dominiert die Halbfigur des Bischofs Martin mit Buch und Modell des Mainzer Doms allein das Türbogenfeld (Abb. 14). Eine solch herausstellende Vergegenwärtigung „des Martinus als Füllung des ganzen Tympanons in einer Form, die sonst Christus zustand, ist aus der Eigenschaft des Raumes als ursprünglichen Kapitelsaal" nur „zu erklären".[35] Mit dem Bischof auf Löwenthron mit Mitra, Stab und Buch in einem heute im Landesmuseum Württemberg aufbewahrten Türbogenfeld, wohl aus der Martinskirche von Lauffen am Neckar (Abb. 15), weil dort 1787 im Neckar gefunden, dürfte Martin von Tours gemeint sein.[36] In Vézelay in der Basilika Sainte Madeleine wird er an

---

35 Vgl. Fritz Arens, St. Martin, der Mainzer Dom und das Erzstift, in: Neues Jahrbuch für das Bistum Mainz, 1982, S. 24.
36 Stuttgart Landesmuseum Württemberg Inv. Nr. 1960–332; vgl. Württembergisches Landesmuseum Stuttgart. Die mittelalterlichen Skulpturen I. Stein- und Holzskulpturen 800–1400. Bearb. von Heribert Meurer. Stuttgart 1989, S. 56 f.

Abb. 16: Martin soll durch das Fällen eines heidnisch verehrten Baums getötet werden. Kapitellplastik, Sainte Madeleine, Vézelay, 1130/35

einem der Kapitelle gezeigt, wie er einen als Gottheit verehrten Baum fällt (Abb. 16).

Nach diesem Vorspiel der Darstellung Martins in der Bauplastik der Romanik finden sich die ersten Großplastiken Martins an drei bedeutenden Kathedralen Europas: in Frankreich, in Italien und in Deutschland, an den Kathedralen von Chartres, Lucca in der Toscana und in Mainz.

Damit ist die Gestalt Sankt Martins endgültig herausgetreten und herausgewachsen aus den zuvor eher intimen, letztlich nur dem Klerus zugänglichen Illuminationen der Buchmalerei. Der Vorgang muss als ein gesamteuropäischer betrachtet werden, da er in dichter zeitlicher Folge in Frankreich, Italien und Deutschland vonstatten geht.

Der besondere Bezug Martins von Tours zu Chartres beruht auf der Überlieferung einer von Sulpicius Severus in seinem Werk „Dialogus" erwähnten Begebenheit, nach der Martin auf dem Wege nach Chartres vor einer großen Menschenmenge gepredigt und anschließend den einzigen Sohn einer Witwe wieder zum Leben erweckt habe, worauf sich viele Zeugen des Geschehens anschließend in den Stand von Katechumenen aufnehmen ließen.[37]

An der Kathedrale von Chartres erscheint Martin im großartigen, dreifach gegliederten, um 1220 erbauten Portal des Südquerhauses. Dessen Christus-

---

37 Vgl. Roland Halfen, Chartres. Schöpfungsbau und Ideenwelt im Herzen Europas. Bd. 2: Die Querhausportale. Stuttgart – Berlin 2001, S. 373.

portal in der Mitte wird flankiert von einem Portal der Märtyrer im Westen und einem Portal mit den Gestalten der heiligen Bekenner (confessores) im Osten. Im Bekennerportal nimmt Martin von Tours zusammen mit dem ihm gegenüber stehenden hl. Nikolaus von Myra die herausgehobene Position unmittelbar neben der Tür ein.

Der gewöhnlich als „Nikolausportal" bezeichnete Ort ist eigentlich das Martinsportal, zumal es an die biographische Beziehung des Tourer Bischofs zu Chartres erinnert und sie festhält. Auf einer seiner Missionsreisen als Bischof, berichtet Sulpicius Severus, verlangte es Martin, auch nach Chartres zu gehen. Damals habe er seine einzige Totenerweckung zu Zeiten des Bischofsamtes vollbracht, als sie unterwegs ein stark bevölkertes Dorf streiften und ihm eine riesige Menschenmenge gefolgt war. Die Bevölkerung jener Siedlung habe noch nie einen Christen kennengelernt. Unübersehbar war die Zahl der Leute, die ihm entgegeneilte und ihm vorauslief. Sie bedeckte ein großes freies Feld. Martin fühlte, dass hier zu handeln sei, und nach Anrufung des Heiligen Geistes, habe er den noch dem Heidentum verhafteten Leuten nicht Vergängliches gepredigt, sondern das Wort Gottes, und damit vom Unvergänglichen und Ewigen gesprochen, wobei er mehrfach darüber seufzte, dass einer so großen Schar bislang der Name des Herrn und Erlösers unbekannt geblieben war. Da habe eine Frau, deren Sohn eben verstorben war, mit ausgestreckten Armen dem heiligen Mann den entseelten Leib ihres Sohnes übergeben mit den Worten: „Wir wissen, dass du ein Freund Gottes bist, gib mir meinen einzigen Sohn wieder lebend zurück." Als Martin die Heilserwartung der Menschenmasse bemerkte, nahm er den toten Leib in seine eigenen Hände und beugte vor aller Augen die Knie, um nach vollzogenem Gebet das wieder zum Leben erwachte Knäblein der Mutter zurückzugeben. Daraufhin erhob sich ein Geschrei zum Himmel und die ganze Menschenmenge bekannte sich zu Christus als dem wahren Gott. Schließlich begannen alle vor dem heiligen Mann niederzuknien und verlangten, zu Christen gemacht zu werden. Martin zögerte keinen Augenblick und nahm mitten auf freiem Feld mit Handauflegung alle als Katechumenen an.[38]

---

[38] Sulpicius Severus, Dialogus 2,4 (PL 20, 204BC): ... *siquidem ante episcopatum duos mortuos vitae restituerit, in episcopatu vero, quod praetermisse te miror, unum tantummodo suscitaverit. Cuius rei ergo testis sum, si tamen nihil de minus idoneo teste dubitatis. Fuerat causa nescio quae, qua Carnotum oppidum petebamus. Interea, dum vicum quendam habitantium multitudine frequentissimum praeterimus, obviam nobis immanis turba processit, quae erat tota gentilium: nam nemo in illo vico noverat Christianum, verum tamen tanti vico campos omnes late patentes confluentium multitudo contexerat. Sensit hic Martinus operandum, et annuntiante sibi spiritu totus infremuit; nec mortale, verbum Dei gentilibus praedicabat, saepe ingemiscens cur tanta Dominum Salvatorem turba nesciret. Interea (sicut nos incredibilis circumdaret multitudo) mulier quaedam, cuius filius Paulo ante defecerat, corpus exanime beato viro protensis manibus coepit offerre, dicens: Scimus quia amicus Dei es, restitue mihi filium meum, quia unicus est mihi. Iunxit se cetera multitudo, et matris precibus acclamabat. Tum Martinus videns pro exspectantium salute, ut postea nobis ipse dicebat, conse-*

Abb. 17: Monumentalplastik Martins von Tours, rechtes Portal des Südquerhauses (Portal der Bekenner) der Kathedrale von Chartres, um 1230

Am Südportal von Chartres weitet sich von Martin von Tours und Nikolaus von Myra her der Blick auf die im Gewände sich anschließenden weiteren Bekenner wie die Kirchenväter Ambrosius, Hieronymus und Papst Gregor den Großen.

Der im Kontrast zum jugendlich wirkenden Gesicht des hl. Nikolaus mit Kinnbart dargestellte Martin wird gleich jenem als Bischof in fein verzierter

qui se posse virtutem, defuncti corporis propriis manibus accepit; et cum inspectantibus cunctis genua flexisset, ubi consummata oratione surrexit, vivificantum parvulum matri restituit. Tum vero multitude omnis in coelum clamore sublato Christum Deum fateri: Postremo cuncti cetervatim ad genua betai viri ruere coeperunt, fideliter postulantes, ut eos faceret Christianos; nec cunctatuts, in medio ut errant campo, cunctos imposita universis manu catechumenos fecit ...

Pontifikalkleidung mit Mitra wiedergegeben (Abb. 17). Auf Details bedacht, sind sorgfältig der Randschmuck der unter der Kasel getragenen Dalmatika und die Zier des am linken Unterarm herabhängenden Manipels ausgearbeitet. Zum Segensgruß hat Martin die rechte Hand erhoben. Auffallend im Gegensatz zur Behandlung der Physiognomien der anderen Skulpturen ist die Hohlwangigkeit des hier wiedergegebenen Martinus. Offenbar soll damit die asketische, die monastische Lebensführung des Bischofs von Tours erkennbar gemacht werden.

Zu Füßen der überlebensgroß aufragenden Statue Martins befinden sich, den Heiligen attributiv bestimmend, zwei Hunde, deren Zungen von Martins Pastorale, seinem Bischofsstab durchstoßen wird. Die Hunde beziehen sich auf den hagiographischen Bericht von Sulpicius Severus in seinem Werk „Dialogus", dass Bischof Martin bei einer Pastoralreise durch die Diözesen im Westen Galliens auf eine Hetzjagd gestoßen sei und dabei beobachten musste, wie ein kleiner Hase von Hunden gejagt wurde. Da habe Martin den Hunden geboten, von der Verfolgung des Hasen abzulassen.[39] Zu deuten ist diese hagiographische Erzählung vor dem Hintergrund des spätantiken *Physiologus* (cap. 51). Dort wird der Vergleich zwischen einem Hasen, der von Hunden gehetzt wird, und dem Menschen, der vom bösen Feind bedrängt wird, gezogen.[40] Angewandt auf Martin, will dies besagen, dass der Bischof von Tours in seiner Pastoral, seiner Seelsorge (cura animarum), die ihm anvertrauten Seelen vor dem Zugriff des Bösen bewahrte. Zum Durchstoßen der Zunge fehlt in den Quellen eine Angabe, doch kann es als Abblocken unersättlicher Gier des bösen Feindes, des Teufels, gedeutet werden.[41]

Das zugehörige Relief des Tympanons dieses Südostportals von Chartres schildert unter der *Maiestas Domini* auf der einen Seite die *Mantelteilung* Martins von Tours mit *Traumvision*, auf der anderen Seite die von Nikolaus von Myra heimlich vorgenommene *Goldgabe an die drei Jungfrauen*, die den zuvor mittellosen jungen Frauen eine ehrenhafte Existenz ermöglichte (Abb. 18).

---

39 Sulpicius Severus, Dialogus I (II,9,6) (CSEL 1, 191,29–34): *Quodam autem tempore, dum dioeceses circuiret, venantium agmen incurrimus. Canes leporem sequebantur: iamque multo spatio victa bestiola, cum undique campis late patientibus nullum esset effugium, mortem imminentem iam iamque capienda crepris flexibus differebat, Cuius periculum vir beatus pia mente miseratus imperat canibus, ut desisterent sequi, et sinerent abire fugientem.*
40 Vgl. Physiologus. Griechisch/Deutsch. Übersetzt und hg. Otto Schönberger. Stuttgart 2001, S. 100 ff.
41 Die in Anm. 31 zitierte Stelle blieb unbekannt. Roland Halfen, Chartres. Schöpfungsbau du Ideenwelt im Herzen Europas. Bd. 2: Die Querhausportale. Stuttgart – Berlin 2001, S. 373. – Abweichend von unserem Verständnis interpretiert Halfen, ebenda: „Daneben könnte das Motiv des Durchbohrens, das bei Sulpicius Severus nicht vorkommt, vielleicht eine bildliche Anspielung darauf sein, daß Martin durch seinen Lebenswandel diejenigen zum Schweigen brachte, die sich gegen die Wahl des ärmlichen Mönches zum Bischof ausgesprochen hatten."

Abb. 18: Unter der Maiestas Domini: Mantelteilung, Traumschlaf Martins (links), Nikolaus von Myra beschenkt drei arme Schwestern mit Gold, Grab des hl. Nikolaus, aus dem Wunder wirkendes Öl fließt. Tympanon rechtes Portal Südquerhaus, Kathedrale Chartres, um 1230

In der Mantelszene begleitet den reitenden Martin sein Knappe. Herr und Diener tragen das Haar in Art der Mode der Zeit.[42] Der notdürftig mit Lumpen seine Blöße bedeckende Bettler nimmt mit „einknickenden Beinen" die ihm

---

42 Vgl. ebenda, S. 369.

bestimmte Mantelhälfte entgegen.[43] Der zur Verdeutlichung im Bild demonstrativ hoch gehaltene Mantel wird genau in der Mitte mittels des (verloren gegangenen) Schwertes halbiert. Eine tiefe Kerbe markiert in der Plastik den Vorgang. Während des Traumgesichtes ruht Martin neben dem Knappen auf seiner Bettstatt. Dabei hat über einer Wolkensphäre, in der auch die Nikolausseite überspannenden Himmelszone der von zwei Engeln begleitete Christus das Mantelstück entgegengenommen. Über dem Akt der wohltätigen Barmherzigkeit des hl. Nikolaus schildert das Relief die Übertragung der Gebeine des Bischofs Nikolaus vom kleinasiatischen Myra nach Bari. Damit wird am Südostportal von Chartres erstmals eine Parallelisierung von Martin von Tours und Nikolaus von Myra als Heilige der Nächstenliebe und der Werke der Barmherzigkeit um Christi willen vollzogen. Wie Martin von Tours im lateinischen Westen verkörperte in der griechisch-byzantinischen Welt des Ostens und der Ostkirchen die Gestalt des Nikolaus von Myra, dort auch als „hyperhagios", als der „überheilige" geehrt, immer schon das Paradigma der christlichen Caritas. Im Südostportal von Chartres sind diese beiden Leitbilder des griechischen Ostens auf der einen und des lateinischen Westens auf der anderen Seite zusammengeführt. Eine Parallelisierung dieser beiden Heiligen der Nächstenliebe, des Nikolaus im Osten und Martins im Westen der Christenheit, zeigt sich auch im Dom von Monreale vor den Toren Palermos in ihren dem Kirchenschiff und damit den Gläubigen zugewandten Mosaikdarstellungen der Hauptapsis aus der Zeit um 1180.

Bei der Reiterskulptur des hl. Martin an der Westfassade des Domes von Lucca „handelt es sich um die erste monumentale Figurengruppe der toskanischen Skulptur"[44]. Um 1200 hat der zuvor schon 1170 vollendete Bau eine neue Fassade erhalten, die bei einem weiteren Neubau des Doms im 14. Jahrhundert beibehalten wurde. Schon in der Zeit um 1200 gab es eine Darstellung des mantelteilenden Dompatrons. Das Patrozinium als Konnex, der erhaltene Torso des Oberkörpers eines Reitenden mit den eindeutigen Armstellungen für den Vorgang des Haltens und des Schneidens des Mantelstoffs machen die ikonographische Identifizierung eindeutig.[45] Die heutige, die spätromanische Skulptur ersetzende frühgotische Gruppe dürfte zwischen 1233 und 1257 Guido da Como geschaffen haben (Abb. 19). Wie schon die Vorgängerskulptur zeigt sie den Dompatron dieser Diözese der Toscana hoch zu Ross, den linken Fuß fest im Steigbügel haltend in einer der römischen Antike nachempfundenen Kleidung. Und wie beim vorausgegangenen Werk sind mit diesem Kunstwerk zwei inhaltlich wesentliche Aufgaben verbunden. Einmal signalisiert es schon von

---

43 Ebenda.
44 Joachim Poeschke, Die Skulptur des Mittelalters in Italien. Bd. 1: Romanik. München 1998, S. 153.
45 Vgl. ebenda mit Abb. 115, S. 154.

Abb. 19: Martin mit Bettler. Guido da Como, Dom von Lucca, 1233/57

weitem das Patrozinium der Kathedrale von Lucca, zum anderen steht die Thematisierung der Mantelteilung in engem Kontext und in Ausrichtung auf die „Maiestas Domini" als dem Mittelpunkt des Fassadenprogramms des Doms von Lucca.

Der in proportionaler Entsprechung zur Reiterfigur ausgeführte, neben dem Pferd schreitende Bettler ist mit einem gegürteten leichten Gewand bekleidet. Während Martin im Begriff ist, mit seinem Schwert das Mantelstück zu teilen, hat der Bettler bereits das Teilstück mit beiden Händen ergriffen. Ein entscheidendes Moment der Bildaussage liegt in den Weisen des Blickens der beiden Akteure. Beide sind einem Schauen hingegeben. Martins nicht direkt auf den Mittellosen gerichteter Blick geht in unauslotbare Tiefe, signalisiert ein inneres Wahrnehmen. Der Blick des Bettlers, dem die Augen aufzugehen

Abb. 20: Mantelteilung vom Westlettner des Mainzer Doms (heute: Bassenheim). Naumburger Meister, 1235/40

scheinen, hat visionäre Weite. Beiden ist anscheinend in der Erfahrung der Barmherzigkeit und in der Gestalt des Anderen eine Christuserfahrung geschenkt.

Unabhängig vom Kunstschaffen in der Toscana entstand etwa zur gleichen Zeit, um 1240, für den Dom von Mainz ebenfalls eine Reiterskulptur der Mantelteilung Martins. Sie ist das Werk des Naumburger Meisters, einem der bedeutendsten Bildhauer in der Geschichte der Kunst, benannt nach seinem Hauptwerk, der skulpturalen Gestaltung des Westchors des Domes von Naumburg. Diese Mantelteilung des hl. Martin ging, nachdem sie als Werk des „Naumburger Meisters" identifiziert worden ist, unter der entstellenden Bezeichnung „Bassenheimer Reiter" in die Kunstgeschichtsschreibung ein.

Zwar ist die Berechtigung der Bezeichnung „Naumburger Meister" und die damit verbundene Zuschreibung an eine einzelne Künstlerpersönlichkeit viel diskutiert worden und umstritten, doch herrscht weitgehend Konsens, dass sich der „Westlettner des Mainzer Doms, der Westchor des Naumburger Doms sowie der Ostchor des Meißner Doms" – der Kernbereich des Œuvres des „Naumburger Meisters" – „als in Architektur und Skulptur einheitlicher Werkkomplex, auf ein und dieselbe Werkstatt beziehungsweise aus dieser hervorgegangene Steinmetze zurückführen lassen."[46] Die „Skulpturenzyklen in Mainz, Naumburg und Meißen" zählen „zu den großartigsten Zeugnissen des 13. Jahrhunderts", weshalb „auf einen Werkstattleiter von ähnlichem Rang und in vergleichbarer Stellung zu schließen" ist – „auch angesichts eines Auftrags wie in Naumburg, der in Bezug auf Erfindungskraft und handwerklich-künstlerischem Vermögen mit den höchsten Anforderungen verbunden war".[47]

Der Bildhauer „Naumburger Meister" und die mit ihm verbundene Werkstatt, wird heute angenommen, begannen ihre Laufbahn und erhielten ihre Prägung „in westlichen Kathedralbauhütten" und gelangten dort schon „in eine führende Stellung", die sie „so befähigt" erscheinen ließ, „dass man sie im Rheinland und östlich des Rheins zu Aufträgen ersten Ranges berief".[48]

Bevor die mit „Naumburger Meister" erfasste Bildhauer- und Steinmetzenwerkstatt ihr einzigartiges Œuvre in der skulpturalen Gestaltung des Lettners des Westchors des Domes von Naumburg in Angriff nahm, hatte sie Stationen und Aufträge für die Kathedralen von Metz und Mainz. In Mainz wurde ihnen die Ausführung des Westlettners des Domes übertragen.

Die Lettneranlage im Westen des Mainzer Doms geht auf den in vieler Hinsicht höchst ambitionierten Mainzer Erzbischof Siegfried III. von Eppstein (1230–1249) zurück.[49] „Bei der großen Domweihe am 4. Juli 1239" in Anwesenheit König Konrads IV. dürfte der Westlettner und damit auch das zugehörige Werk der Mantelteilung fertiggestellt gewesen sein.[50]

Nach dem Abbruch des Westlettners des Mainzer Doms 1683 brachte der Mainzer Domherr Casimir Ferdinand Adolph Waldbott von Bassenheim (1742–1730) das Relief der Mantelteilung des hl. Martin in die Martinskirche von Bassenheim bei Koblenz, wo es 1898 bis zum Abbruch des 1720 realisierten barocken Vorgängerbaus der heutigen neoromanischen Kirche in der Außenwand

---

46 Helmut Krohn, Werke des „Naumburger Meisters" westlich des Rheins. Die Voraussetzungen in Mainz, Naumburg und Meißen innerhalb der französischen Skulptur des 13. Jahrhunderts, in: Der Naumburger Meister. Bildhauer und Architekt im Europa der Kathedralen, Bd. 1., S. 471.
47 Ebenda.
48 Ebenda, S. 472.
49 Vgl. Diana Ecker, Auf den Spuren des Naumburger Meisters in Mainz. Überlegungen zur Rekonstruktion des Westlettners und der Chorschranken, in: Der Naumburger Meister. Bildhauer und Architekt im Europa der Kathedralen, Bd. 1, S. 582.
50 Ebenda.

eingemauert war. Der sog. „Bassenheimer Reiter", wie diese Mantelteilungsszene des hl. Martin in gezielter Unterschlagung seiner christlichen, seiner hagiographischen Bedeutung in der Zeit des Nationalsozialismus bezeichnet wurde, ist das größte der vom spätmittelalterlichen Westlettner des Mainzer Domes erhaltenen Fragmente. Zusammen mit den anderen bildhauerischen Reststücken lässt sich das ikonographische Programm annähernd rekonstruieren.

Da der Westen mit dem Untergang der Sonne, dem Einbruch von Dunkelheit und Nacht verbunden ist, wurden – die Bedeutung der Himmelsrichtungen aufgreifend – für den Abend der Welt im Westen eschatologische Themen aufgegriffen wie die Wiederkunft Christi als Weltenrichter, die Auferstehung der Toten, der Einzug ins Himmlische Jerusalem auf der einen und die Verdammnis zur Hölle auf der anderen Seite. Die neutestamentliche Grundlage hierfür bot vor allem die Schilderung der Wiederkunft Christi nach Matthäus, mit den dort im Urteil Jesu genannten Werken der Barmherzigkeit des Speisens und Tränkens von Hungrigen und Dürstenden, der Aufnahme von Fremden und Betreuung von Kranken, der Bekleidung von Nackten. Neben der „Mantelteilung des hl. Martin", der nach Bassenheim gelangten Reiterskulptur, sind Figurenfragmente eines Teilstücks des Einzugs der Seligen ins Himmelreich und ein Kopf mit dem Ausdruck des Elends und der Qual eines Verdammten erhalten geblieben. Erhalten blieb aber auch die zentrale Deesisszene, die Szene des zum Gericht erschienenen Gottessohnes, begleitet von der Gottesmutter Maria und Johannes dem Täufer, die am Throne Christi kniend fürbittend für die Menschheit eintreten und Gnade und Barmherzigkeit erflehen.

Die „Mantelteilung Martins" war – aus den geschilderten erhaltenen Teilen zu schließen – offensichtlich eingebettet in ein umfassendes, an der Weltgerichtsszene von Matthäus 25,31–46 sich orientierendes Bildprogramm mit einer Darstellung der Werke der Barmherzigkeit. Die Werke der Barmherzigkeit wurden exemplarisch im Akt des Bekleidens von Nackten (vgl. Mt 25,36) mit dem Handeln Martins von Tours, des Patrons des Domes von Mainz, veranschaulicht. Ein Doppeltes wurde dadurch erreicht. Zusammen mit dem endzeitlichen und endgerichtlichen Horizont der Werke der Barmherzigkeit in ihrer Ausrichtung auf Christus wurde darin zugleich der herausragenden Stellung des Dompatrons Rechnung getragen und diese allgemein vor Augen geführt.

Der „Naumburger Meister" gibt seiner Version des Schlüsselereignisses im Leben des hl. Martin besondere Dramatik durch die geschilderte Dynamik des Vorgangs. Im statischen Medium des Bildwerkes will er offenbar Bewegung nachvollziehbar machen. Das Pferd befindet sich im Trab. Das rechte Vorderbein und der linke Hinterfuß des Reittiers sind in Laufbewegung angezogen. Im Laufschritt versucht der Bettler der Bewegung des Reiters zu folgen. Durch die Laufbewegung, die Geschwindigkeit seines Hinterherrennens wehen die langen Haare des mit einer Teilglatze wiedergegebenen Halbnackten nach rückwärts. Durch den Vorwärtszug des Reittiers wird Martins Mantel regelrecht gespannt und fast mehr zerrissen als zerschnitten. Nur um den Riss sorgfältiger zu vollziehen, scheint das Schwert schneidend einzugreifen (Abb. 20). Die Vorstellung von Bewegung und Dynamik des Vorgangs wird durch das Herausragen des Kopfes des Pferdes über den gegebenen Rahmen des Bildwerkes hinaus zusätzlich sinnfällig gemacht.

Der Naumburger Meister, der in spätstaufischer Zeit sein Mainzer Werk geschaffen hat, legt im sog. „Bassenheimer Reiter" ebenso wie in dem späteren Figurenzyklus der Stiftergestalten im Westchor des Naumburger Doms seinen ihn auszeichnenden besonderen, den Rahmen seiner Epoche weit übersteigenden Sinn für Realismus und psychologisches Einfühlungsvermögen an den Tag. Die Wiedergabe des Pferdes, insbesondere des Pferdekopfes mit Mähne, mit einem am Hals des Pferdes heraustretenden Blutgefäß, dem geöffneten Maul des Tieres, in dem dessen Zähne und Zunge sichtbar werden, ist eigentlich von einem erst späteren Epochen eigenen Wirklichkeitssinn getragen. Gleiches gilt für die Gestalt des barfüßigen, nur mit einem längeren Lendenschurz bekleideten Bettlers. Dessen Elend veranschaulichen sein ausgemergelter Oberkörper mit den hervortretenden Rippen des Brustkorbs. Fern jeder Idealisierung sind Haupt und Gesicht des Bedürftigen ausgearbeitet: ein ebenfalls von Entbehrung gezeichnetes Gesicht mit realistischer Wiedergabe einer Halbglatze mit seitlich und im Nacken lang herabhängenden Haaren. Die Kraft der Empathie des künstlerischen Vorstellungsvermögen kann an der Art, wie der Bettler – ein immer Zukurzgekommener – in Angst und Sorge, das Mantelstück könnte ihm doch entgleiten, entrissen werden, mit einem Akt von Verzweiflung fast unter seiner rechten Achsel mit seinem Oberarm einklemmt. Neben diesem erschütternden, die existentielle Not schildernden Realismus erscheint Martin hingegen mit seinem jünglingshaften, mit seinem ebenfalls über den Rahmen hinaustretenden, von sanft lockigem Haar umspielten Haupt als eine der Realität enthobene Gestalt. In seinem Bildnis ist das Ideal des Ritters der Stauferzeit als eines edlen, hilfreichen, gottesfürchtigen Kriegsmanns, wie ihn Dichtungen der Zeit schildern, ins Steinbildwerk umgesetzt. Er verkörpert das Ideal der „milte", wie damals die ritterliche Tugend der Barmherzigkeit hieß. Gesicht und Aktion, beide sind Ausdruck des ritterlichen Ideals der „milte".

Nur etwa anderthalb bis zwei Jahrzehnte vor dem Meisterwerk des „Naumburgers" in Mainz, hat einer der bedeutendsten Maler Italiens des Spätmittelalters, der Sieneser Meister Simone Martini (1285–1344), ein jüngerer Zeitgenosse von Dante Alighieri (1265–1321) und Giotto di Bondone (1266–1337), zugleich ein älterer von Francesco Petrarca (1304–1374) an der Schwelle zu den Anfängen des Humanismus in Italien den künstlerisch bedeutendsten Zyklus des

Mittelalters zum Leben des Martin von Tours in der Unterkirche der Basilica Maior von San Francesco in Assisi ausgeführt. Dem Langhaus der Unterkirche von San Francesco wurden mit Beginn des 14. Jahrhunderts Seitenkapellen angebaut. Im Nordosten wurde die Martinskapelle die erste dieser Seitenkapellen. In ihrer Ausmalung begegnen wir dem Hauptwerk von Simone Martini und zugleich dem Höhepunkt der Sieneser Malerei.

Die Freskenfolge in der Unterkirche von San Francesco in Assisi ist zudem diejenige auf italienischem Boden, die sich ausführlich an der Martinsvita des Sulpicius Severus orientiert und in epischer Breite von zehn Einzelszenen das Leben des hl. Martin von Tours schildert. Der zuvor im Dienste des Hauses Anjou stehende Simone Martini konnte auf der Apenninhalbinsel für seinen Zyklus keine früheren künstlerischen Umsetzungen des Lebens Martins von Tours als Vorbilder heranziehen. Seine bildliche Umsetzung der Martinsvita ist unter Einbeziehung des zeitgenössischen Kolorits der Entstehungsjahre in Kleidung und Lebenswelt ganz aus den Texten des Sulpicius Severus geschöpft.

Die Ausmalung selbst geht auf die Stiftung und den Nachlass des Franziskaners und späteren Kardinals Gentile Partino da Montefiori dell' Aso zurück. Er war in Rom Titelkardinal von SS. Silvestro e San Martino ai Monte. Nachdem der Kardinal auf einer Reise nach Avignon in Lucca am 27. Oktober 1312 verstorben war, wurde er in Assisi in San Francesco beigesetzt, allerdings nicht in der Martinskapelle, sondern in der ihr gegenüberliegenden, Ludwig von Toulouse geweihten Kapelle.[51] Doch hatte es offenbar einiger Zeit bedurft, bis die Stiftung realisiert werden konnte. Für die Datierung der Arbeiten von Simone Martini in der Unterkirche von Assisi wird das Intervall zwischen 1320 und 1325 angesetzt.[52]

Über dem Eingangsbogen zur Kapelle im Hauptschiff der Unterkirche von Assisi wurde der Stifter geehrt. Dort fand Kardinal Gentile da Montefiori zusammen mit Martin, dem Patron seiner römischen Kardinalskirche, sein Stifterbild. Barhäuptig, in Demutsgeste die rechte Hand auf die Brust gelegt, kniet er im Kardinalspurpur vor dem hl. Martin. Der Kardinalshut liegt seitlich abgelegt in einiger Distanz auf der gemalten Balustrade. Der graubärtige Martin mit Mitra und Bischofsstab hat den Knienden an sich ziehend und aufrichtend dessen linke Hand ergriffen.

Insgesamt umfasst der Zyklus in San Francesco von Assisi zehn Szenen des Lebens des hl. Martin. Die Bildfolge beginnt mit der *Mantelteilung*, setzt sich fort mit der eigens ausgestalteten *Traumvision*, in der erstmals, wie dann später noch in der italienischen Kunst Christus mit einer Engelschar in Martins Schlaf-

---

51 Vgl. Joachim Poeschke, Wandmalerei der Giottozeit in Italien 1280–1400. München 2003, S. 140.
52 So die Datierung von Joachim Poeschke, ebenda, S. 144. – Zur Diskussion der Entstehungszeit vgl. ebenda, S. 142f.

Der Blick auf den Anderen 103

Abb. 21: Traum Martins: Christus umgeben von Engeln. Simone Martini, Assisi, Unterkirche S. Francesco, Fresko 1320/25

gemach eingetreten ist und an dessen Ruhelager steht (Abb. 21).[53] Daran schließt sich die Schwertleite an. Martin wird nicht nur vom goldbekränzten Cäsaren mit dem Schwert umgürtet, ein anderer legt ihm die Sporen an die Schuhe an. Begleitet wird die Feier von Musikern mit Laute und Pfeifen in der typischen Kleidung der Entstehungszeit der Fresken. Völlig herausfallend aus der historischen Martinsvita, gleichwohl einen Einblick in die höfische Kultur des frühen 14. Jahrhunderts vermittelnd, ist die Szene der „Schwertleite", die Simone Martini in seinen Zyklus als *Aufnahme Martins in den Ritterstand* (Abb. 22) eingefügt hat.

Als besondere Kostbarkeit, weil eher selten bildlich thematisiert, ist die Szene mit *Martins Abschied vom Kriegsdienst* (Abb. 23) vor dem Heerführer und späteren Kaiser Julian Apostata. Während anderen Soldaten die Prämie für den Kampf in der bevorstehenden Schlacht ausbezahlt wird, steht Martin vor dem auf einem Thronsitz mit Fußschemel gestikulierenden Julian. Martin nimmt, wenn man den Text der Vita des Sulpicius Severus genau beachtet, Abschied, weil die Zeit des Ablaufs seiner 25-jährigen Dienstpflicht gekommen ist. Martin hat bei dem Wortwechsel mit dem römischen Imperator ein Kreuz in der Hand, das Zeichen des Herrn, in dessen Dienst als *miles Christi* (Soldat Christi) er nun gehen will[54], zugleich das Zeichen, mit dem er unbewaffnet, dem feindlichen Heer entgegentreten wird, um nicht als Feigling zu gelten. Wiederum schenkt uns Simone Martini einen Einblick in die Lebenswelt und Kultur des späten Mittelalters in Italien in Gestalt der Kleidung, der Rüstung und der Zelte des Feldlagers des Heeres.

Von den Totenerweckungen Martins hat der Zyklus die Erweckung des kleinen Mädchens ausgewählt. Ein weniger behandeltes Motiv ist die *Messe des hl. Martin*. Auf dem Weg zum Gottesdienst hat der Bischof von Tours einen Teil seines liturgischen Gewandes einem Bedürftigen geschenkt. In der Heiligen Messe bedecken Engel mit einem aus dem Himmel kommenden Gewand seine Blöße.

Martins Kontakt zu den Mächtigen seiner Zeit illustriert der Zyklus in Assisi mit *Martin vor Kaiser Valentinian*. Valentinian II. (375–392) verwehrte Martin eine Audienz. Als Martin dennoch zu ihm vordrang und der Kaiser sich nicht erheben wollte, schlugen Flammen aus seinem Thron. Valentinian kniet nun um Verzeihung und Gnade bittend vor Martin.[55]

Der Zyklus schließt mit drei Bildfeldern um den *Tod des hl. Martin*. Bei seinem Sterben und Heimgang in die Ewigkeit liegt Martin, dicht von Geistlichen

---
53 Vgl. unten S. 121 das Wandbild aus dem Umkreis des Domenico Ghirlandaio.
54 Sulpicius Severus Vita 4,2–3: *Tum vero opportunum tempus existimans, quo peteret missionem Caesarem, … inquit ad Caesarem, Christi ergo miles sum, pugnare mihi non licet.*
55 Vgl. Sulpicius Severus, Dialogus 2,5 (PL 20, 205).

Abb. 22: Aufnahme Martins in den Soldatenstand (sog. „Schwertleite"). Simone Martini, Assisi, 1320/25 (vgl. Abb. 21)

Abb. 23: Abschied Martins vor Julian Apostata vom Heeresdienst. Simone Martini, Assisi, 1320/25 (vgl. Abb. 21)

und Trauernden umringt in goldenem Bischofsornat – das Gold symbolisiert hier die Aura des Heiligen – zum Zeichen der Demut flach auf dem Boden (Abb. 25).

Diese Szene des Ablebens des heiligen Bischofs bereichert der Zyklus durch die *Traumvision des Bischofs Ambrosius von Mailand* (Abb. 24). Von dem Kirchenvater Ambrosius (339–397), eines Zeitgenossen Martins von Tours, weiß

Abb. 24: Ambrosius von Mailand nimmt im Traum entrückt an der Feier der Bestattung Martins von Tours teil. Simone Martini, Assisi, 1320/25 (vgl. Abb. 21)

Abb. 25: Bestattungsfeier für den hl. Martin. Simone Martini, Assisi, 1320/25 (vgl. Abb. 21)

Sulpicius Severus in seinem Werk Dialogus zu berichten, dass er während einer Heiligen Messe plötzlich wie abwesend erschien. Aus seiner Geistesabwesenheit erwachend berichtete er, dass er an der Bestattung Martins von Tours teilgenommen habe.[56] Darum ist im Zyklus des Simone Martini in der letzten Szene, welche die Exequien für den hl. Martin ausmalen, die Bischofsgestalt als

---

56 Vgl. Sulpicius Severus Dialogus.

Ambrosius von Mailand zu identifizieren. Kleidung und Aussehen des mittels eines Weihrauchfasses den Leichnam Martins inzensierenden Bischofs sprechen zusätzlich eine eindeutige Sprache.

Im Fortgang der Kunst des Spätmittelalters führt die skulpturale Repräsentation Martins als Einzelfigur zu Versionen, in denen bei allem Realismus, dessen sich die Künstler noch befleißigen, der Bettler mehr oder minder nur noch zum kennzeichnenden Attribut des Heiligen degradiert wird. Dabei ist der Bettler, weil in ihm Christus gegenwärtig ist, doch als Figur der wichtigste Bedeutungsträger. Die Entwicklung dieser Form des Martinusbildes beginnt mit der Einführung der Gotik östlich des Rheins im zweiten Drittel des 13. Jahrhunderts. Ein frühes Zeugnis dafür bietet eine Figur des Südportals der Ritterstiftskirche von Wimpfen im Tal aus den Jahren um 1270.[57] Als prominentes Exempel eines bedeutenden Vertreters der Stilepoche der „Internationalen Gotik" oder des sog. „Weichen Stils" sei die dem Frankfurter Stadtbaumeister Madern Gerthener (um 1360–1430) zugeschriebene Statue des hl. Martin des gotischen Memorienportals im Innern des Mainzer Doms vom Beginn des 15. Jahrhunderts herangezogen (Abb. 26).[58] Die Gestalt Martins ist hier von feiner, von höfischer Eleganz bestimmt. Das Bildwerk steht am Beginn des angesprochenen ikonographischen Wandels. Während Martin dem „gezielten Formwillen" entsprechend „wie eine überirdische Erscheinung wirkt", lässt der Bettler in der Realistik seiner Widergabe fast an „anatomische Studien denken". Der bucklige, verkrüppelte Mann mit einer „stoppeligen Schädelplatte"[59] und nacktem Oberkörper schaut auf seine Krücke gestützt mit verdrehtem Gesicht, dessen tiefe Falten von seinem Elendsdasein wenigstens ansatzweise erzählen, zu dem unerreichbar erscheinenden helfenden Martin hinauf. Der zu Füßen kauernde Bettler entgeht fast der Aufmerksamkeit der Betrachtung. Er ist zur Miniatur geworden. Dennoch wird selbst hier noch, wenigstens im Kleinen, das Elend dieser Randexistenz betont.

Ein verwandtes Beispiel bietet am Westportal des Ulmer Münsters ein mantelteilender Martin von 1420 des Meisters Hartmann (Abb. 27).[60] Wieder ist dem Bettler, den formalen Anforderungen einer Einzelfigur Genüge leistend, nur die Position eines Attributs zum hoheitlich wirkenden Martinus zugestanden (Abb. 28). Beide Male, sowohl an der Mainzer Memorienpforte wie am

---
57 Vgl. dazu meine Ausführungen in: Der Heilige am Throne Gottes (Anm. 1), S. 218.
58 Vgl. Fritz Arens, Der Dom zu Mainz. Darmstadt 1982, S. 99. – Die Angaben zur Datierung schwanken zwischen 1400 und 1425.
59 Herbert Beck/Horst Bredekamp, Die internationale Kunst um 1400, in: Kunst um 1400 am Mittelrhein. Ein Teil der Wirklichkeit. Ausstellung im Liebighaus Museum alter Plastik. Frankfurt a. M. 1975, S. 52.
60 Zum Wirken des Meisters Hartmann vgl. Reinhard Wortmann, Ulm als Kunstmetropole Schwabens. Ulmer Kunst – Kunst in Ulm, in: Meisterwerke massenhaft. Die Bildhauerwerkstatt des Niklaus Weckmann und die Malerei in Ulm um 1500. Stuttgart 1993, S. 33.

Abb. 26: Der Bettler zu Füßen Martins. Madern Gerthener, Dom von Mainz, Gewändefigur Memorienportal, 1400/10

Westportal des Ulmer Münsters muss jedoch die Örtlichkeit in die ikonologische Bestimmung miteinbezogen werden. Die Memorie war der Versammlungsort des Domkapitels, zugleich auch Begräbnisstätte hochgestellter Persönlichkeiten. Hier gedachte man der Verstorbenen des Domklerus, daher der

Abb. 27: Mantel teilender Martin. Meister Hartmann, Vorhalle des Westportals des Münsters von Ulm, um 1420

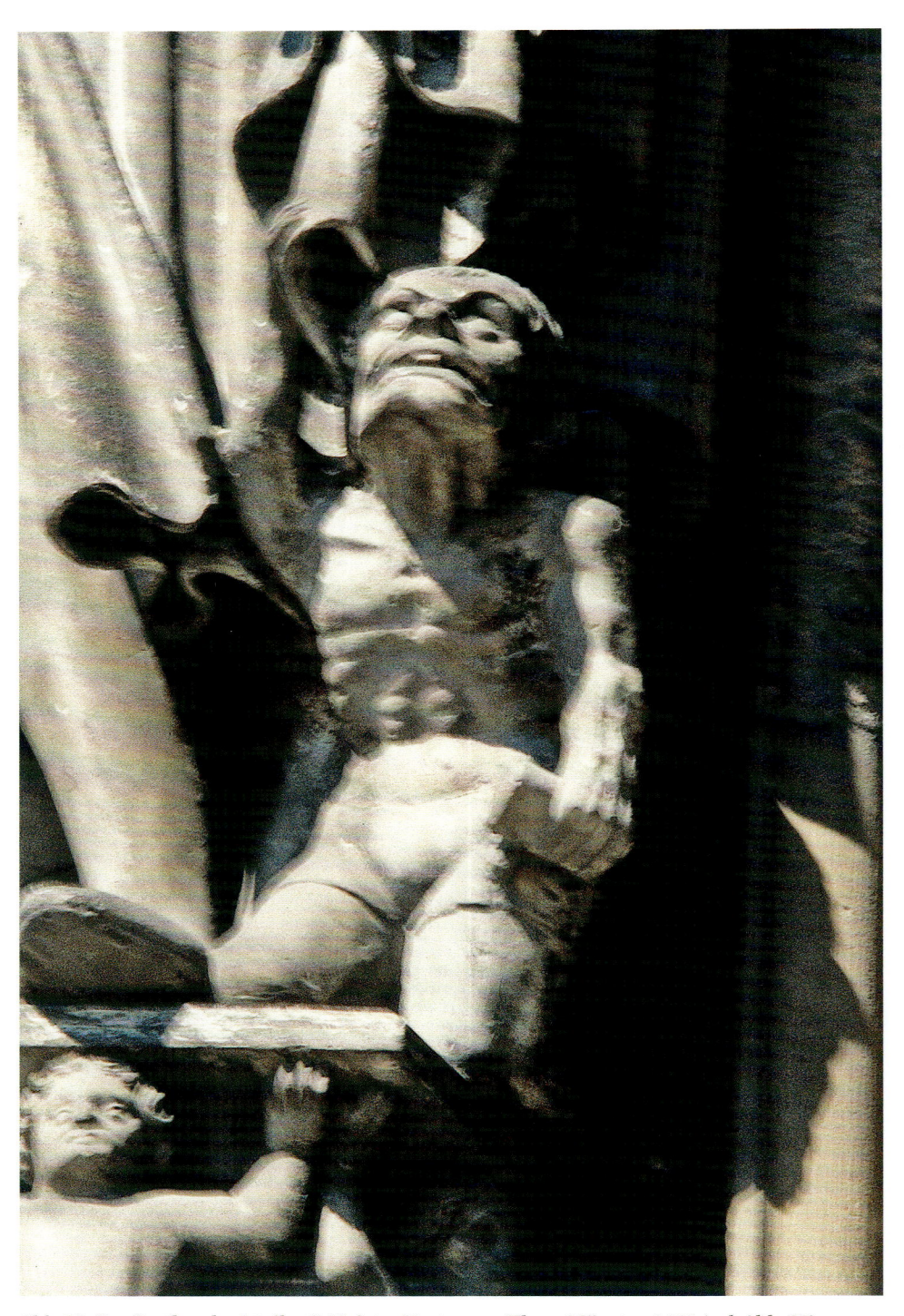

Abb. 28: Der Bettler als „Attribut". Meister Hartmann, Ulmer Münster, 1420 (vgl. Abb. 27)

Name „Memorie" als Ort des Gedächtnisses.[61] In Ulm steht Martin am Haupttor zum Haus Gottes unter den Menschen. Die Martinsdarstellung gemahnt die Eintretenden, dass das Werk der Barmherzigkeit die Tür zu Christus öffnet und den Zugang zum Himmlischen Jerusalem, dessen vorweggenommene Vorbildung im Münsterbau sichtbar ist, erschließt.

Ein weiter Rezeptionsradius war in dieser Reihe im letzten Drittel des 15. Jahrhunderts dem Kupferstich von Martin Schongauer (1445/50–1491) „Der heilige Martin" (Abb. 29), Colmar 1475/80, beschieden.[62] Der stehende Martin mit offenem Haar und unbedecktem Haupt lässt bei der Teilung mit dem Schwert seinen weiten Mantel gleich einem Schutzmantel über dem Bettler schweben. Der Bettler selbst kniet mit teilentblößten, bandagierten Beinen auf dem nackten Erdboden. Martin Schongauer, der am Oberrhein als Mittler zwischen dem großen Aufbruch der Malerei in den Niederlanden und Oberdeutschland wirkte, entfaltete mit seinen Kupferstichen, die bis ins erste Drittel des 16. Jahrhunderts zahlreichen Künstlern Anregungen gaben und als Vorlagen dienten, eine große Wirkung, die über den Alpenkamm hinaus bis nach Florenz reichte, wo der junge Michelangelo, wie Giorgio Vasari 1550 berichtet, sein Genie mit der Abzeichnung des Kupferstichs „Die Versuchung des hl. Antonius" des Colmarer Meisters an den Tag legte.[63] Die Nachwirkung beispielsweise der Bettlergestalt dieses Kupferstichs ist noch bis in die Zeit von 1520 in der Augsburger Malerei bei einer Leonhard Beck zugeschriebenen Tafel zu verfolgen.[64]

Von Niklaus Weckmann, archivalisch nachweisbar zwischen 1481 und 1514[65], einem mit seiner Werkstatt viel gefragten Meister in Ulm, besitzt aus einem Schrein eines Altarretabel das Diözesanmuseum Rottenburg eine in Lindenholz geschnitzte Martinusskulptur (Abb. 30) aus der Zeit um 1495.[66] Wiederum ist von den Erfordernissen der Reduktion bei einer Einzeldarstellung der Bettler mit Martin zu einer Standfigur verschmolzen. Der Bettler ist wie in der nachfolgend erläuterten, aber in etwa dem gleichen Kulturraum entstandenen Tafel des Meisters des Riedener Altars als Feldsiecher, als Aussätziger beschrie-

---

61 Vgl. ebenda, S. 66.
62 Zum Kupferstich vgl. Der heilige Martin, in: Martin Schongauer. Das Kupferstichwerk. Katalog bearb. Tilman Falk und Thomas Hirte. Nr. 62: Der heilige Martin. München 1991, S. 156 (Thomas Hirte).
63 Vgl. Ulrike Heinrichs, Martin Schongauer. Maler und Kupferstecher. München – Berlin 2007, S. 208.
64 Vgl. unten S. 122 (Abb. 35).
65 Vgl. Gerhard Weilandt, Die Lebensdaten des Niklaus Weckmann und seines Sohnes nach den Schriftquellen, in: Meisterwerke massenhaft (Anm. 60), S. 479 und S. 483.
66 Diözesanmuseum Rottenburg Inv. Nr. 1.25; vgl. Diözesanmuseum Rottenburg. Gemälde und Skulpturen. Bearb. von Melanie Prange und Wolfgang Urban. Ostfildern 2012, S. 366 f. (Wolfgang Urban); vgl. auch Katalog der ausgestellten Werke, in: Meisterwerke massenhaft (Anm. 60), Nr. 11: Hll. Theodul, Barbara und Martin, S. 442 (Claudia Lichte).

Abb. 29: Mantelteilung Martins. Martin Schongauer, Kupferstich, 1475/80

ben. Mit abgefallenen Füßen und fest verbundenen Unterschenkeln vermag er sich nur auf Trippen mit Hilfe eines Krückstocks von den Knien fortzuschleppen. Charakteristisch auch die Betteltasche.[67] Realistisch im Unterschied zum hl. Martin als Idealtypus eines jungen Menschen sind Kopf und Gesicht des Hilfesuchenden ausgearbeitet. Ein bärtiger Mann im schon fortgeschrittenen Altar wird vor Augen gestellt, ein Mann mit Glatze, dem nur noch ein seitlicher Haarkranz geblieben ist.

Ganz ähnlich, Martin in jeder Hinsicht idealisiert als das blühende junge Leben, begütert mit pelzverbrämtem Gewand und golddurchwirkten Kleidern, mit optimaler Mobilität durch ein edles Ross, der Bettler hingegen von Krank-

---

67 Vgl. unten S. 115.

Abb. 30: Martin mit Bettler. Niklaus Weckmann, um 1495 (Diözesanmuseum Rottenburg)t

heit geschlagen, auf den Boden gedrückt und nur noch zu kriechender Fortbewegung befähigt, wird der Kontrast in einer knapp ein halbes Jahrhundert früher entstandenen Tafel des Meisters des Riedener Altars aus der Zeit von 1450 im Diözesanmuseum Rottenburg akzentuiert. Der wesentlich jüngere Niklaus Weckmann und der Meister des Riedener Altars gehörten etwa dem gleichen Kulturraum an. Der Meisters des Riedener Altars kann mit seinem Wirken im Raum zwischen Füssen im Allgäu und Günzburg lokalisiert werden. Niklaus Weckmann führte in Ulm seine Werkstatt, hatte aber eine weite Ausstrahlung in fast alle Himmelsrichtungen bis in die Schweiz hinein, nach Oberschwaben und die Schwäbische Alb bis in den Raum des oberen Neckars.

Der Tafel der Mantelteilung des heiligen Martin des Meisters des Riedener Altars, die auch Niklaus Weckmann gekannt haben könnte, wenn man auf des-

Abb. 31: Mantelteilung Martins. Meister des Riedener Altars, süddeutsch, um 1450 (Diözesanmuseum Rottenburg)

sen Bettlerdarstellung sich bezieht, nimmt innerhalb der reichen Geschichte der Martinusdarstellungen mit ihren Mantelteilungen jedoch eine Sonderstellung ein.[68] Sie bietet den theologisch am tiefsten durchdachten Bildaufbau und gehört damit zu den bedeutendsten Versionen der Umsetzungen des Themas. Dem Künstler gelingt es allein durch die formale Anlage der Komposition, durch die Strukturierung der Elemente des Arrangements des Geschehens ent-

---

68   Mantelteilung des heiligen Martin von Tours, Diözesanmuseum Rottenburg, Inv. Nr. 2.1; vgl. Diözesanmuseum Rottenburg. Gemälde und Skulpturen (Anm. 66), S. 45 f. (Wolfgang Urban).

lang der Diagonalen des nahezu quadratischen Bildträgers eine vertiefte Sicht des Schlüsselereignisses im Leben Martins von Tours im Bild zur Anschauung zu bringen. Dabei wird ausgehend von der Diagonalen als Kompositionsstruktur der Mantel als durchgehendes Verbindungsstück zwischen dem Bettler auf Erden und Christus in der Höhe des Himmels eingesetzt.

Die Diagonale verbindet von sich aus Extreme miteinander. In aller Eindringlichkeit und Deutlichkeit, da die Mantelenden dem Bettler und Christus in die Hände gegeben sind, wird im Bild aufgezeigt, wie der Geringste, ein unter Lepra leidender, mit abgefallenen Füßen wiedergegebener Bettler, der sich nur höchst mühsam auf den ans Scheinbein angelegten Trippen und mit kurzem Krückstock unter der einen Achsel fortbewegen kann, mit dem Höchsten verbunden ist. Der Bettler hat alle Merkmale eines sog. „Feldsiechen", der Aussätzigen, die in den Quarantänestationen auf freiem Feld abseits der Wohnbezirke der Gesunden ihr kümmerliches Dasein fristen mussten. Charakteristisch sind die Krankheitsmerkmale wie die schon erwähnten abgefallenen Füße, die wulstig gewordene Nase, die eng anliegende Lederkappe, die wohl die Ohren, deren Ohrmuscheln schon abgefallen sein könnten, schützen soll. Typisch auch die umhängende Betteltasche.

Hier fungiert nun der Mantel Martins entlang der Bilddiagonalen eingesetzt gleichsam als Gleichheitszeichen zwischen dieser Gestalt des Jammers und Christus. In dieser Bildidee des Aufzeigens eines sichtbaren Verbindungsstranges zwischen dem Geringsten und dem Höchsten liegt die gleichermaßen einzigartige wie unübertroffene Signifikanz dieser Tafel. Das vom Munde Jesu ausgehende Spruchband ist ein wörtlich ins Bild gesetztes Zitat aus der Martinsvita des Sulpicius Severus: *Martinus adhuc catechominus hac veste me contexit* – Martin, noch ein Katechumene (also noch nicht im vollen Sinne durch die Taufe Christus angehörig), hat mich mit diesem Gewand bekleidet.[69] Mit diesem Zitat ist Jesus zugleich in *me contexit* mit seinem eigenen Wort von Matthäus 25 präsent.

Der Diagonalen als Grundstruktur der Komposition eignet eine Ambivalenz, eine Doppeldeutigkeit. Sie führt die Betrachtung nicht nur von unten nach oben, vom Bettler zu Christus, sondern auch von oben nach unten und damit von Christus im Himmel zum Bettler auf Erden. In dieser Leserichtung der Diagonalen erscheint Christus nicht erst in zweiter Linie als Empfänger des Mantels, sondern in erster Linie als der Geber und Spender und der Heilige im Zentrum, Martin in der Mitte des Bildes als der Mittler, als der verlängerte Arm der Barmherzigkeit Gottes.

Diese Perspektive von oben nach unten steht im Einklang mit der Vita S. Martini des Sulpicius Severus. Denn nach besagtem, im Bild wiedergegebe-

---

69 Sulpicius Severus, Vita 3,3 (CSEL 1, 113,29–30).

nen Zitat folgt eine Passage, dass Martin durch diese ihn ehrenden Worte Jesu nicht hochmütig geworden sei, sondern sein ganzes Handeln als ein Wirken der Gnade und Güte Gottes verstanden habe.[70]

Gerade dieser Kontext verdeutlicht einmal mehr, in welch schöpferischer Weise hier die Schilderung der Martinsvita von Mantelteilung und Traumvision in eine entsprechende Bildsprache überführt worden ist. Durch den diagonal ins Bild gebrachten Mantel, durch die Verbindung, die er zwischen dem kranken Bettler und dem in einer dreifarbigen Wolkenkrause thronenden Christus herstellt, wobei die Farbigkeit der Wolkenkrause die Dreifaltigkeit Gottes symbolisiert, wird die ebenso einfache, wie eindringliche Bildaussage zu Gesicht gebracht: Es ist das Werk der Barmherzigkeit, das Mensch und Gott einander nahebringt und verbindet. Es ist das Werk der Barmherzigkeit, in dem Gott dem Menschen nahekommt, es ist das Werk der Barmherzigkeit, das vom Zeitlichen und Vergänglichen hinaufreicht zum Himmlischen und Ewigen.

Martin von Tours ist vielfach Motiv von Münzen und Medaillen, aber auch von Siegeln. Aus der Sphragistik sei beispielhaft das Siegel mit Martin und dem Bettler des Martinsstiftes von Sindelfingen vorgestellt (Abb. 32). Die Martinskirche in Sindelfingen zählt zu den frühen im schwäbisch-alemannischen Raum. Sindelfingen gehörte im 11. Jahrhundert zum Besitz des Grafen Adalbert von Calw. Für das Erbbegräbnis der gräflichen Familie hat dort bereits 1059 ein dem benediktinischen Mönchtum zugehöriges Doppelkloster bestanden. Nachdem die Mönche dieses Klosters im Zuge der Gründung der Reformabtei Hirsau in den Schwarzwald verlegt worden waren, hat Graf Adalbert 1066 in Sindelfingen ein weltliches Chorherrenstift ins Leben gerufen.[71] Im Zuge der Gründung der Universität für die damalige Grafschaft Württemberg wurden acht von zehn Kanonikaten des Chorherrenstiftes Sindelfingen mit ihrem Personal samt Einkünften als Grundstock für die Finanzierung der geplanten Hohen Schule 1476 nach Tübingen verlegt und in die dortige Georgskirche eingegliedert. Das Siegel des Martinsstiftes von Sindelfingen zeigt bei der Mantelteilung einen Bettler, der durch Krankheit oder andere Umstände beide Beine verloren hat und sich nun nur noch auf einem niederen Rollwägelchen fortbewegen kann. Ihm wird vom Pferd herab von Martin die Mantelgabe gereicht.

Durch die Verlegung eines großen Teils des Sindelfinger Chorherrenstifts nach Tübingen wurde Martin Nebenpatron der Tübinger Georgskirche. So zieren die ihrer Art nach seltenen, weil skulptural ausgestalteten Rundfenster aus der Zeit um 1483 an dem zur Stiftskirche von Stadt und Universität Tübingen erhobenen Gotteshaus sowohl der Drachenkampf des hl. Georg wie auch die

---

70 Vgl. Sulpicius Severus 3,5: *Quo viso* (sc. Christus in der Traumvision) *vir beatissimus non in gloriam est elatus humanam, sed bonitatem Dei in suo opera cognoscens.*
71 Vgl. Helmut Graessle, Sindelfingen. Dorf, Stadt und Stift bis zur Mitte des 16. Jahrhunderts. Sindelfingen 1964, S. 32.

Abb. 32: Siegelabdruck des Martinsstifts Sindelfingen, 1477

Mantelspende Martins (Abb. 33) zusammen mit einer apokalyptischen Madonna im Strahlenkranz (vgl. Offb 12,1) nach außen hin die Nordseite dieses Baus.

Die in der Fensteröffnung plastisch in Stein ausgeführte Umsetzung der Tat Martins steht kompositionell dem Siegel des Sindelfinger Martinsstifts nahe. Der verkrüppelte Bettler ist zum Kriechen auf den Knien verurteilt und stützt sich zur Fortbewegung auf niedrige Handkrücken.

Umgeben von zwei Hilfe heischenden Elendsgestalten zeigt ein heute in der Ungarischen Nationalgalerie sich befindendes Gemälde der Zeit um 1490

Abb. 33: Fensterskulptur der Mantelteilung Martins. Stiftskirche Tübingen, 1478

(Abb. 25 im Beitrag Walter Fürst, S. 61) den über die Not dieser Welt auf seinem Schimmel reitenden und in Goldbrokat gekleideten Martin. Während der eine von Altersarmut und Gebrechlichkeit gezeichnete Bettler auf Martin zu eilt, wird gleichzeitig dem anderen mit Krücke gehenden und mit Beinstütze versehenen, die seinem bandagierten Unterschenkel trägt, das Mantelstück gereicht. Über dem greisen Hilfesuchenden wird ein Einblick in die Kammer eines gotischen Hauses gewährt. Hier segnet Christus den schlafenden Martin.

Aus der gleichen Zeit um 1490 stammt aus der Schule des Domenico Ghirlandaio (1449–1494) das Wandbild der Traumvision des hl. Martin in der Kirche San Martino dei Buonomini, der Martinskirche der „guten Menschen" in der Metropole der Toscana am Arno (Abb. 34). Der „Gutmenschen" könnte wörtlich übersetzt werden, wenn dieses Wort nicht eine abschätzige Bedeutung in den vergangenen Jahrzehnten gewonnen hätte. Auf luxuriöser Liegestatt ruht, nur unvollständig in seinen roten Mantel gehüllt, in dieser sakralen Wanddekoration der jugendliche Heilige. Am Fußende hockt eingeschlafen dessen ebenfalls noch blutjunger Adjutant. Der Bildraum führt den Blick über den mondänen Schlafraum des Quatrocento hinaus in ein weites Landschaftspanorama mit Flusslauf, Burg- oder Stadtsilhouette und Bergen. Seitlich ist, gefolgt von einer dichten, andächtigen Engelschar, Christus in das Gemach getreten. Der nackte Körper des Erlösers und Herrn – vom Künstler noch in Anlehnung eines Schmerzensmannes gesehen – trägt einzig einen ihn nicht völlig bedeckenden

Abb. 34: Christus erscheint Martin im Traum. Domenico Ghirlandaio (Schule), Oratorium San Martino dei Buonomini, Florenz, Fresko um 1490

roten Mantel. Farblich korrespondiert er mit der Schlafdecke des im Schlaf und Traum versunkenen Martin.

In einem Werk der Malerei der Renaissance in Augsburg, zugeschrieben dem Augsburger Maler Leonhard Beck (um 1480–1542), zwei als „Weiß-Fackler-Diptychon" katalogisierte Tafeln der Zeit um 1520[72], wird der hl. Martin als Schutz- und Namenspatron der Stifters Martin Weiß mit Christus als Schmerzensmann ins Bild gebracht. Auf dem entsprechenden Gemälde mit der Gemahlin Elisabeth Fackler von Martin Weiß nimmt sich deren Patronin Elisabeth von Thüringen der Mitstifterin des Diptychons an und empfiehlt sie der Gottesmutter Maria und dem Jesuskind.[73] In beiden Tafeln wird also zugleich an die Menschwerdung Christi aus Maria der Jungfrau und an die Passion Jesu erinnert. Für die Gestalt des mit einem Purpurmantel, dornengekrönten nackten Schmerzensmannes hat der Schöpfer des Gemäldes den Kupferstich des

---

72 Diözesanmuseum St. Afra Augsburg: Inv. Nr. DMA 2016.
73 Zum „Weiß-Fackler-Diptychon" vgl. Katalog des Diözesanmuseums St. Afra. Festschrift für Weihbischof Josef Grünwald zum 75. Geburtstag. Melanie Thierbach u. a. Lindenberg 2011, S. 152 ff. (Melanie Thierbach).

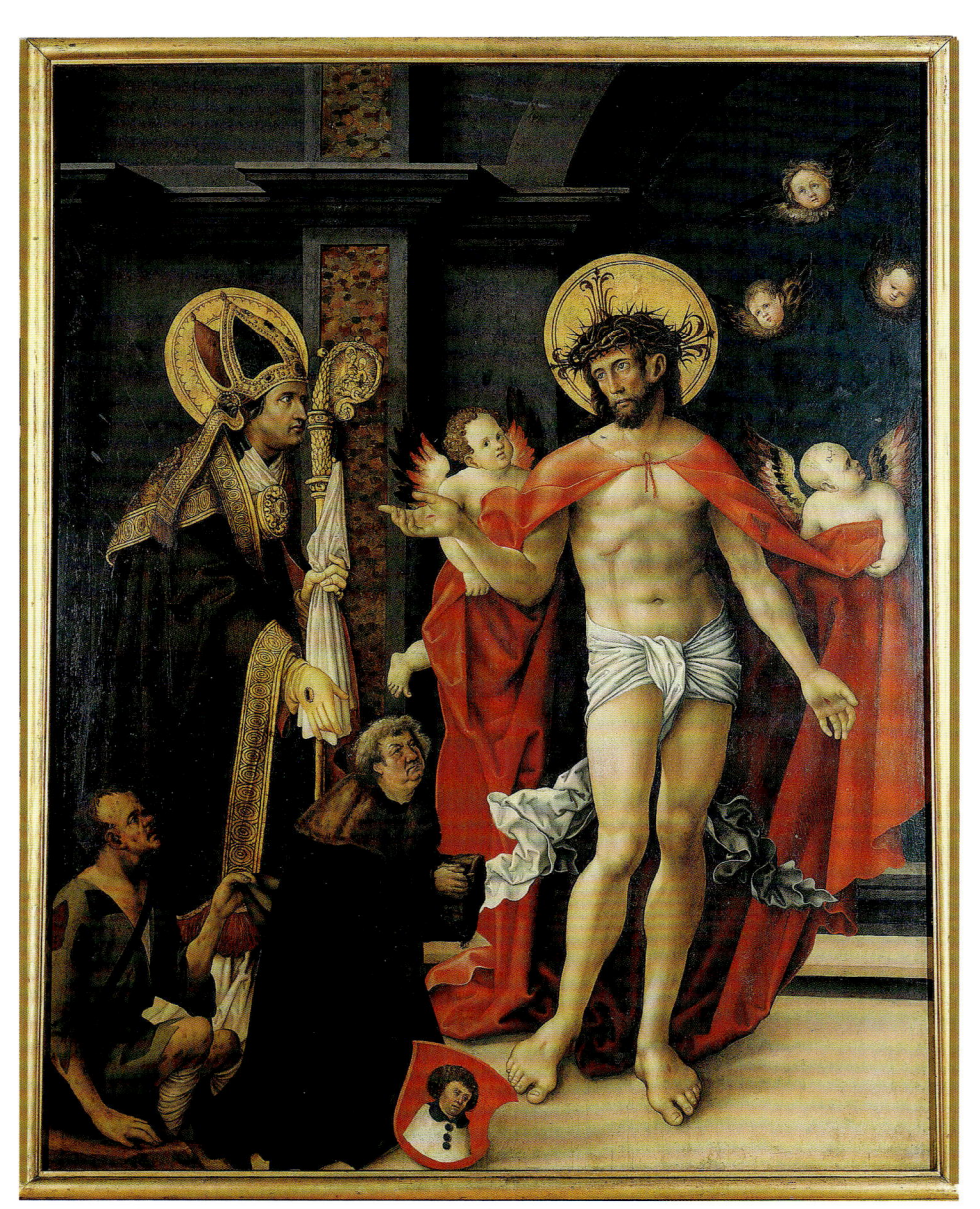

Abb. 35: Christus als Schmerzensmann mit Martin von Tours und Stifter. Leonhard Beck, Augsburg, um 1520

Schmerzensmannes von Albrecht Dürer als Vorlage herangezogen.[74] Das Diptychon, dessen Teile auf der Rückseite nicht bearbeitet waren, war offensichtlich für die nicht mehr sicher verstellbare Begräbnisstätte des Ehepaars gedacht gewesen.[75] Der vermögende Kaufmann Martin Weiß war im einträglichen Augsburger Salzgeschäft involviert gewesen, war zeitweise Zunftmeister der Salzfertiger, besaß darüber hinaus Bergwerksanteile in Sachsen.[76] Die beiden Tafeln mit den Patronen Martin von Tours und Elisabeth von Thüringen beinhalten über diese Heiligen der Barmherzigkeit und der Armenfürsorge sowohl eine Erinnerung an die Mildtätigkeit der materiell gut gestellten Eheleute als auch eine Mahnung an die Betrachter, ein Gleiches zu tun. Damit sind die Bildaussagen inhaltlich zugleich von eschatologischem Gehalt bestimmt. Die Tafel mit der Stifterfigur der Elisabeth Fackler und der Madonna mit Kind muss interpretiert werden vor dem Hintergrund des Hymnus des Hermann dem Lahmen (1013–1054) zugeschriebenen „Salve regina, mater misericordiae" und insbesondere dessen Vers: *et Iesum benedictum fructum ventris tui nobis post hoc exilium ostende* – „und nach diesem Elend zeige uns Jesus die gebenedeite Frucht deines Leibes". Auf der Tafel mit dem in Bedeutungsperspektive verkleinert porträtierten und mit Wappenschild abgebildeten Martin Weiß steht Martin von Tours in bischöflichem Ornat hinter seinem Schutzbefohlenen (Abb. 35). Zu Füßen Martins kauert in abgerissener Kleidung ein in scharfem Naturalismus wiedergegebener Bettler. Um dessen Schultern und Brust verläuft als zusätzliches Kennzeichen der Riemen einer Betteltasche. Seine Unterschenkel sind bandagiert. Die nackten Oberschenkel und das Gesicht sind von Geschwüren übersät. Mit Christus als Schmerzensmann, dessen Purpurmantel Putti demonstrativ anheben und damit Christi Bekleidung im hilfesuchenden Nackten herausstellen, wird in Relation zu der Elendsexistenz des Bettlers des Weiteren an das vierte Gottesknechtslied im Prophetenbuch des Jesaja gemahnt, wo es heißt: *Er wurde verachtet und von den Menschen gemieden, ein Mann voller Schmerzen mit der Krankheit vertraut ... er hat unsere Krankheiten getragen und unsere Schmerzen auf sich genommen* (Jes 53,3–4). Wie in der entsprechenden Tafel mit der Ehefrau mit der Akzentuierung der Menschwerdung Christi wird hier auf der Tafel des Ehegatten auf das Erlösungswerk Christi in seiner Passion verwiesen.

In die Spätrenaissance in Spanien führt das Gemälde „Der hl. Martin und der Bettler" von El Greco (1541–1614), das heute die National Gallery of Art in Washington bewahrt (Abb. 36). El Greco, nach seiner Herkunft aus Kreta Dominikus Theotokopoulos mit Namen, hat seine im Martinus-Jubiläumsjahr 1597

---

74 Vgl. ebenda, S. 154.
75 Vgl. ebenda, S. 152.
76 Vgl. ebenda.

Abb. 36: Martin und Bettler. El Greco, Öl auf Leinwand, Toledo 1597 (National Gallery Washington)

in erhabener Strenge angelegte Komposition auf ein frontal gesehenes Reiterbildnis hin fokussiert. Der Maler hatte damals den Auftrag erhalten, für den Martinusaltar und einige andere Altäre in der Capilla San José in Toledo neue Altarblätter zu schaffen. Der schlanke, in der für El Greco typischen Weise des in die Längeziehens seiner Figuren, nackte Bettler vermag sich, obwohl an den Rand gesetzt, neben dem dominierenden edlen weißen Schimmel thematisch zu behaupten. Martin erscheint im zeitgenössischen Gewand eines spanischen Grande der Epoche König Philipps II. Er teilt seinen Mantel mit einem bis auf Lendenschurz nackten Bettler, der damit an eine Christusgestalt als Schmerzensmann erinnert. Vor dem Hintergrund mit tiefem Einblick in die Landschaft erscheint das Geschehen geradezu als vom Erdboden abgehoben und mit seiner Betonung des in den Wolkenhimmel hineinragenden Hauptes des Martin in die Öffnung einer überirdischen Sphäre einbezogen.

Ein seltenes, wenn nicht sogar einzigartiges Motiv der gemeinsamen Darstellung der vielverehrten fränkischen Nationalheiligen Martin von Tours und des Märtyrers Mauritius schuf die Zeit des Barock in der Nadelmalerei einer Kasel aus den Jahren um 1700 im Kirchenschatz von St. Moritz in Ingolstadt (Abb. 37).

Den Hintergrund der gemeinsamen, hier auf dem Rückenschild eines Messgewandes ausgeführten Abbildung von Martin von Tours mit Mauritius bildet die Überlieferung, der Bischof von Tours habe die Stätte des Martyriums der Thebäischen Legion um Mauritius und seine Gefährten im ehemaligen römischen Agaunum (Saint-Maurice d'Agaune im schweizerischen Wallis) aufgesucht.[77] Als er bei der Bergung von Reliquien Erde in ein Tuch sammelte, wie in der Textilarbeit zu sehen, tropfte diese von Blut. Der hagiographischen Erzählung nach haben 6000 aus der ägyptischen Thebais stammende christliche Legionäre im römischen Heer in Agaunum um 285 zur Zeit des Kaisers Diokletian unter Maximianus ihr Martyrium erlitten.[78]

In Sujets und Attributen bietet das Altarblatt von 1740/45 mit dem Bischof Martin eines ehemaligen Seitenaltars der ehemaligen Karmelitenklosterkirche von Rottenburg am Neckar, das im Diözesanmuseum Rottenburg erhalten ist[79], ein umfassendes Lebensbild des hl. Martin von Tours von seinem irdischen Wirken bis zur Vollendung seines Lebens in der Ewigkeit. Das Leinwandgemälde eines bislang unbekannt gebliebenen Künstlers entstand in der Phase des Neubaus der Rottenburger Karmelitenkirche, nachdem der Vorgängerbau durch Brand 1735 zerstört worden war. Die nach der Säkularisation 1806 im

---

77 Von einer Wiederauffindung von Reliquien „der heiligen Agaunier", d. h. der Märtyrer von Agaunum im heute schweizerischen Wallis um den hl. Mauritius und die Thebäische Legion, welche die Vorgänger im Amt „in der Schatzkammer der Kirche des heiligen Martinus", ob „der Wunderkraft, die mit ihrer Verehrung" verbunden ist, aufbewahrt hatten, handelt Gregor von Tours, Historiarum libri decem X,31 (ed. Rudolf Buchner, Darmstadt, 8. Aufl., 1990, 412,18–21): *…beatorum ibidem reliquiae Acaunensium ab antiquis fuerant collocatae. Ipsam etiam capsulam in thesauero basilicae sancti Martini repperi… quod pro eorum religionis est virtute delatum*

78 Hierzu vgl. Wolfgang Urban, Der heilige Martin und seine Gefährten, in Dieter Manz, Auf den Spuren des heiligen Mauritius, Rottenburg 2009, S. 27 ff. und 37 f.

79 Diözesanmuseum Rottenburg Inv. Nr. 3.447.

Abb. 37: Der hl. Mauritius und Martin von Tours. Messgewand, St. Moritz in Ingolstadt, Nadelmalerei, um 1700

Abb. 38: Martin als wohltätiger Bischof, Altarblatt, süddeutsch, 1740/45 (Diözesanmuseum Rottenburg)

Jahre 1817 vollzogene Profanierung dieser Kirche beseitigte die sakrale Inneneinrichtung dieser Kirche des 1276 von Graf Albrecht II. von Hohenberg, dem Schwager König Rudolfs I. von Habsburg, gegründeten, seit 1371 vorderösterreichischen Klosters.

Erhalten blieben zwei offensichtlich vom selben Künstler stammende Altarblätter, eines mit einer „Maria immaculata" und dem Titel „Refugium peccatorum" (Zuflucht der Sünder), das andere ist besagtes Martinusbild, das den Tourer Bischof der Spätantike in barocker liturgischer Kleidung vor Augen stellt (Abb. 38).

Auf einem gestuften Podest stehend, trägt Martin die für die Entstehungszeit des Altarblatts charakteristische hohe Mitra. Über seiner Albe liegt ein gleich der Mitra weißes, innen rot gefüttertes Pluviale mit Goldstickerei. Unter dem auseinanderfallenden Rauchmantel, wie das Pluviale auch genannt wird, sind die goldene, in der Hüfte vom Zingulum gehaltene Stola und das Brustkreuz zu sehen. Weiße Pontifikalschuhe und Pontifikalhandschuhe ergänzen die sorgfältige Wiedergabe der bischöflichen Paramente.

Die Lebensgeschichte des Heiligen manifestierend, erinnern rechts zu Füßen Martins auf dem Podest liegend ein abgenommener Helm mit Federbusch, Pferdetrense und Schwert an dessen Vergangenheit als römischer Reitersoldat. Dort streckt auch eine weiße Gans neugierig ihren langen Hals vor.

Die als Attribut Martins erst im 15. Jahrhundert auftretende Gans dient wie in anderen Fällen dem Hinweis auf die schon genannten und populär gewordenen Umstände seiner Bischofswahl. Als Martin bei der Wahl des Bischofs von Tours sich der Entscheidung und dem Ruf des Volkes entziehen wollte und, wie später ausgeschmückt, sich in einem Gänsestall versteckte, hätte das Geschnatter der Gänse den Gottesmann verraten.

Zusätzlich zur Gans wird der mit den Insignien eines Bischofs zur Erscheinung kommende Martin durch die Münzspende seiner linken Hand in die Bettelschale des dort im Bild knienden Armen kenntlich gemacht. Mit der Handvoll Münzen, die Martin großzügig und gebefreudig in die Bettelschale des armen Mannes rieseln lässt, wird der Heilige zugleich als Wohltäter in allen Phasen seiner Lebenszeit gekennzeichnet und seine Mildtätigkeit als ein Grundzug seines Wesens, nicht nur in seinen Jahren als noch jugendlicher Soldat. Sobald Martin als Bischof dargestellt wurde, gelangte mit dem ausgehenden 15. Jahrhundert die Münzspende in die Martinusikonographie. Die Sorge um die Armen, wird damit vermittelt, sei bei dem hl. Martinus nicht nur auf einen einzelnen Akt, jenen der Mantelteilung, beschränkt geblieben, sondern eine durchgehende Haltung seiner Lebensführung gewesen.

Das Haupt des Bischofs umschweben in diesem den hl. Martin verklärenden Barockbild vier Kinderengel. Die beiden unteren Putti verweisen mittels den ihnen zugeteilten Objekten, dass Martin sowohl die Gebote des Alten wie des Neuen Testaments erfüllt habe. Der rechts neben dem Haupt Martins schwebende Putto zeigt in dem aufgeschlagenen Buch, das er hält, einen Satz aus dem Buch Tobit und gemahnt damit zugleich an die schon zu Zeiten des Alten Bundes geltenden Gebote der Barmherzigkeit gegenüber dem Nächsten. Auf den aufgeschlagenen Blättern des Buches ist zu lesen: *Das allmosen befreyet von aller sindt* [Sünde] *und von dem Todt, Tobiae c*[apitulo] *4*.[80] Das auf der gegenüberliegenden Seite schwebende Engelchen hält ein Kruzifix in die Höhe und deutet damit an, dass sich Martin in die Kreuzesnachfolge Christi gestellt hat. Vom Himmel bringen zwei weitere Putti die „Krone des Lebens". Der Palmzweig in der Hand des einen verweist auf ein Leben als Martyreia, als Zeugnis geben für Christus, die Lilie des anderen auf die Reinheit der Lebensführung des hl. Martin.

Zu einem der bedeutendsten Bildhauer des Spätbarock in Süddeutschland wurde der in Riedlingen an der Donau ansässige Johann Joseph Christian (1706–1777). Ihm verdanken nicht nur die gewaltigen barocken Benediktinerkirchen von Zwiefalten und Ottobeuren ihre plastische künstlerische Ausstattung samt den Bildreliefs und Schnitzarbeiten der Chorgestühle, er hat darüber hinaus in zahlreichen Dorfkirchen die Spuren seines Schaffens hinterlassen. Die gesamte skulpturale Ausstattung von Zwiefalten in Holz, Stein und Stuck gilt als das Werk von Johann Joseph Christian. In den die Vierung der ehemaligen, von Johann Michael Fischer (1692–1766) erbauten, 1752 geweihten Klosterkirche erweiternden beiden Querhäusern ist das nördliche den Märtyrern gewidmet, das Südquerhaus den Bekennern oder, wie wir es hier ausdrücken möchten, den „Christuserkennern". Dort befindet sich als der zentrale Altar der des hl. Benedikt von Nursia.[81] Dieser wird flankiert rechts vom Altar Johannes des Täufers, der in Christus das *Lamm Gottes* (Joh 1,36) erkannte, und links vom Altar des hl. Martin von Tours, der im Bettler Christus wahrgenommen hat. Der Altarpatron ist als Bischof in überlebensgroßer weißer Stuckplastik vergegenwärtigt, zu seinen Füßen die ihn in der Barockzeit schon allenthalben bestimmende Gans. Doch seitlich sitzt eine farbige, lebensecht ausgeführte Stuckskulptur. Eine Bettlergestalt, wie sie in der Barockzeit zu Hauf die oberschwäbische Landschaft durchzogen, in zerrissener Kleidung der Zeit der Mitte des 18. Jahrhunderts. Den vom Kopf genommenen Hut hält der den Vagabunden angehörende Mann in den Händen. Auffallend ist das edel wirkende Gesicht. In ihm hat der Bildhauer Johann Josef Christian um 1750 ein Bild Christi

---

80 Tob 4,11: *quoniam eleemosyna ab omni peccato, et a morte liberat.* – Wenig später heißt es Tob 4,16: *Gib dem Hungrigen von deinem Brot und dem Nackten von deinen Kleidern!*– *Panem tuum cum esurientibus et egenis comede, et de vestimentis tuis nudos tege.*
81   Zu diesen Altären vgl. Bernardus Schurr, Das alte und das neue Münster in Zwiefalten. Ein geschichtlicher und kunstgeschichtlicher Führer durch Zwiefalten, seine Kirchen und Kapellen. Ulm 1910, S. 143 ff.

Abb. 39: Christus in Bettlergestalt. Johann Joseph Christian, Münster Zwiefalten, Altar des hl. Martin von Tours, um 1752

Abb. 40: Der hl. Martin auf dem Sterbelager. Franz Martin Kuen, Erbach St. Martin, Fresko 1768

als Bettler geschaffen (Abb. 39). Es ist das Antlitz Christi, wie es im Gesicht eines Armen auf der Straße begegnen kann.

Die Martinskirche in Erbach bei Ulm geht auf eine der frühen, schon um 700 entstandenen[82], dem Prozess der Christianisierung der Alemannen angehörenden Kirchen zurück. Die heute bestehende ersetzt einen 1766 abgebrochenen Vorgängerbau. Den Neubau hat 1768 Franz Martin Kuen (1719–1771) mit Fresken ausgestattet. Dem in Weißenhorn ansässigen Maler, einem Schüler von Johann Georg Bergmüller (1688–1762) und Giovanni Battista Tiepolo (1696–1770), ist unter anderem auch das Deckengemälde des Bibliothekssaals der Benediktinerabtei Wiblingen zu verdanken. Während das Deckengemälde des Kirchenschiffs die Schlacht von Lepanto 1571 thematisiert, ist das Hauptbild des Chorraums dem Kirchenpatron Martin von Tours gewidmet.[83] Ungewöhnlich dabei ist die Wahl einer der letzten Stationen des Martinuslebens, das Sterben des Heiligen (Abb. 40). Martin ruht umgeben von Mönchen in weißem Habit in einem Rundzelt, das zugleich wie ein Baldachin wirkt, auf seinem Sterbelager. Die Plane des Zelteingangs ist zur Seite gezogen, sodass dem Sterbenden der Blick zum Allerheiligsten ermöglicht ist. Im Vordergrund attackieren ein großer und ein kleiner Engel samt einer angreifenden weißen Gans einen geballten Pulk von dunklen Dämonen und jagen ihn in den Abgrund. Eine andere Gruppe von Engeln hat zusätzlich einen riesigen, den gesamten Bildraum füllenden Vorhang in die Höhe gehoben und damit die Sicht auf das Allerheiligste frei gemacht. In der strahlendhellen Himmelszone erscheint Gott in der Dreifaltigkeit seiner drei Personen. Gemeinsam thronen, überstrahlt vom Heiligen Geist in der Gestalt einer Taube, Christus und Gottvater. Der in ein Purpurgewand gehüllte Christus hält das Kreuz, Gottvater die Weltkugel. In dieser Bildschöpfung schuf Franz Martin Kuen eine Synthese des Schlüsselereignisses des Martin von Tours in Mantelteilung und Traumvision Christi und der Vision des sterbenden Heiligen, dem sich auf dem Sterbelager und mit seinem Tod in der endgültigen Schau Gottes sein Leben vollendet.

Wenn wir das 19. Jahrhundert und den dort vorherrschenden Historismus überspringen, dann deshalb, weil er sich ikonographisch ganz an die Vergangenheit anlehnt und letztlich wirklich keine neuen Aspekte beibringt. Stellvertretend jedoch für das 19. Jahrhundert seien zwei Werke der gleichermaßen auf geistige Restauration der alten christlichen Kunst wie auf Innovation bedachten Beuroner Schule in Betracht genommen: ein als Altarblatt realisiertes Gemälde Martins als Bischof und das große Wandbild unter dem Giebel der Westfassade der Klosterkirche von Beuron mit der Mantelteilung. Martin von Tours

---

82 Vgl. Otto Beck, Martinspatrozinien in Südwestdeutschland, in: Groß/ Urban (Anm. 1), S. 88; vgl. ders. Pfarrkirche St. Martinus Erbach an der Donau. Lindenberg i. A. 2001, S. 2.
83 Vgl. ebenda, S. 25.

war schon vor der benediktinischen Wiederbelebung Beurons Patron eines von 1097 bis 1802 bestehenden Augustinerchorherrenstifts und dessen Vorgängerkirchen. Die ihrer tiefen Anlage nach dem frühen Symbolismus zuzurechnende neue Stilrichtung entwickelte sich mit der Reform und Wiederbelebung des benediktinischen Mönchtums in Beuron im Donautal und des von Beuron ausgehenden Wiedererwachens der benediktinischen Kultur in den Jahrzehnten nach 1863. Als Hauptmeister begründeten die beiden Benediktinermönche Gabriel (Jakob) Wüger (1829–1892) und Desiderius (Peter) Lenz (1832–1926) die Beuroner Schule. Die Gründerväter der Beuroner Kunst strebten u. a. durch die Zahlproportionen und Maße, die sie aus der alten ägyptischen Kunst ermittelten, nach einer in ihrer formalen Ausgewogenheit und Harmonie „Heiligen Kunst". In ihrer Blütezeit von 1870 bis 1915 strahlte die Beuroner Schule aus bis nach Monte Cassino in Italien oder nach Prag.[84]

Einflussreich wurde das Altarblatt des hl. Bischofs Martin von Tours, das 1875 Gabriel Wüger und Andreas Amrhein bei der Neuausstattung der Beuroner Klosterkirche für einen Seitenaltar gemalt haben (Abb. 41). Es zeigt Martin als erhabene Bischofsgestalt in episkopaler Gewandung, wallendem weißen Bart und einer Gans als ikonographischem Attribut.[85] Da dieses Martinsbild seit 1904 unter Bischof Paul Wilhelm von Keppler als Frontispiz das Rottenburger Diözesangesangbuch eröffnete, prägte über Jahrzehnte, bis 1949, „ein Beuroner Patronatsbild" das Martinsbild der Gläubigen der Diözese Rottenburg-Stuttgart.[86]

Der Prätention nach, wie sie der Beuroner Kunst eigen ist, zielt das andere Werk der Beuroner Schule, das hier herangezogen wird, die monumentale Mantelteilung Martins am Westgiebel der 1898 umgebauten und mit einer Vorhalle versehenen Westfront der Kirche mit unverhohlen historistischen Zügen auf symbolische Feierlichkeit und Erhabenheit (Abb. 42). Martin und sein Pferd füllen fast die gesamte rundbogige, einem Tympanon nachempfundene Bildfläche. Der Bettler kauert mit nacktem Oberkörper, den Rücken den Betrachtern zugekehrt am Boden. In der rechten Ecke markiert ein Wegzeichen mit der Aufschrift „Ambianum" (Amiens) den historischen Ort des Geschehens. An der Satteldecke weist die Buchstabenfolge SPQR (Senatus Populusque Romanus – der Senat und das Volk von Rom) den Reiter als römischen Soldaten aus. In der lateinischen Beischrift des Bildes wird der Kirchenpatron als Fürsprecher angerufen: Sancte Martine ora pro nobis – „Heiliger Martin, bitte für uns". Das Wandgemälde kündet nicht nur vom Patron der Kirche und der Abtei, sondern

---

84 Vgl. Hubert Krins, Die Kunst der Beuroner Schule. Wie ein Lichtblick vom Himmel. Beuron 1998, S. 10 f.
85 Vgl. Werner Groß, Sankt Martin, dir ist anvertraut … Die Diözese Rottenburg-Stuttgart und ihr Patron, in: Groß/ Urban (Anm. 1), S. 170.
86 Ebenda.

Abb. 41: Martin als Bischof mit Modell des Klosters Beuron. Jakob Wüger, Andreas Amrhein, Beuron 1875

erinnert, wenigstens dem internen Wissen nach, zugleich an den entscheidenden primären Akt der Zuwendung zu Christus, den Martin mit der Mantelteilung vollzogen hat und der ihn zum Begründer des abendländischen Mönchtums in den Jahren danach heranwachsen ließ.

Aufs Knappste reduziert, wenn jetzt ein Sprung schon in das Ende des zweiten Drittes des 10. Jahrhunderts gemacht werden darf, hat HAP Grieshaber

Abb. 42: Westgiebel Klosterkirche St. Martin in Beuron. Seccomalerei, 1898

(1909–1981), ein Meister der Druckgraphik, den christologischen Bezug in seinem Mehrfarbholzschnitt St. Martin von 1964 (Abb. 43) herausgestellt.[87] Das kreuzförmige Gewand, das geteilt wird, übersteigt, transzendiert die Figurengruppe des Martin zu Pferde und des nur schemen- oder schattenhaft angedeuteten Bettlers. Das Gewand, das einen Schnitt, eine Teilung erfährt, erinnert zugleich an den aus einem Stück gewebten Leibrock Jesu, den die Soldaten unterm Kreuz nicht teilen wollten, sondern auswürfelten. Als das geteilte Gewand erscheint der Martinsmantel jetzt als der wahre Leibrock Christi.

Abschließend sei noch einmal ein Blick zurück auf die Kunst im ersten Drittel des 20. Jahrhunderts geworfen. Kurz nach dem Ende des 1. Weltkriegs (1914–1918) malte 1920 Otto Dix (1891–1969) sein Bild „Streichholzhändler"[88]. In hartem Realismus zeigt dieser Künstler, der zu den Hauptvertretern der Neuen Sachlichkeit zählt, eines der Opfer des vorangegangenen Krieges (Abb. 44). Ein Mann, der, wie seine Mütze noch erkennen lässt, einer U-Boot-Besatzung angehörte. Fast hilflos sitzt der Schwerkriegsversehrte auf den Platten eines städtischen Trottoirs. Er hat Arme und Beine verloren. Die verbliebenen Beinstümpfe stecken in Prothesen mit Holzenden. Die dunkle Brille deutet an, dass er zusätzlich zu den anderen schweren körperlichen Verlusten auch noch das Augenlicht verloren hat. Überdimensioniert hat Otto Dix das rechte Ohr gemalt. Das Gehör ist nach dem Verlust des Augenlichts für den Schwer-

---

87 Vgl. Margot Fürst, Grieshaber. Die Druckgraphik. Werkverzeichnis 1932–1965. Stuttgart 1986, S. 194 (MF 64/114).
88 Staatsgalerie Stuttgart, Inv. Nr. L 772. – Vgl. Fritz Löffler, Otto Dix. Leben und Werk. Dresden 1967, S. 39 f.

Abb. 43: HAP Grieshaber, Mantelteilung Martins, Holzschnitt, 1964

kriegsbeschädigten nun das wichtigste Sinnesorgan zum Zugang mit seiner Umwelt geworden.[89] An Riemen um seinen Hals ist ein Bauchladen befestigt, in dem Streichholzschachteln angeboten werden. Nach Kriegsende wurde Kriegsbeschädigten in der Weimarer Republik der Zugang zum staatlichen Monopol des Zündholzverkaufes geöffnet, damit sie mit dem Verkauf von Streichhölzern sich ein geringes Einkommen ermöglichen konnten. Aus ruinösem Gebiss bietet der ehemalige Marinesoldat seine Ware an. Um sein Ausrufen anzuzeigen,

---

[89] Vgl. Ulrich Weitz, Kriegskrüppel, Kapp-Putsch und Kunstlump-Debatte, in: Ausst. Kat. Stuttgart 1991, S. 96. Stuttgart

Abb. 44: Otto Dix, Streichholzhändler, Collage, 1920 (Staatsgalerie Stuttgart Inv. Nr. L 772)

hat der Maler in Sütterlin-Schrift die Wörter „Schtreichhölzer (sic!). Echte Schweden/ hölzer" auf sein Bild geschrieben. Doch niemand reagiert auf Ruf und Angebot. Die nach ihrem Schuhwerk vornehmen, modisch elegant gekleideten, gesichtslosen Passanten, von denen nur die Beine zu sehen sind, Herren mit Lackschuhen und weißen Gamaschen, Damen mit teuren Pumps, Rüschenunterrock und Seidenstrümpfen, hasten eilig vorbei. Keiner der Vorbeieilenden reagiert auf das Angebot des Veteranen des Weltkriegs. Die endlos lange Wartezeit des auf den kalten Fließen des Trottoirs kauernden Ex-Matrosen auf einen Käufer veranschaulicht das Netz, das eine Spinne zwischen seinem „zerschlissenen Uniformrock" und der Hausmauer gewoben hat.[90] Dabei könnte mit Streichhölzern ein Licht angezündet werden, könnte ein wärmendes Feuer entfacht werden.[91] Nur ein Kurzhaardeckel hebt sein Bein, um seine Duftmarke

---

90 Vgl. ebenda.
91 Hier gibt es auch eine Anspielung an Christian Andersens sozialkritisches Märchen „Das Mädchen mit den Schwedenhölzern".

bei dem Elenden abzusetzen. Dem Verhallen der Rufe des armen Streichholzverkäufers, dem wirklich nur noch das nackte Leben geblieben ist, hat der Maler in der abwischbaren Tafelkreide ein materielles Pendant gegeben. Der Künstler hat sich selbst als flüchtig Vorbeikommender gekennzeichnet und darum mit Kreide auf der Bordsteinkante in Sütterlin-Schrift signiert: „Dix 1920".

Eine zusätzliche Pointierung bekommt die Bildaussage durch den im Rinnstein liegenden Zeitungsfetzen, der offenbar, wie an der braunen Schmutzstelle zu erkennen, zur Reinigung nach dem Stuhlgang benutzt wurde. Der Ausriss bezieht sich auf ein öffentliches Pamphlet des Malers Oskar Kokoschka (1886–1980) von 1920. Seit 1919 Professor an der Akademie von Dresden hat Kokoschka im März 1920 an 40 Zeitungen in Folge des ultrarechtsgerichteten „Kapp-Lüttwitz-Putsches" mit bewaffneten Kämpfen zwischen den Putschisten, Teilen der Reichswehr und streikenden linksgerichteten Arbeitern, bei dem in Dresden 59 Menschen ums Leben kamen und durch eine verirrte Kugel das Gemälde „Bathseba" von Peter Paul Rubens im Dresdner Zwinger beschädigt worden war, die Künstler zum Schutz der Kunst als den „heiligsten Gütern" aufgerufen. Angesichts des menschlichen Elends der Nachkriegszeit hat Dix Kokoschkas Manifest in der Gosse landen lassen. In dieser politischen Ausrichtung wurde „die Schlüsselaussage des Bildes" gesehen.[92]

Doch die Schlüsselaussage liegt nicht in dieser politischen Pointierung, wiewohl sie unverkennbar hereinspielt. Die Schlüsselaussage liegt in der schonungslosen Darstellung menschlichen, existentiellen Elends als der Herausforderung an die jeweiligen Zeitgenossen. Dass es nicht um den Schutz und die Rettung von Kunstgütern vorrangig gehen kann, sondern immer um den Menschen in seiner Not manifestiert Otto Dix mit seinem Werk „Streichholzverkäufer".

Otto Dix knüpft mit seinem Streichholzverkäufer an die lange Tradition der Öffnung der Bildwelt für die brutalen Gegebenheiten und Möglichkeiten menschlichen Daseins, wie es bei Gebrechlichen, bei vielfach Behinderten und Verkrüppelten zu Tage zu treten vermag. Der „Streichholzverkäufer" von Otto Dix reiht sich fast lückenlos ein in die Bilder des Mittelalters mit ihrer veristischen Wiedergabe von Mehrfachbehinderten und Amputierten in der Tradition des Martinusbildes, das gerade und zuerst und schon in ihren frühen Anfängen in den Bildern der Mantelteilung dieser abgründigen Seite menschlicher Lebenswirklichkeit im Bild ein Fenster öffnete. Im Schwerkriegsversehrten des

---

[92] Vgl. Weitz (Anm. 57), S. 57: „Hierin steckt meiner Meinung nach die Schlüsselaussage des Bildes. Daher die These: Die Gosse ist nach Dix' Meinung der richtige Ort für den zynischen Appell des Dresdner Professors angesichts des Elends, das der Krieg verursacht hat und das mit der Militärdiktatur von Kapp und Lüttwitz nur zementiert worden wäre. Kokoschkas Gleichsetzung von Putschisten und demonstrierenden Arbeitern, die die Republik verteidigten, hatte Otto Dix zu diesem Gemälde provoziert.

1. Weltkriegs seines „Streichholzverkäufers" hat Dix damit ein bezeichnendes Sujet der Martinsbilder der Vergangenheit aufgegriffen und in Fortsetzung und zugleich im Kontrast zur Bildtradition ein modernes, ein negatives Martinsbild geschaffen. Denn hier kommt kein Martin vorbei. Niemand hält an. Die Menschen eilen einfach vorüber. Schon Sulpicius Severus schilderte die Situation: „Doch alle liefen an dem Elenden vorbei".[93]

Der Gang durch die über anderthalb Jahrtausende sich erstreckende Geschichte des Martinusbildes hat uns eine Kulturgeschichte der Erfahrung der Erscheinung der Gegenwart des Guten im Akt der Nächstenliebe geboten. Von der Handlungssymbolik des Bekleidens angefangen, wie sie fast durchgehend das Martinusbild zur Anschauung brachte und beherrschte und in seiner tiefen Bedeutung bis zur Barockzeit noch lebendiger im Bewusstsein war als heute, als in der Vergangenheit noch im Akt des Bekleidens ein Hoheitsakt gesehen wurde, der mit einer Erhöhung, mit der Achtung, der Wahrung und die Einsetzung des Menschen in seine wahre Würde, gerade bei der Begegnung und Auseinandersetzung mit dessen entwürdigender Lage verbunden war, bis hin zum schonungslos realistischen Blick auf die Möglichkeiten des Elends des menschlichen Daseins, gab das Martinusbild kulturgeschichtlich und mentalitätshistorisch Zeugnis. Der Gegensatz zwischen den binnen einer Distanz von wenigen Jahren nur entstandenen Martinusbildern der Beuroner Schule und der Neuen Sachlichkeit eines Otto Dix in den ersten beiden Jahrzehnten des 20. Jahrhunderts könnte nicht schärfer sein. Auf der einen Seite ein Bild der umfassenden Präsenz des Helfenden und des Guten, das „Weltbild" der die Lebenswirklichkeit umspannenden Barmherzigkeit und Gnade Gottes, wie sie als Liebesakt dem Nächsten gegenüber gegenwärtig ist, und auf der anderen Seite das Bild seiner totalen Abwesenheit in jenem der Tradition des Martinusbildes noch verhafteten Kollagegemälde des „Steichholzhändlers" von Otto Dix.

Martin Buber (1878–1965) sprach im Hinblick auf das 20. Jahrhundert von der „Gottesfinsternis". Ebenso sprechend ist der Titel „Menschheitsdämmerung", den Kurt Pinthus 1920 seiner Anthologie expressionistischer Lyrik gegeben hat und der sich als fast prophetisches Wort vor der Realität der Vernichtungslager der Diktaturen des 20. Jahrhunderts bewahrheiten sollte.

In seiner langen Geschichte fokussierte das Martinusbild gerade den Blick auf den Nächsten, auf den Mitmenschen, auf den Anderen und dessen Gesicht. Das Evangelium im exemplarischen Handeln des Martin von Tours veranschaulichend, bringen die Bildwerke, ob Skulpturen oder Gemälde, das Evangelium von der Gegenwart Christi im Geringsten der Menschen, im Bettler, im Bedürftigen, Notleidenden, in dem der Straße Überantworteten, kurz im ande-

---

93 Sulpicius Severus, Vita 3,1 (CSEL 113,4–6): … *et qui cum praetereuntes, ut sui miserentur oraret omnesque miserum praeterirent.*

ren Menschen, im Fremden, Christus selbst zu Gesicht, zeigen sie im Antlitz des Anderen zugleich ein Bild des ganz Anderen, das Bild des Absoluten oder Gottes.

Damit haben wir unter dem Eindruck des anderen Menschen, wie er in den Martinsbildern zu Gesicht kommt, zuletzt in dem erschütternden Gesicht des blinden „Streichholzverkäufers" von Otto Dix, unversehens die Ebene der kunst- und kulturhistorischen Bildwelt verlassen und sind auf die Ebene fundamentalen, philosophischen wie theologischen Denkens hinübergegleitet.

Der jüdisch-litauische Philosoph französischer Zunge Emmanuel Lévinas (1906–1995) thematisierte wie kein anderer Denker im 20. Jahrhundert in seinem philosophischen Werk den anderen Menschen als die Gegenwart *des Anderen*, dem wir uns im anderen Menschen immer gegenüber sehen, betrachtet und bedenkt ihn als die Herausforderung an unser Handeln und Dasein. Der Andere ist immer der für uns Fremde und Unverfügbare. Gerade darin stimmt er mit dem Absoluten überein. Für Lévinas ist der Andere die Herausforderung, die uns in Verantwortung nimmt. Es ist das Antlitz des Anderen „das, was uns verbietet, zu töten".[94] Gerade solch Normen setzender Imperativ ist dem Absoluten eigen. Die Herausforderung des Handelns in der Begegnung mit dem anderen Menschen, will die Bildwelt um die Gestalt des Martin von Tours sagen, ist immer die Begegnung mit dem Anderen schlechthin, das heißt: mit Gott.

---

94 Emmanuel Lévinas, Ethik und Unendliches. Graz – Wien 1986, S. 65.

Martin von Tours –
Leitfigur in epochaler Zeitenwende

MARGIT ECKHOLT

Bischof auf Augenhöhe

Die Bedeutung Martins für die Neuevangelisierung der Kirche Europas aus den geistlichen Wurzeln des Vaticanum II

„Auf Augenhöhe" – mit Martin von Tours „unbekannte Facetten des Evangeliums Gottes" (Christoph Theobald) entdecken

Benedikt von Nursia, Katharina von Siena, Birgitta von Schweden oder Edith Stein sind Patrone und Patroninnen Europas, Martin von Tours zählt – bislang – noch nicht dazu. Interessant ist darum, dass der Europarat 2005 beschlossen hat, die „Via Sancti Martini" als europäischen Kulturweg einzurichten, nicht weit von hier, zwischen Biberach und Ulm-Wiblingen liegt ein kleines Stück dieses europäischen Martinsweges. In Zeiten des Wegbrechens von Verbindlichkeiten und gemeinsamen Werten, in denen nicht nur von einer Minderheit die Europa-Idee angefragt wird und sich – seien es auch fadenscheinige – Nationalismen in den Vordergrund spielen, setzt der Europarat dadurch ein beeindruckendes Zeichen, dem Raum und Weg zu geben, was die europäische Verfassung in ihrer Präambel „kulturelles, religiöses und humanistisches Erbe"[1] nennt. Es liegt in der Verantwortung der Kirche, dieses Erbe zu erschließen und das „Symbol", für das der Martinsweg und die Gestalt des Martin von Tours stehen, in das „Heute" der immer stärker säkularisierten und doch religionspluralen Gesellschaften Europas zu übersetzen. Dabei – und das ist das Spannende dieses neuen „Symbols" – ist dies kein einliniger Übersetzungsprozess, als ob den christlichen Kirchen oder im Besonderen der katholischen Kirche mit ihrer Tradition der Heiligenverehrung das Privileg einer „Übersetzung" zukomme. Der Europarat hat sich für den Martinsweg entschieden im Wissen, dass der europäische Einigungsprozess oder gar Erweiterungsprozess nicht ohne „Seele" möglich ist, und er setzt in der Wahl des Martinsweges voraus, dass das Symbol

---

1 Vgl. dazu: Michael H. Weninger, Europa ohne Gott? Die Europäische Union und der Dialog mit den Religionen, Kirchen und Weltanschauungsgemeinschaften, Baden-Baden 2007, 226. – Überlegungen zum Christentum in Europa: Gerd Haeffner, Der Beitrag des Christentums zur Gestaltwerdung Europas, in: Hans Maier (Hg.), Was hat Europa zu bieten? Sein geistig-kultureller Beitrag in einer Welt des Geldes, Regensburg 1998, 25–45.

gerade auch in massiv entchristlichten Regionen wie denen Frankreichs spricht und an etwas rührt, was im Begriff der „Seele" impliziert ist und das für Verbindendes, Gemeinsames, in den Tiefenschichten der Kultur Gelagertes steht. Was spricht aus diesem Symbol und wie kann das im „Außen" der Kultur Sprechende auch das „Innere" christlichen Glaubens und der Glaubensgemeinschaften neu herausfordern, den Glauben – wie es in den Pastoralkonzepten der französischen Kirche heißt – neu „hervortreten" zu lassen, ihn neu zu „zeugen"?[2]

Diese Fragen bergen das Faszinosum, aber auch die Herausforderung, die mit den Begriffen von Evangelisierung, Neuevangelisierung, missionarisch Kirche sein usw. benannt werden: Wie heute das Evangelium sprechen lassen? Wie die „passenden" Worte und Symbole finden durch den großen Bruch von Evangelium und Kultur hindurch, den Paul VI. in seiner vielleicht bedeutendsten Enzyklika „Evangelii Nuntiandi" aus dem Jahr 1975, zehn Jahre nach Abschluss des Konzils, aufgezeigt hat; ein Dokument, das vor allem in den Kirchen des Südens – in Lateinamerika, Afrika und Asien – aufgegriffen wurde und hier auch in die theologische Reflexion und die Ausbildung von kontextuellen, inkulturierten und interkulturellen Theologien eingegangen ist, aber gerade in Deutschland eher unbeachtet geblieben ist und erst in den letzten Jahren, vor allem seit dem Fall der Mauer und dem weiteren europäischen Einigungsprozess, Bedeutung gewonnen hat. „Missionarisch Kirche sein", das sind Impulse, die auf dem Hintergrund der entchristlichten Regionen im Osten Deutschlands formuliert werden, die aber mehr als bloße „Reaktionen" auf die massiven Exkulturationsprozesse darstellen, vielmehr Suchbewegungen sind, im neuen missionarischen Kirche-Sein die „Augenhöhe" der Zeit zu finden und Kirche in diesem Prozess zu erinnern, dass De-zentrierung Not tut, ein Weg an die verschiedensten Peripherien menschlicher Existenz, auf dem dann Christus von innen die Türe geöffnet wird.[3] Papst Franziskus, auf dessen Formulierung ich mich hier beziehe, geht in den ersten Wochen und Monaten seines Pontifikats beeindruckende Schritte auf dem Weg dieser „Selbst-Evangelisierung", auf „Augenhöhe" mit den Menschen, indem er einem „Anderen" – Jesus Christus – Platz macht und in diesem Zurücktreten neue Räume des Glaubens eröffnet.[4]

---

2   Vgl. dazu die Beiträge in: Reinhard Feiter/Hadwig Müller (Hg.), Frei geben. Pastoraltheologische Impulse aus Frankreich, Ostfildern ²2013.
3   Vgl. dazu die Ansprache von Papst Franziskus im Präkonklave: „In der Offenbarung sagt Jesus, dass er an der Tür steht und anklopft. In dem Bibeltext geht es offensichtlich darum, dass er von außen klopft, um hereinzukommen. Aber ich denke an die Male, wenn Jesus von innen klopft, damit wir ihn herauskommen lassen. Die egozentrische Kirche beansprucht Jesus für sich drinnen und lässt ihn nicht nach außen treten." (www.kath.net/news/40706)
4   Papst Franziskus, Apostolisches Schreiben „Evangelii gaudium", 24. November 2013, http://www.vatican.va/holy_father/francesco/apost_exhortations/documents/papa-francesco_esortazione-ap_20131124_evangelii-gaudium_ge.html (konsultiert: 21.12.2003)

Wenn die europäischen Bischöfe zehn Jahre nach Veröffentlichung der für die Rückfrage nach der Verortung christlichen Glaubens in Europa wegweisenden Enzyklika „Ecclesia in Europa"[5] sich genau diese Frage stellen, wie im fragmentierten, komplexen, von verschiedensten religiösen und nicht-religiösen Suchbewegungen geprägten Europa neue „Passformen" zwischen Glauben bzw. Evangelium und Kultur zu finden sind, so tritt heute vielleicht noch mehr zutage, welche „Wendezeiten" für die Kirchen in Europa – und natürlich auch in der Welt – im Blick auf die Ansage des Glaubens und ihren genuinsten Auftrag, die „Evangelisierung", angebrochen sind, ein Auftrag, der im Ursprung der Kirche grundgelegt ist und an den Johannes XXIII. in der Eröffnung des 2. Vatikanischen Konzils wieder erinnert hat. Karl Rahner hat direkt nach Abschluss des 2. Vatikanischen Konzils in einem Vortrag an der Katholischen Akademie in Bayern, dann bei vielen anderen Gelegenheiten, von einem „Epochenumbruch" gesprochen, wie er nur mit dem langsamen Übergang vom Judenchristentum zum Christentum in der römisch-hellenischen Kultur vergleichbar ist.[6] In den ersten Jahrhunderten nach Christus kommt es in der Begegnung des jüdischen Erbes mit der Philosophie der Antike zu entscheidenden Inkulturationsprozessen des biblischen Glaubens; nach verschiedenen Phasen der Verfolgung, einer Zeit, in der christlicher Glaube vor allem in kleinen Gemeinden gelebt wurde, bildet sich ab dem 4. Jahrhundert, der konstantinischen Wende, genau der Zeit, in der Martin von Tours seinen Weg gesucht hat, die verfasste Kirche immer mehr im Gegenüber – und auch Miteinander – zum Staat aus, eine Gestalt der „Reichskirche" prägt sich aus, die – sicher in Modifikationen – als Genotyp fast zwei Jahrtausende Bestand haben wird. Erst mit dem Zweiten Vatikanischen Konzil, so Karl Rahner, bricht diese Gestalt auf, beginnt eine neue Epoche. Die Krise, die Kirche und christlicher Glauben in den letzten Jahrzehnten durchlaufen, ist Spiegel dieser Wendezeit. Der Martinsweg und die Gestalt des Martin von Tours eröffnen gleichsam spiegelverkehrt in unserem Epochenumbruch die Chance, in einem Europa, das auf neue Weise – den Umbruchszeiten des 4. Jahrhunderts ähnlich – kulturell, religiös, politisch und wirtschaftlich höchst plural ist, ein Symbol zu finden, das in allen Ungleichzeitigkeiten „verbindet". Es ist kein Zufall, dass der Europarat einen Martinsweg eingerichtet hat, der verschiedene Regionen in Europa, von Ungarn, über Deutschland nach Frankreich, miteinander verbindet, auf dem immer wieder neue Übersetzungsprozesse notwendig sind, auf dem Rasthäuser zu Begeg-

---

[5] Johannes Paul II., Nachsynodales Apostolisches Schreiben „Ecclesia in Europa", 28.6.2003, hg. vom Sekretariat der Deutschen Bischofskonferenz, Bonn 2003; vgl. auch: Rat der europäischen Bischofskonferenzen (CCEE), Die europäischen Bischöfe und die Neu-Evangelisierung Europas. Oktober 1991, hg. vom Sekretariat der Deutschen Bischofskonferenz, Bonn 1991.
[6] Vgl. Karl Rahner, Theologische Grundinterpretation des II. Vatikanischen Konzils, in: Schriften zur Theologie, Bd. 14, Zürich/Einsiedeln/Köln, 287–302, hier: 297.

nung und Gastfreundschaft einladen, in denen im Öffnen der Räume für den Fremden entdeckt werden kann, was verbindend ist. „Klassische" Formen der Pastoral, bei denen die Strukturen für Pastoral, Diakonie und Verkündigung in definierten Rahmen „vorgegeben" werden, brechen hier auf. In unseren neuen Zeiten für die Ansage des Evangeliums sind die Schwellen und Passagen von Bedeutung, die Leer-Stellen, in denen in der Unverfügbarkeit der Begegnung Glauben neu „hervortreten" kann. Dem Evangelium so auf die Spur zu kommen, und das heißt Christ werden, das ist nur auf dem Weg möglich, wo Jesus Christus, der „Fremde", uns immer voraus ist und uns dort erwartet, wo wir ihn nicht vermuten.[7]

Martin von Tours war ein solcher Glaubenszeuge „an der Schwelle", noch bevor sich die Reichskirche mit ihren spezifischen Strukturen und Privilegien ausbildete, ein Christ, Glaubenszeuge, Bischof, in allem ein „Missionar", der es verstanden hat, das Evangelium im Kampf gegen die verschiedenen Götzenbilder und „Paganismen", wie Mons. Lustiger diese Zeit in einem Beitrag zum christlichen Glauben in Europa beschrieben hat[8], je neu „hervortreten" zu lassen. Wenn Sulpicius Severus in seiner Biographie des Martin von Tours von den vielen „Wundern" berichtet, so meint er vielleicht – eingebunden in die Legendensprache – genau dies, das je neue Wunder des Glaubens, das sich auf den Wegen des Martinus ereignet, indem er, auf Augenhöhe mit seiner Zeit und den Menschen, die ihm begegnen, das Evangelium je neu hervortreten lässt. Das Symbol, in dem sich diese Ansage des Evangeliums „verdichtet", ist das Bild der Begegnung Martins mit dem Bettler, die Teilung des Mantels, ein Bild, das auf immer wieder neuen Wegen in der Geschichte in Zeit und Kultur übersetzt worden ist und so zu einem, auch die säkularen Traditionen Europas prägenden Kulturgut geworden ist, eine „Ikone" der Barmherzigkeit, die auch losgelöst von christlichen Traditionszusammenhängen „spricht". So ist der Martinsweg wie der Jakobusweg ein Weg für Suchende und Glaubende, für die vielen Christen und Christinnen der unterschiedlichen Kirchen, aber auch für Nicht-Glaubende und die, die anderen Glaubens sind, ein Weg, auf dem sich ausbilden kann, was „lien social" (Marcel Gauchet) ist, was verbindet und was ausdrücken helfen kann, was „Seele Europas" ist. Sie kann nur dort gefunden werden, wo sich zwischen Menschen unterschiedlicher Kultur, Herkunft und Bildung, unterschiedlichen Glaubens und unterschiedlicher Wertvorstellungen Beziehungen ausbilden, die tragfähig sind. Erst aus und in dem Beziehungsnetz können die Kirchen dann das erschließen, was das Martinssymbol von seinem

---

7   Vgl. dazu auch: Michel de Certeau, L'Etranger ou l'union dans la différence, nouvelle édition établie et présentée par Luce Giard, Paris 1991.
8   Jean-Marie Lustiger, Christliches Europa – was bedeutet das?, in: Günther Gillessen u. a. (Hg.), Europa fordert die Christen. Zur Problematik von Nation und Konfession, Regensburg 1993, 138–154, hier: 144.

christlichen Ursprung her impliziert, dann kann in einem „landläufigen" Sinn „missioniert" bzw. evangelisiert werden – aber wirkliche „Mission" hat dann schon lange angefangen.

Die „Ikone der Barmherzigkeit", für die Martin steht, ist ein produktives Symbol, das in unterschiedlichen Zeiten und Räumen zu neuen Übersetzungen anregt, in das die vielfältigen Geschichten der Menschen hineingewoben werden können und das zeigt, wie das Evangelium aus und in der Dichte des Menschlichen „neu gezeugt" werden kann – gerade auch in einer säkularen Kultur, in ökumenischer und interreligiöser Perspektive. Das Evangelium Jesu Christi hat universale Bedeutung. „Indem bei ihm übereinstimmt, wie er lebt und was er verkündet", so P. Christoph Theobald in seinen Überlegungen zum „Zeugen" des Glaubens – er hat hier Jesus Christus, aber auch jeden Christen in seiner Nachfolge im Blick –, „ist er Präsenz des Evangeliums (présence); indem er hinter dem, was er im anderen weckt, verschwindet, ist er Über-setzer des Evangeliums (passeur); indem er der Gastfreundschaft einen Raum öffnet, in dem seine erste Sorge dem Letzten, dem verlorenen Schaf gilt, ist er Hirte (pasteur)."[9] In genau diesem Sinne gilt es, Martin als „Bischof auf Augenhöhe" zu entdecken, der uns einlädt, die „Augenhöhe" des Evangeliums zu finden. Ihm ist es gelungen, das „Heute" des Evangeliums zu erschließen, und genau dieses „Heute" des Evangeliums verbindet unterschiedliche Zeiten und Räume und lädt ein, mit Martin trotz aller Ungleichzeitigkeiten auf „Augenhöhe" zu kommen.

Mein Übersetzungsversuch orientiert sich an der für die katholische Kirche in einer säkularen Moderne und globalen Welt leitenden „Wendezeit" des 2. Vatikanischen Konzils. Ich stelle – nach einem kurzen Blick auf Martin und die Christusrepräsentanz in der Begegnung mit dem Armen und im Gesicht des Armen – drei Thesen vor, um Martin als „Bischof auf Augenhöhe" zu entdecken. Dabei leiten mich nicht nur die Texte des Konzils, sondern vor allem die Dynamik des „evangelischen" Impulses, die die Texte auf den Weg gebracht hat und aus der heraus sie die Wendezeit unseres neuen Zeitalters der Verkündigung des Glaubens eröffnen. Die „Mission", die das Konzil angesagt hat, ist in der dialogischen Struktur des Evangeliums grundgelegt, sie ist – aus der Gabe des je größeren Gottes, die im An-Spruch des anderen, vor allem des „Armen" an mich aufgeht – zunächst Selbstevangelisierung, neues Hervortretenlassen des

---

9 Christoph Theobald, Evangelium und Kirche, in: Reinhard Feiter/Hadwig Müller (Hg.), Frei geben. Pastoraltheologische Impulse aus Frankreich, Ostfildern ²2013, 110–138, hier: 118. – Eine gute Einführung zu Martinus und den Europa-Gedanken gibt: Walter Fürst, „Eine Seele für Europa." Die gegenwärtige Lage des Glaubens und der Auftrag der Kirche im Kontext der europäischen Einigung. Betrachtungen zum Martinusjahr, in: Pastoralblatt für die Diözesen Aachen, Berlin, Essen, Hildesheim, Köln, Osnabrück 49 (1997) 323–333.355–359; ebenso: Walter Kasper, Martin – ein Heiliger Europas, in: Werner Groß/Wolfgang Urban (Hg.), Martin von Tours. Ein Heiliger Europas, Ostfildern 1997, 7–20.

Glaubens; sie braucht dann aber auch Gestalten und Lebensformen, die dieser Mission eine neue Sprache eröffnen; diese neuen Gestalten verdichten sich in der Diakonie, der gelebten Barmherzigkeit. Martin von Tours und das die Geschichte Europas prägende Martinussymbol der gelebten Barmherzigkeit verbinden Zeiten und Räume, weil es in die Tiefendimension dessen führt, was das Evangelium ist und was in der lebendigen Metapher der „Kirche der Armen" auf dem 2. Vatikanischen Konzil und über es hinaus wieder einen neuen – auch über den europäischen Kontext hinausführenden kulturprägenden – Weg gefunden hat.[10]

„Auf Augenhöhe mit dem Bettler" – Christus-Präsenz und Christus-Repräsentanz in der Begegnung mit dem Armen

Martin von Tours hat eine europäische Biographie: in Sabaria, Pannonien, dem heutigen Ungarn geboren, in Pavia/Italien erzogen, in Gallien/Frankreich ein Schüler des großen Bischofs Hilarius von Poitiers, immer wieder auf neuen europäischen Wegen unterwegs, dann Bischof von Tours, Mitglied der von ihm gegründeten Brüdergemeinschaft in Marmoutiers. Er war einer von denen, die Macht im römischen Reich hatten, Sohn eines römischen Tribuns, selbst seit jungen Jahren im Dienste des Kaisers, zunächst Konstantins, dann Julians. Sein Biograph Sulpicius Severus, großer Verehrer Martins, „inszeniert" seine Bekehrung in der Begegnung mit dem Bettler, doch geht dieser Weg hinein in das Innere des Glaubens bereits vor der Taufe in die Schule der Armen und der Barmherzigkeit. „Gute Werke", so Sulpicius Severus, zeichnen den Soldaten Martin aus: „Er heilte die Kranken, unterstützte die Unglücklichen, nährte die Bedürftigen, bekleidete die Nackten und behielt von seinem Sold nur so viel für sich, als er für seine tägliche Nahrung brauchte."[11] Martin bittet nach seiner Taufe um Entlassung aus dem Dienst des Kaisers, er verlässt die Armee, widmet sich dem Gebet, lebt als Einsiedler, zunächst in der Nähe von Genua, dann in der Nähe von Bischof Hilarius von Poitiers; in Ligugé gründet er eine Brüderge-

---

10   Vgl. hier auch die These von Walter Kasper, Martin – ein Heiliger Europas, 15: „In der Zeit, da sich die spätere Reichskirche herausbildete, wies Martin bereits über sie hinaus. Er erkannte scharfsichtig die Gefahren dieser Entwicklung und repräsentiert bereits damals eine Gestalt der Kirche und des Bischofsamtes, die klar zwischen der Sphäre der Kirche und dem, was man später den Staat nannte, unterschied. Er repräsentiert nicht eine reiche und mächtige, sondern eine arme und eine evangelisierende Kirche, welche aus den durch das Mönchtum repräsentierten Quellen evangeliumsgemäßer Spiritualität lebt. Damit verkörpert der heilige Martin ein Ideal, das über die Jahrhunderte hinweg weiterwirkte und das erst viel später in der Geschichte Europas zum Tragen kommen konnte. Auch in diesem Sinn ist er ein europäischer Heiliger, der heute ganz neu wieder von höchster Aktualität ist."
11   Joachim Drumm (Hg.), Martin von Tours. Der Lebensbericht von Sulpicius Severus, Ostfildern 1997, 22.

meinschaft, er ist auf verschiedenen missionarischen Wegen in Gallien, Germanien und Illyrien Zeuge des Glaubens an Jesus von Nazareth, den Christus, Gottes Sohn. Gegen die nach dem Konzil von Nizäa (325) gerade die Westkirche gefährdende arianische Lehre bezeugt er den wahren Gott, der sich nicht „festmachen" lässt, der je größer ist und der als dieser „Größere" im Symbol des „Kleinsten" und „Geringsten" „greifbar" ist. Jesus von Nazareth macht Gott „präsent", „offenbar", weil er vor allem, so der große französische Konzilstheologie und Berater P. Yves M.-J. Congar, „die Kleinen", die „Bedürftigen" mit der Liebe liebt, „mit der Gott uns geliebt hat". Wenn wir so lieben, lieben wir „*wie* Jesus geliebt hat ... heißt lieben mit einer Liebe, die mit Vorzug die Kleinen, die Bedürftigen sucht ... Der Weg, der zu Gott führt, geht durch die Menschheit Christi, und diese ist untrennbar von der Liebe und dem Dienst an den Menschen, besonders an den Menschen, die unter dem Elend in allen seinen Formen leiden .... Die Armen sind uns zunächst als eine Gelegenheit, als eine Art Sakrament der Gottbegegnung erschienen. Sie schienen uns sogar in gewisser Weise identisch mit Jesus Christus. Unser Weg zu Gott geht über sie ..."[12] Die Produktivität der Ansage des Evangeliums durch Martin liegt gerade in der sakramentalen Kraft der „Ikone der Barmherzigkeit", auf die Yves Congar in seiner – der Gruppe „Kirche der Armen" verbundenen – Schrift „Für eine dienende und arme Kirche" aufmerksam macht. Congar hat 1963 von den Armen als „Sakrament der Gottbegegnung" gesprochen, eine Formulierung, in der sich die neuen Wege der lateinamerikanischen Befreiungstheologie, wie sie in der Nachkonzilszeit, angestoßen durch das „lateinamerikanische Konzil", die Konferenz von Medellín (1968), und ein neues Wahr- und Ernstnehmen der Realitäten von Armut, Gewalt und Menschenrechtsverletzungen auf dem lateinamerikanischen Kontinent verdichten. Gustavo Gutiérrez, Leonardo Boff oder Jon Sobrino werden diese Formulierung aufgreifen.[13] Die Szene der Begegnung Martins mit dem Bettler vor den Toren von Amiens ist im Lebensbericht, den Sulpicius Severus bereits zu Lebzeiten Martins begonnen und kurz nach dessen Tod veröffentlicht hat, Referenzpunkt für die vielfältigen Zeugnisse des Glaubens und den Kampf Martins gegen verschiedenste Götterbilder, ein Referenzpunkt, der Martin zu einem „alter Christus" („ein anderer Christus") werden lässt. Ich zitiere aus dem dritten Kapitel der von Sulpicius Severus verfassten Biographie:

„Und so geschah es einmal, dass er, nur mit seinen Waffen und einem einfachen Soldatenmantel bekleidet, mitten in einem Winter, dessen Strenge

---
12 Yves M.J. Congar, Für eine dienende und arme Kirche, Mainz 1965, 109.
13 Weitere Ausführungen dazu mit entsprechenden Literaturangaben in: Margit Eckholt, „Option für die Armen" und „Bekehrung durch die Anderen". Eine Relecture der Hermeneutik der „Zeichen der Zeit" in lateinamerikanischer Perspektive, in: Christoph Böttigheimer/Florian Bruckmann (Hg.), Glaubensverantwortung im Horizont der „Zeichen der Zeit", Freiburg/Basel/Wien 2012, 137–165.

grimmiger war als gewöhnlich, sodass die Gewalt der Kälte gar viele tötete, am Tore der Hauptstadt der Ambianer (Amiens) einem nackten Armen begegnete: der bat die Vorübergehenden, sich seiner zu erbarmen, es gingen aber alle an seinem Elend vorbei; da begriff der von Gott erfüllte Mann, dass der Arme ihm vorbehalten sei, da die anderen kein Mitleid mit ihm hatten. Was sollte er aber tun? Er besaß nichts als den Mantel, den er anhatte, alles Übrige hatte er verschenkt. Da ergriff er das Schwert, mit dem er umgürtet war, teilte den Mantel in zwei Teile, gab den einen dem Armen und hüllte sich selbst in den andern. Da lachten einige von den Umstehenden, weil er mit seinem zerschnittenen Mantel sehr hässlich aussah …. Und als es Nacht geworden war und er sich dem Schlafe hingegeben hatte, erschien ihm Christus, angetan mit dem Teil des Mantels, den er dem Armen gegeben hatte. Man gebot ihm, den Herrn aufmerksam anzuschauen, und das Kleid, das er verschenkt hatte, zu erkennen. Und alsogleich hörte er Jesus mit lauter Stimme zu einer großen Schar von Engeln sprechen, die ihn umstanden: ‚Martinus, der noch ein Katechumene ist, hat mich mit diesem Mantel bekleidet!' Wahrlich, der Herr gedachte der Worte, die er einst vorhergesagt: ‚Was ihr einem der Geringsten getan, das habt ihr mir getan', und bekannte, dass Er in dem Armen bekleidet worden; und um eine so schöne Tat mit seinem Zeugnis zu bekräftigen, geruhte Er, sich in dem gleichen Gewand zu zeigen, das der Arme empfangen hatte …"[14]

Die Begegnung mit dem Armen, in dem Martin das Gesicht Jesu Christi entdeckt, lässt ihn selbst „Christ" werden und mit Jesus Christus den Weg der Armut und Demut gehen. Es ist beeindruckend zu sehen, wie Sulpicius Severus seine Biographie – im Sinne der damaligen Legenden – an den Evangelien orientiert, am Auftreten Jesu, seiner Verkündigung des Evangeliums und den Heilungserzählungen. Martin macht sich dem Armen gleich, er wird mit der Lazarus-Gestalt identifiziert, und er hofft, so schildert Sulpicius Severus den Tod des Martin, wie Lazarus bei Gott zu sein, „in Abrahams Schoß".[15] Der Blick des anderen, des Armen, des Bettlers, reißt ihn heraus aus sich, macht ihn frei und lässt ihn auf eine neue Weise – der jüdische Philosoph Emmanuel Lévinas hat dies in seinen Schriften auf faszinierende Weise durchbuchstabiert – „selbst" werden, in der Bindung an den anderen, in der praktizierten Nächstenliebe. Auf „Augenhöhe" mit dem Armen – nicht auf „hohem Ross" – kann Martin an die Peripherien gehen und Zeugnis von Jesus, dem Christus, Gottes Sohn, wahrer Gott und wahrer Mensch, ablegen. An den Bruchstellen der Gesellschaft, in der Begegnung und Konfrontation mit der Entblößtheit des Armen wird Neues gezeugt, kann Glaube wachsen. Das erwächst nicht aus einem bloß ethischen Impetus, sondern zunächst aus dem „Anspruch" des anderen. Die Christus-

---

14 Martin von Tours. Der Lebensbericht, 24/25.
15 Martin von Tours. Der Lebensbericht, 88.

„Präsenz" im Gesicht des Armen lässt entdecken, was „verbindet" und „verbindlich" ist, sie bildet eine neue Gestalt der „Repräsentanz" des Christlichen aus. Genau darin, in diesem dia-logischen Geschehen höchster „Gratuität" gründet die missionarische und evangelisierende Kraft eines Martin. Und so wird diese „Ikone der Barmherzigkeit" zu einer „lebendigen Metapher", einem „produktiven", Räume und Zeiten umspannenden kulturprägenden Symbol und ist auch heute entscheidender Impetus für die neue Übersetzung des Glaubens in den Zeiten unseres Epochenumbruchs und des Abbruchs traditioneller Vermittlungen christlichen Glaubens. Gefragt sind heute neue „Kurzformeln" des Glaubens, die in das Herz des Evangeliums führen und daraus erwachsen – und eine solche ist das Martinus-Symbol. Wenn immer wieder neu daran erinnert wird, wo das Reich Gottes wächst, wenn wir die Orte der Christuspräsenz in unseren Gesellschaften und Kulturen aufsuchen – das sind die Flüchtlingslager, das sind die alleinstehenden älteren Menschen in unseren Großstädten, die orientierungslosen Jugendlichen, das sind aber auch die Menschen, die gegen ökologischen Raubbau einen nachhaltigen Lebensstil führen, die Bremsen ziehen in Zeiten der unmenschlichen Beschleunigung, die teilen, die mitleiden, die mitleben –, wenn wir uns so auf die vielfältigen Wege an die Peripherien einlassen, die Passagen und Schwellen ernst nehmen, kann auch heute Glauben neu „vorgeschlagen" werden, wie die französischen Bischöfe es 1996 in ihrem auch über die Grenzen Frankreichs hinaus bedeutenden Dokument „Proposer la foi dans la société actuelle"[16] formuliert haben. Dann können wir, wie Papst Franziskus es formuliert hat, Christus, der von innen klopft,[17] die Türe öffnen. Gerade diese Christusverkündigung ist eine der größten Herausforderungen unserer Zeit; vielleicht kann Martin von Tours die Kirche auf diesen Wegen begleiten und uns darin „Bischof auf Augenhöhe" sein. In Zeiten der „Exkulturation" und des Wegbrechens von Glaubenstraditionen sind eingängige Kurzformeln des Glaubens notwendig, das Martinussymbol ist eine solche, und es spricht zu vielen, bevor es überhaupt in Sprache gefasst wird.

---

16 Hadwig Müller/Norbert Schwab/Werner Tzscheetzsch (Hg.), Sprechende Hoffnung – werdende Kirche. Proposer la foi dans la société actuelle. Den Glauben vorschlagen in der heutigen Gesellschaft, Ostfildern 2001.
17 Vgl. Ansprache von Kardinal Jorge Mario Bergoglio im Vorkonklave: http://blog.radiovatikan.de/die-kirche-die-sich-um-sich-selber-dreht-theologischer-narzismus/ (konsultiert: 20.12.2013)

„Bischof auf Augenhöhe" – Martin von Tours und eine missionarische und diakonische Kirche: aus den geistlichen Quellen des 2. Vatikanischen Konzils schöpfen

Der französische Dominikaner Yves M.-J. Congar, einer der bedeutendsten Konzilstheologen[18], hat bereits in seinen seit den 30er-Jahren des letzten Jahrhunderts vorgelegten theologischen Arbeiten – zum Traditionsverständnis, zur Reform der Kirche, zu einer Neubestimmung des Bischofsamtes und der Autorität in der Kirche, zu den Laien und zum Volk Gottes – die entscheidenden Grundlagen für den Neuaufbruch in der Identitätsbestimmung der katholischen Kirche gelegt, zu dem das 2. Vatikanische Konzil dann in seinen großen Konstitutionen – zur Kirche und Kirche in der Welt von heute, zur Offenbarung und Liturgie – und den weiteren Dekreten und Erklärungen, vor allem zur Gewissensfreiheit und zur Haltung der katholischen Kirche zu anderen Religionen gefunden hat. Zusammen mit seinem Mitbruder Marie-Dominique Chenu und vielen anderen wie Jean Daniélou oder Henri de Lubac steht seine Theologie für den Erneuerungsprozess der „Nouvelle théologie", einen Rückgang zu den Quellen des Evangeliums. Das Wort Gottes ist nicht „leeres Wort", es muss wieder „sprechen" und genau dem muss die Theologie „entsprechen", wie Chenu es in seiner grundlegenden Schrift „Une école de théologie – Le Saulchoir" formuliert hat.[19] Es geht darum, so greift Congar diesen Gedanken in seiner Schrift „Für eine dienende und arme Kirche" auf, „die Gnadenwirksamkeit des lebendigen Gottes und die heilige brüderliche Gemeinschaft der Gläubigen" wieder zu entdecken.[20] Diese „Bewegung der Rückkehr zu den Quellen" führt dann zur „Wiederherstellung einer ganz dem Evangelium gemäßen Auffassung der Autorität (…), die zugleich ganz theologal und ganz gemeinschaftsbezogen ist. Wir sind dazu auf gutem Wege. Weit über allen Moralismus hinaus haben wir die *agape* wiederentdeckt, das Laientum, die Gemeinde, die Mission und den Dienst als dem Christenleben wesentliche und gleichräumige Dimensionen. Wir leiten die religiöse Beziehung stärker vom Bund her, welcher Annahme der Gabe Gottes im Glauben und Leben aus dieser Gabe Gottes in uns durch die *agape*, den Dienst, das Zeugnis und die Danksagung ist. All das hängt zusammen, alles wird zusammen verloren und wiedergefunden. Wie wir zu einer vorkonstantinischen Situation in einer heidnischen Welt zurückgelangen; wie wir wissen, dass wir in ihr nur eine Minderheit sind und ihr Jesus Christus verkündigen müssen, so gehen wir zweifellos einer Zeit entgegen, wo wir – ohne etwas von dem im Verlauf der Geschichte wertbeständig Erworbenen zu verlieren –

---

18 Vgl. dazu: Margit Eckholt, Yves Congar (1904–1995), in: Lebendiges Zeugnis 68 (2013) 264–276.
19 M.-D. Chenu, Le Saulchoir – Eine Schule der Theologie. Aus dem Französischen von Michael Lauble, Berlin 2003.
20 Congar, Für eine dienende und arme Kirche, 55.

ganz vom Evangelium geprägte Formen der Autoritätsausübung in der neuen Welt wiederfinden werden, der zu dienen Gott uns ruft."[21]

Das sind beeindruckende Überlegungen aus der Zeit des Konzils, in denen Congar die Brücke zwischen der Wendezeit des Konzils und der des 4. Jahrhunderts – der Epoche eines Martin von Tours vor Ausbildung der Reichskirche im Jahr 380 – gebaut und herausgestellt hat, dass die je neue Entdeckung der Gratuität, der Gabe Gottes – er nennt es *agape* –, das Entscheidende ist für jeden Erneuerungsprozess. Diese *agape* – nichts anderes als das Martinus-Symbol – steht mit dem Dienst, dem Zeugnis und der Danksagung in Verbindung. Das bedeutet dann auch, so der zitierte Text von Congar, strukturelle Erneuerung, das Hineinwachsen in eine neue Gestalt von Kirche, eine dem Evangelium gemäße Form der Autoritätsausübung, eine Kirche, die sich als communio, als Gemeinschaft von Brüdern und Schwestern, die sich auf Augenhöhe begegnen, versteht, in der sich ein neues Verständnis von Gemeinde ausbildet und in der gerade auch den Laien, Männern und Frauen – das große Thema Congars in seiner bereits 1953 veröffentlichten Studie zu den Laien –, eine neue Verantwortung und aktive Mitwirkung zukommt.

Diese Kirche ist – um den Leitfaden Johannes XXIII. für das 2. Vatikanische Konzil aufzugreifen – arme Kirche und eine Kirche für die Armen.[22] Genau das ist die produktive Kraft des Martinussymbols als Ikone der inneren Verbindung von Gottes- und Nächstenliebe, über die auch heute Prozesse des „engendrer" – „Zeugens" – des Glaubens angestoßen werden können. In drei Thesen bündele ich diese Impulse und erschließe so das Martinus-Symbol aus den geistlichen Quellen des 2. Vatikanischen Konzils.

1. These: Eine Kirche, die sich an Martin von Tours orientiert, ist Welt-Kirche. Die Kirche ist auf dem Weg in die Welt auf dem Weg zu sich selbst (Marie-Dominique Chenu).[23]

---

21 Congar, Für eine dienende und arme Kirche, 55/56.
22 Vgl. Margit Eckholt, Kirche der Armen, in: Mariano Delgado/Michael Sievernich (Hg.), Die großen Metaphern des Zweiten Vatikanischen Konzils. Ihre Bedeutung für heute, Freiburg/Basel/Wien 2013, 205–224. – Bischof Guyot von Coutances und Avranches schreibt in seinem Fastenhirtenbrief 1963: „Weil die Kirche eine Gegenwart Christi in der Welt darstellt, muss sie möglichst vollkommen das Antlitz Christi ausprägen. Und das ebenso sehr in der Art ihres sichtbaren wie ihres verborgenen Lebens. Die Armut, die das Kennzeichen der Menschwerdung ist, muss auch das der Kirche sein." (zitiert in: Congar, Für eine dienende und arme Kirche, 125). Und Bischof Mercier von Laghouat (Algerien) hat 1962 formuliert: „Aus einer wiedergefundenen wirklichen Armut würde für sie eine Demut folgen, die sie unendlich bereiter für die Antriebe des Heiligen Geistes, offener für die Wege zur Einheit, empfänglicher für das Leid der Welt und großherziger im Dienst der Armen und des Friedens unter den Menschen machen würde." (zitiert in: Congar, Für eine dienende und arme Kirche, 123).
23 Vgl. Marie-Dominique Chenu, Volk Gottes in der Welt, Paderborn 1968, 13.

Martin steht auf Augenhöhe mit dem Bettler; er teilt, was er hat, entdeckt im Gesicht des anderen das Antlitz Jesu Christi, macht sich dem Armen gleich und wächst auf diesem Weg in seine spezifische Gestalt des Christ-Seins hinein. Genau diese Bewegung hat das Konzil im Blick auf die Identitätsbestimmung der Kirche aufgegriffen, vor allem in der Pastoralkonstitution „Gaudium et Spes". Was heißt Welt-Kirche? „In der eigentümlichen Logik einer Gewissenserforschung", so Marie-Dominique Chenu, „fragt die Kirche bei der Suche nach sich selbst nach der Welt, um sie selbst zu sein."[24] Wenn von Welt-Kirche die Rede ist, so bedeutet dies: Die verschiedenen Lebensfelder, in denen der Mensch Welt gestaltet, die Probleme, die damit verbunden sind, und die Fragen, die dem Menschen in der Weltgestaltung aufgehen, sind für die Kirche bei der Rückfrage nach sich selbst konstitutiv. Es geht darum, vom Ross abzusteigen, auf Augenhöhe mit dem Bettler zu kommen, alle nur möglichen Wege der Menschwerdung zu gehen und darin Antwort auf das Wort, die Freundschaft, die Gnade Gottes zu geben. Dazu gehört die Anerkennung der Welt in ihrer Eigenständigkeit und Säkularität; in der Pastoralkonstitution „Gaudium et Spes" ist von der „Autonomie der irdischen Wirklichkeiten" die Rede (GS 36); die mit der Moderne gegebenen Momente von Freiheit, Gleichheit, Demokratie werden als Ausdruck der Realisierung des Menschen in seiner Würde gesehen. Sie gilt es anzuerkennen, und das heißt dann, Jesus Christus überall zu erwarten als den Bräutigam, der unverhofft an die Tür klopft, vor allem dann und dort, wo er nicht erwartet wird. „Genau genommen", so hat es Congar formuliert, „verpflichtet die Wahrhaftigkeit eines solchen Lebens für die Welt die Kirche dahin, die Welt zu hören und etwas von ihr zu lernen – also etwas von ihr zu empfangen ... In der Fachsprache heißt das, dass die Geschichte oder die menschliche Erfahrung für sie ein ‚theologischer Ort' ist, eine Quelle, aus der sie Elemente ihrer Erkenntnis und das Wort, das sie sagen muss, schöpfen kann. Das entspricht ganz besonders einer Theologie, die pastoral sein will, das heißt einer Theologie, die sich um die Glaubensreflexion bemüht, indem sie den Menschen, ihrer Situation, ihren Fragen, ihrem Suchen und ihren Bedürfnissen Rechnung trägt."[25]

Sicher hat mit dem Konzil dieser Prozess des Welt-Kirche-Werdens eingesetzt, aber aus der heutigen Perspektive, 50 Jahre nach dem Konzil, treten die Ungleichzeitigkeiten dieses Paradigmenwechsels besonders hervor. Vor allem entdeckt sich die Kirche in den Kirchen des Südens als diese Welt-Kirche, eine Kirche in der Vielfalt der Ortskirchen und in der Pluralität der Kulturen. Auch in Frankreich leiten die mit „Gaudium et Spes" gegebenen Impulse einen großen Umstrukturierungsprozess in der Pastoral ein, nicht nur, aber sicher auch aus

---

24 Chenu, Volk Gottes in der Welt, 13.
25 Congar, Situation und Aufgabe der Theologie heute, Paderborn ²1971, 169.

der Not der radikalen „Exkulturation" christlichen Glaubens geboren, auf die Religionssoziologen wie Danièle Hervieu-Léger hinweisen.[26] Die deutsche Ortskirche hat das Potential, das in diesem Welt-Kirche-Werden liegt, noch lange nicht realisiert. Die Passagen, Knotenpunkte und Übersetzungen, die der Martinsweg in Europa eröffnet, können helfen, die theologischen Gehalte der Pastoralkonstitution für das Weltkirche-Werden und für eine entsprechende Neugestaltung der Ekklesiologie im gemeinsamen Lernen aufzuarbeiten. Der Prozess der „Konversion der Welt", der mit dem Konzil, so Congar, als „Konversion zum Menschen"[27] zu verstehen ist, ist noch lange nicht abgeschlossen, kann auch nicht abgeschlossen werden und macht der Kirche je mehr bewusst, dass sie eine Lernende ist, Weggemeinschaft mit den vielen – Glaubenden, Suchenden, Zweifelnden, Menschen anderen Glaubens. Martin von Tours erinnert daran, jeden Tag neu, auf Augenhöhe mit der Welt zu kommen, sich zur Welt hin zu öffnen, „um ihr zu dienen" und darin das Evangelium anzusagen. Paul VI. hat mit diesem Bild in seiner Ansprache am Ende der 4. Session die Arbeit des Konzils zusammengefasst. Die Kirche hat sich zur „Dienerin der Menschheit" gemacht, und der „Reichtum der Lehre" „will nur eines: dem Menschen dienen".[28]

„Dienst" ist vielleicht ein „verstaubtes" und „unattraktives" Wort in unserer Zeit. Wer will schon dienen, wollen nicht alle „selbstständig", „unabhängig" sein? Aber das ist die Oberflächenwahrnehmung vor allem in den Glitzerwelten der Großstädte. Der Martinsweg führt nicht durch die Einkaufspassagen und Wellness-Tempel. Er holt die Randzonen in das Zentrum, er beleuchtet, wie viel Armut, Abhängigkeit, Hilfsbedürftigkeit sich hinter den glatten Fassaden verbergen, er stellt den Dienst in die Mitte, zeigt auch auf, wie viel „da" ist an Menschenfreundlichkeit, an Einsatz für Schwache, Kranke, Migranten usw., und in dieser De-zentrierung geschieht „Konversion", öffnet das Martinussymbol für den „anderen", macht es in einer neuen Sprache den Wert dessen deutlich, was das „alte" Wort des Dienstes sagt. Hier können sich dann in den Sprachen der Welt und im Hören auf die anderen neue „Passformen" der Begegnung von Glauben, Evangelium und Kultur ausbilden. Das ist Evangelisierung, mit Martin, auf Augenhöhe mit der Welt, in allen „Passagen" des Menschen – und kein geringer Beitrag der Kirchen in einer zunehmend „seelenlosen" europäischen Gesellschaft. „Als Gegenpol zur Ich-Kultur wird das Christentum die unausgesprochene Frage nach dem Sinn beantworten. Die ‚Umwertung aller Werte' ist das Ersetzen von ‚Ich' durch ‚Du' und ‚Wir'. Das ist ein Zurück zu den Wurzeln",

---

26 Vgl. z. B. Danièle Hervieu-Léger, Catholicisme, la fin d'un monde, Paris 2003.
27 Congar, Situation und Aufgabe der Theologie heute, 173.
28 Congar, Situation und Aufgabe der Theologie heute, 175.

so Herman van Rompuy in seinen Überlegungen zu „Werten für die Zukunft Europas".[29]

These 2: Eine Kirche, die sich an Martin orientiert, ist eine geschwisterliche Gemeinschaft, Volk Gottes auf dem Weg durch die Zeit. Mit euch Christ, für euch Bischof (Augustinus).
Martin von Tours ist auf Augenhöhe mit dem Bettler gegangen, und mit ihm hat er sich auch an die vielen anderen Armen gebunden und ist auf diesen Wegen Christ geworden. Er hat Christ-Sein als ein Mit-anderen-Sein erfahren. Es war nur konsequent für ihn, auch als Bischof die Brüdergemeinschaft in Marmoutier zu gründen und über das in Jesus Christus gegründete Sich-Binden an die anderen Strukturen für sein Bistum auszubilden und die ersten Pfarreien zu gründen.[30] Auf den neuen Wegen des Weltkirche-Werdens sind in der lateinamerikanischen Kirche neue Formen des Kirche-Seins entstanden, die Basisgemeinden; in den afrikanischen und asiatischen Kirchen entstanden die kleinen christlichen Gemeinschaften. Diese „Ekklesiogenese", wie Leonardo Boff diesen Prozess benennt[31], entfaltet den biblischen Volk-Gottes-Gedanken auf neue Weise. Martin von Tours als Bischof auf Augenhöhe zu entdecken, heißt, mit diesem Volk-Gottes-Bild produktiv und kreativ in der konkreten Realität der Ortskirche umgehen zu lernen, heißt, ihn als Bischof an der Seite des Volkes zu sehen, vom Volk „akklamiert"[32]; für euch Bischof, mit euch Christ, wird Augustinus schreiben. Yves Congar hat in den Jahren der Konzilsdebatten eine umfassende Studie über das Bischofsamt und die Autorität in der Kirche vorgelegt[33], und es ist faszinierend, in seinem Konzilstagebuch seine Beobachtungen im Blick auf diese sich neu herauskristallisierende – und doch an die Tradition anknüpfende – Struktur der Kirche zu lesen, die Abschied nimmt vom im 2. Jahrtausend sich immer mehr fixierenden Papstabsolutismus und der hierarchischen Ausgestaltung der Kirche. Die Kirche, die Zukunft hat, ist diese Kirche als

---

29   Herman van Rompuy, Christentum und Moderne. Werte für die Zukunft Europas, Kevelaer 2010, 148. – Zu neuen Überlegungen zur Evangelisierung vgl. George Augustin/Klaus Krämer (Hg.), Mission als Herausforderung. Impulse zur Neuevangelisierung, Freiburg/Basel/Wien 2011. – Vgl. dazu auch Walter Kasper, Martin – ein Heiliger Europas, 19: „Die zukunftsweisende Aktualität der Gestalt des heiligen Martin von Tours liegt darin, dass sie an den Tag legt, dass wahrhaft menschliche Kultur nur eine Kultur des Miteinander und des Füreinander, eine Kultur der Barmherzigkeit sein kann. Martin ist somit nicht nur eine Leitfigur aus Europas Vergangenheit, in seinem beispielhaften Leben liegt ein Auftrag für die Gegenwart und die Zukunft Europas."
30   Vgl. Martin von Tours. Der Lebensbericht, Kapitel 10: Die Gründung des Klosters Marmoutier bei Tours, 42/43.
31   Vgl. z. B. L. Boff, Der Beitrag der brasilianischen Ekklesiogenese für die Weltkirche, in: Concilium. 3/2002, 312–318.
32   Vgl. Martin von Tours. Der Lebensbericht, Kapitel 9: Wie Martinus gegen seinen eigenen Willen Bischof von Tours wurde, 39–41.
33   Yves Congar, Das Bischofsamt und die Weltkirche, Stuttgart 1964.

geschwisterliche Gemeinschaft von Klerikern und Laien, Männern und Frauen, eine Gemeinschaft der Ortskirchen, deren Einheit der Papst dient, eine Gemeinschaft, die Ökumene und Dialog der Religionen ermöglichen wird.

Die katholische Kirche der Nachkonzilszeit ist diesen Weg der Reformen gegangen, kein einfacher Weg, wie die Entwicklungen z. B. in Lateinamerika zeigen. Die Dialogprozesse in den verschiedenen deutschen Bistümern der letzten Jahre stehen dafür; sie zeigen, dass der Weg der Reformen nicht rückgängig gemacht werden kann und dass er nur gemeinsam möglich ist. Ein Hoffnung stiftendes Zeichen ist es, wenn Papst Franziskus sich bei Amtsantritt als Bischof von Rom bezeichnet und das Amt des Papstes in den Dienst des Wortes Gottes, des armen Jesus von Nazareth und der Einheit stellt, wie Johannes Paul II. es formuliert hat: „Ut unum sint". Für mich war es 1982 auf einer Studentenwallfahrt im Bistum Poitiers faszinierend, die Weggemeinschaft mit dem damaligen Bischof von Poitiers zu erleben. Poitiers und Ligugé haben mir eine neue kirchliche Erfahrung erschlossen, die mich selbst sehr geprägt hat. Und heute – zeitversetzt, den Ungleichzeitigkeiten unserer europäischen Ortskirchen entsprechend – erlebe ich, wie z. B. in den Diözesen Osnabrück und Rottenburg-Stuttgart der Volk-Gottes-Gedanke und das gemeinsame Priestertum aller Gläubigen in das Zentrum der diözesanen Dialogprozesse geholt werden. Es geht um die Mitverantwortung und Befähigung von Laien, von Männern und Frauen, um ein Ernstnehmen der Taufberufung und ihr Hineingewobenwerden in die Vielfalt der Lebensgeschichten. Wenn sich so, in der Dichte des Lebens und im Sich-Binden an die anderen in den vielen Weggemeinschaften des Lebens, Leben und Glauben neu begegnen, geschieht Ekklesiogenese. Das ist dann eine „missionarische" Kirche, eine Kirche, in der sich alle, Männer und Frauen, Priester und Laien, neu als Jünger und Jüngerinnen Jesu Christi verstehen, wie es die lateinamerikanischen Bischöfe auf der letzten großen Generalversammlung 2007 in Aparecida formuliert haben.[34] So bildet sich auf den vielen neuen Wegen des Welt-Kirche-Werdens ein neuer „Stil" heraus, in der Vielfalt der Traditionen und Kulturen, von Ungleichzeitigkeiten geprägt, den verschiedenen Räumen der Kirche entsprechend. Yves Congar sprach bereits 1963 von diesem „Stil", Christoph Theobald hat diesen Begriff in den letzten Jahren wieder aufgegriffen[35]; es ist der „Stil" der frühen Kirche, als christliche Gemeinden in der von einer Vielfalt von Religionen und Weltanschauungen geprägten Ökumene die Stadt der Menschen auf die „civitas Dei" hin öffneten. Das Konzil ist Ausgangspunkt für diese neuen Wege, die Struktur und Charisma

---

34   Sekretariat der Deutschen Bischofskonferenz (Hg.), Aparecida 2007. Schlussdokument der 5. Generalversammlung des Episkopats von Lateinamerika und der Karibik, (Stimmen der Weltkirche 41) Bonn 2007.
35   Christoph Theobald, Le christianisme comme style. Une manière de faire de la théologie en postmodernité, 2 Bde., Paris 2007.

neu verbinden; es gilt, den zweiten Teil der Kirchenkonstitution „Lumen Gentium" – die pneumatologische und charismatische Gestalt der Kirche – stärker auf den ersten christologischen Teil zu beziehen; das ist Ermutigung, einen neuen, befreienden „Stil" auf den Wegen der Nachfolge Jesu Christi auszubilden – im Sinne des „engendrer", von dem die französische Kirche und Theologie sprechen.[36] Mit euch Christ, für euch Bischof – Martin von Tours ermutigt, zu neuen Diensten und Ämtern zu berufen aus dem heraus, was wächst, was „gezeugt" wird.

These 3: Eine Kirche, die sich an Martin orientiert, hört auf das Klopfen Jesu, von innen und von außen, sie lässt ihn ein- und heraustreten. Das ist eine gastfreundliche Kirche, die im Gewähren und Empfangen von Gastfreundschaft auf das Reich Gottes hin wächst: „Der Gast lässt Gott herein" (Romano Guardini).

„Gezeugt" kann etwas nur aus den Quellen des Evangeliums werden. Genau diese Tiefendimension der Tradition gilt es auf den Martinswegen zu erschließen. Das ist auf einer oberflächlichen Ebene mit dem Aufleben lassen von traditionellen Formen einer Volksreligiosität, Wallfahrten, in gewisser Weise einer „Heiligenverehrung" verbunden; aber dahinter verbirgt sich der Weg zu einer „tieferen Tradition", wie Congar unter Rückgriff auf ein Wort von Péguy schreibt: „un reculement de tradition, un dépassement en profondeur, une recherche à des sources plus profondes, au sens littéral du mot, une ressource"[37]. Das ist immer wieder mit Umkehr zum Evangelium verbunden. Das Martinussymbol als „Ikone der Barmherzigkeit" steht für Umkehr, aber nicht bloß Umkehr „zu einem ethischen Ideal der Selbstlosigkeit", „sondern zu Gott und zu Christus als dem einzigen und absoluten Herrn: eine theo-logale und theo-logische Umkehr"[38]. Wenn Papst Franziskus vom „Klopfen" Jesu spricht, bedeutet es genau dies: im Begehen der Martinswege durch unterschiedliche Landschaften, in der Entdeckung von neuen Weggenossen, vom Teilen der Wegstrecken mit Fremden und Menschen anderen Glaubens, mit Fragenden und Zweiflern, auf neue Weise für das Klopfen Jesu sensibilisiert zu werden und auf seine Stimme zu hören. Jesus klopft von innen an die Türe, um, so das Wort von Papst Franziskus, herausgelassen zu werden, aber Jesus, der Fremde, den wir auf unseren Wegen entdecken, klopft auch von außen an, um hineingelassen zu werden. Die Kirche wächst auf das Reich Gottes hin, wenn sie ihre Türen öffnet. Jesus

---

36 Congar, Für eine dienende und arme Kirche, 94–96. – Vgl. dazu: Margit Eckholt, „Der unterbrochene Frühling". Erinnerung an das Weltkirche-Werden auf dem 2. Vatikanischen Konzil, in: Philipp Thull (Hg.), Ermutigung zum Aufbruch. Eine kritische Bilanz des Zweiten Vatikanischen Konzils, Darmstadt 2013, 120–128.
37 Le Concil au jour le jour. Quatrième session, 120.
38 Congar, Für eine dienende und arme Kirche, 71.

Christus lebt in seiner Kirche, wie das nachsynodale Schreiben „Ecclesia in Europa" 2003 formuliert hat; er ist aber auch der, der auf den vielen Wegen der Welt mit uns geht und der in Gestalt des Fremden anklopft und der so die Kirche lebendig macht.

In den letzten Jahren ist – angestoßen durch Debatten in der politischen Philosophie um Fremdenrecht, Migration und Asyl – das Thema der Gastfreundschaft von Bedeutung geworden. In der Tradition der antiken Freundschaftsphilosophie steht sie für die Begegnung mit dem Fremden. Gastfreundschaft ist Teil des Ethos der großen Kulturen und Religionen; sie schließt, so die französischen Philosophen Paul Ricoeur oder Jacques Derrida, der Gerechtigkeit einen weiteren Horizont auf.[39] Abraham und Sara haben den Fremden unter der Eiche in Mamre Gastfreundschaft gewährt (Gen 18,1–33). Gott hat sich hier gegenwärtig gemacht, hat seine Verheißung geschenkt, Sara wird noch in ihrem Alter ein Kind gebären, und Abraham wird so zum „Vater der Völker". Die biblischen Texte des Alten Bundes schildern immer wieder Erzählungen der Gastfreundschaft. Mit dem Gast, so ein Wort von Romano Guardini, wird „Gott hereingelassen".[40] Jesus selbst erfährt immer wieder Gastfreundschaft; sei es bei Zachäus, den Pharisäern, sei es beim römischen Hauptmann (vgl. z. B. Mt 8,8). Er ist aber auch selbst Gastgeber, in ausgezeichneter Form beim letzten Abendmahl (Lk 22,14–23). Er schenkt sich hier – und darin erinnert die Feier der Eucharistie – ganz und empfängt und wandelt darin das, was der Liebe Gottes eine Absage erteilt: Hass und Gewalt, das Böse im Grund des Herzens und der Geschichte. Er spricht das Wort, das „gesund" macht. Er ist das Wort, die Gabe, die wandelt, jetzt und auch in Zukunft; denn was Gott jetzt schenkt, ist allen in der Zukunft Gottes, beim Gastmahl in seinem Reich, verheißen. Das ist die Tiefendimension der Gastfreundschaft in christlicher Perspektive. Gott schenkt sich uns, wenn Jesus Christus unser Gast wird, weil er gleichzeitig dabei selbst Gastgeber der Grenzen öffnenden, heilenden und befreienden Liebe Gottes ist.

Eine Kirche auf Martinswegen ist eine gastfreundliche Kirche – eine Kirche, die dem Unverhofften und je Neuen der Gnade Gottes Raum lässt.[41]

---

39 Jacques Derrida, Von der Gastfreundschaft, hg. von Peter Engelmann, Wien 2001 („Von der Gastfreundschaft": „Frage des Fremden: vom Fremden kommend"; „Schritt zur Gastfreundschaft"); Paul Ricoeur, Welches neue Ethos für Europa?, in: Peter Koslowski (Hg.), Europa imaginieren. Der europäische Binnenmarkt als kulturelle und wirtschaftliche Aufgabe, Berlin/Heidelberg 1992, 108–120. – Zur Gastfreundschaft: Rudolf Kaisler, Vom Europa des Ausschlusses zum Europa der Gastfreundschaft? Das gastfreundliche Erbe der biblischen Gottesrede, in: Christian Wagnsonner/Petrus Bsteh (Hg.), Vom „christlichen Abendland" zum „Europa der vielen Religionen", Wien 2012, 55–68.
40 Romano Guardini, Briefe über Selbstbildung. Bearbeitet von Ingeborg Klimmer, Mainz [13]1978, Dritter Brief „Vom Geben und Nehmen, vom Heim und von der Gastfreundschaft", 27–43.
41 Rolf Gärtner erschließt in seiner Publikation „Seid jederzeit gastfreundlich. Ein Leitbild für heutige Gemeindepastoral" (Ostfildern 2012) genau diese Gnadendimension für die vielfältigen Prozes-

Genau das ist dann keine Kirche, die sich abschließt, sondern eine Kirche, die in der immer wieder neuen „Entgrenzung"[42] nach außen und nach innen, der Öffnung auf „anderes" und „Fremdes" hin, in ihr Eigenes wächst. Denn dort, in der Fremde, kann sie den Gott des Lebens, Jesus Christus, entdecken, vor allem in den vielen Gesichtern der Armen, der Benachteiligten, der um ihre Rechte Gebrachten. Eine solche Kirche muss bereit sein, sich auf unterschiedliche „Übersetzungsprozesse" einzulassen, von außen nach innen und umgekehrt. Es geht darum, das „je Neue" des Evangeliums in die Welt zu vermitteln, aber auch darum, das „Neue" der Welt nach innen zu übersetzen. Das ist mit Risiko, mit Suchbewegungen, mit Unschärfen verbunden, mit „Grenzüberschreitungen" und mit dem Einüben der Haltung der Anerkennung der anderen – der säkularen Welt, der anderen christlichen Kirchen, der anderen Religionen –, aus der Tiefe christlicher Freiheit. Gastfreundschaft bezieht Mission und Diakonie aufeinander. Dann kommt es, wie Congar 1963 geschrieben hat, zu einer „Erneuerung eines Lebens aus dem Evangelium"[43]. Das bedeutet dann „Ekklesiogenese", und das ist „Mission" in säkularen und religiös pluralen Zeiten, die Ausbildung eines neuen „Stils" christlichen Lebens. Die Kirche, so Congar, „ist heute aufgerufen, einen neuen Stil ihrer Gegenwart in der Welt zu finden." „Die Kirche sollte weniger von der Welt und mehr in der Welt sein. Sie sollte nur die Kirche Jesu Christi, das vom Evangelium geformte Gewissen der Menschen sein, aber wäre sie es!"[44] Das ist eine Kirche, „die nicht nur den Rahmen für Menschen bildet, die eine ‚Religion' ‚praktizieren', sondern ein Zeichen darstellt, das den Glauben erweckt, ein Milieu, das den mündigen Glauben erzieht und nährt."[45] Martin von Tours begleitet uns in diese Gestalt von Kirche hinein und gibt dabei die entscheidende „evangelische" Orientierung: Präsent ist und wird Jesus Christus in den vielen Armen.

---

se der Umstrukturierung der Pastoral. Es ist eine „lebensraumorientierte Pastoral", die offen ist für das Neue der Begegnung und Mission und Diakonie verbindet.
42 Ottmar Fuchs, Diakonia: Option für die Armen, in: Konferenz der bayerischen Pastoraltheologen (Hg.), Das Handeln der Kirche in der Welt von heute. Ein pastoraltheologischer Grundriss, München 1994, 114–144, hier: 144.
43 Congar, Für eine dienende und arme Kirche, 93.
44 Congar, Für eine dienende und arme Kirche, 94/95. Congar fordert von der Kirche einen „evangeliumsgemäßen Stil ihrer Gegenwart".
45 Congar, Christus in Frankreich, in: ders., Priester und Laien. Im Dienst am Evangelium, Freiburg/Basel/Wien 1965, 221–233, hier: 229.

Martin von Tours – Patron von Europa in spannenden Umbruchszeiten der Weltgesellschaft und Wegbegleiter in einen neuen „Stil" des Christentums

Wir stehen immer noch am Anfang, die Dynamik des Konzils für den Paradigmenwechsel unserer Zeiten der Globalisierung zu entdecken: das Weltkirche-Werden, von dem Karl Rahner sprach, oder den neuen „Stil" und die missionarische Gestalt von Kirche, von denen Yves Congar gesprochen hat. Martin von Tours, ein Freund Gottes und der Menschen in anderen Wendezeiten, kann hier Wegbegleiter werden, und es steht darum sicher an, ihn als Patron Europas in diesen Aufbrüchen offiziell anzuerkennen. Martin von Tours hat auf europäischen Wegen, die in ähnlicher Weise von kultureller und religiöser Pluralität, von Anfragen an die christliche Mission, von Abwehr, Verrat und Versuchungen verschiedenster Art geprägt waren, neue Formen der „Ansage" des Evangeliums gefunden und zu einer beeindruckenden „Inkulturation" christlichen Glaubens in die Welten Galliens oder Illyriens beigetragen – als Zeuge Jesu Christi, der in der Verbindung von Mission und Diakonie Orientierung bot und immer wieder neu in den Ursprungsgrund christlichen Glaubens zurückgeführt hat: die Gottesliebe, die in der Nächstenliebe „konkret" wird, die sich an der Präsenz Gottes im Armen orientiert.

Das Martinus-Symbol ist auf den weiteren Wegen der Christentumsgeschichte in Europa zu einem „Ursymbol" geworden, einem aus sich sprechenden Symbol, das, so können wir hoffen, im Sinne von „Ecclesia in Europa" und der „Charta Oecumenica" zu einem verbindenden Symbol in den auseinanderdriftenden europäischen Gesellschaften und auch einem die christlichen Kirchen – und vielleicht auch darüber hinaus Kirchen und Religionen, vor allem Christentum, Judentum und Islam – verbindenden „Symbol" werden kann.[46] Die Kreativität des Martinus-Symbols in diesem Sinne zu erschließen, ist eine Aufgabe der ökumenischen und interreligiösen Dialoge, die sich auf den europäischen Martinuswegen heute einstellen können. Dazu ist es aber notwendig, Martin als „Bischof auf Augenhöhe" zu entdecken und zu verstehen, worin diese „Augenhöhe" gründet: in der Umkehr, die er in der Begegnung mit dem Armen erfahren hat, in seiner Hinwendung zu Christus, in dessen Dienst der Bischof Martin von Tours sich gestellt hat. Der Weg dieser vorliegenden, sich an den geistlichen Quellen des 2. Vatikanischen Konzils orientierenden „Über-Setzung" wird sicher nur dann tragfähig sein, wenn Martin selbst das Seine dazu beiträgt, dass wir „auf Augenhöhe" mit ihm kommen können.

---

46 Die „Charta Oecumenica" wurde am 22.4.2001 von den Präsidenten des Rates der Europäischen Bischofskonferenzen und der Konferenz Europäischer Kirchen in Strasbourg unterzeichnet.

Bibliographie (Auswahl):

Marie-Dominique Chenu, Volk Gottes in der Welt, Paderborn 1968.
Michel de Certeau, L'Etranger ou l'union dans la différence, nouvelle édition établie et présentée par Luce Giard, Paris 1991.
Yves M.J. Congar, Christus in Frankreich, in: ders., Priester und Laien. Im Dienst am Evangelium, Freiburg/Basel/Wien 1965, 221–233.
Ders., Für eine dienende und arme Kirche, Mainz 1965.
Ders., Situation und Aufgabe der Theologie heute, Paderborn ²1971.
Ders., Das Bischofsamt und die Weltkirche, Stuttgart 1964.
Jacques Derrida, Von der Gastfreundschaft, hg. von Peter Engelmann, Wien 2001 („Von der Gastfreundschaft": „Frage des Fremden: vom Fremden kommend"; „Schritt zur Gastfreundschaft").
Joachim Drumm (Hg.), Martin von Tours. Der Lebensbericht von Sulpicius Severus, Ostfildern 1997.
Walter Fürst, „Eine Seele für Europa." Die gegenwärtige Lage des Glaubens und der Auftrag der Kirche im Kontext der europäischen Einigung. Betrachtungen zum Martinusjahr, in: Pastoralblatt für die Diözesen Aachen, Berlin, Essen, Hildesheim, Köln, Osnabrück 49 (1997) 323–333.355–359.
Rolf Gärtner, Seid jederzeit gastfreundlich. Ein Leitbild für heutige Gemeindepastoral, Ostfildern 2012.
Gerd Haeffner, Der Beitrag des Christentums zur Gestaltwerdung Europas, in: Hans Maier (Hg.), Was hat Europa zu bieten? Sein geistig-kultureller Beitrag in einer Welt des Geldes, Regensburg 1998, 25–45.
Johannes Paul II., Nachsynodales Apostolisches Schreiben „Ecclesia in Europa", 28.6.2003, hg. vom Sekretariat der Deutschen Bischofskonferenz, Bonn 2003.
Walter Kasper, Martin – ein Heiliger Europas, in: Werner Groß/Wolfgang Urban (Hg.), Martin von Tours. Ein Heiliger Europas, Ostfildern 1997, 7–20.
Jean-Marie Lustiger, Christliches Europa – was bedeutet das?, in: Günther Gillessen u.a. (Hg.), Europa fordert die Christen. Zur Problematik von Nation und Konfession, Regensburg 1993, 138–154.
Hadwig Müller/Norbert Schwab/Werner Tzscheetzsch (Hg.), Sprechende Hoffnung – werdende Kirche. Proposer la foi dans la société actuelle. Den Glauben vorschlagen in der heutigen Gesellschaft, Ostfildern 2001.
Karl Rahner, Theologische Grundinterpretation des II. Vatikanischen Konzils, in: Schriften zur Theologie, Bd. 14, Zürich/Einsiedeln/Köln, 287–302.
Rat der europäischen Bischofskonferenzen (CCEE), Die europäischen Bischöfe und die Neu-Evangelisierung Europas. Oktober 1991, hg. vom Sekretariat der Deutschen Bischofskonferenz, Bonn 1991.

Paul Ricoeur, Welches neue Ethos für Europa?, in: Peter Koslowski (Hg.), Europa imaginieren. Der europäische Binnenmarkt als kulturelle und wirtschaftliche Aufgabe, Berlin/Heidelberg 1992, 108–120.

Herman van Rompuy, Christentum und Moderne. Werte für die Zukunft Europas, Kevelaer 2010.

Christoph Theobald, Le christianisme comme style. Une manière de faire de la théologie en postmodernité, 2 Bde., Paris 2007.

Christoph Theobald, Evangelium und Kirche, in: Reinhard Feiter/Hadwig Müller (Hg.), Frei geben. Pastoraltheologische Impulse aus Frankreich, Ostfildern ²2013, 110–138.

Michael H. Weninger, Europa ohne Gott? Die Europäische Union und der Dialog mit den Religionen, Kirchen und Weltanschauungsgemeinschaften, Baden-Baden 2007.

URSULA NOTHELLE-WILDFEUER

Martin von Tours:
Ikone der Nächstenliebe und Solidarität

Das sozialethische Potential des Martin von Tours
für die zukünftige Entwicklung der europäischen Gesellschaft
und des vereinten Europas

Einleitung: Martin von Tours – Sozialethisches Potential für heute?

Beginnen wir unsere Überlegungen zum sozialethischen Potential des Martin von Tours für die zukünftige Entwicklung der europäischen Gesellschaft und des vereinten Europa mit der allenthalben bekanntesten Legende über diesen Heiligen:

Der römische Soldat begegnet im Vorüberreiten einem Bettler, der nackt am Wegesrand sitzt und im tiefen Schnee und bei bitterer Kälte zu erfrieren droht. Erbarmungslos sind schon andere an ihm vorübergegangen. Martin aber hält sein Pferd an, teilt ohne überhaupt zu zögern seinen Soldatenmantel und gibt dem Bettler die eine Hälfte. – Nach wie vor ein Beispiel, wenn nicht das bekannteste Beispiel gelungener Mitmenschlichkeit und wahrer christlicher Nächstenliebe.

Diese Wertung scheint aber dem Urteil strenger moderner Ökonomik in keiner Weise mehr standhalten zu können: Denn, so kritisiert der emeritierte und weithin wegweisend gewordene Münchener Wirtschaftsethiker Karl Homann immer wieder, das sei eine vormoderne und damit der Moderne nicht mehr angemessene Haltung und Handlung: „Vermutlich haben dann beide gefroren, weil der heilige Martin den Mangel nur gleich verteilt, nicht aber beseitigt hatte. Unter Bedingungen der modernen Marktwirtschaft hätte er eine Mantelfabrik gebaut, dem Bettler und anderen Bettlern Arbeit gegeben, damit diese sich die Mäntel selbst kaufen könnten. Und er hätte dabei sogar selbst noch Gewinn erzielt."[1] In der Sprache der Werbung ausgedrückt: „Geiz ist geil" –

---

1 Homann, Karl: Was bringt die Wirtschaftsethik für die Ethik? Abschiedsvorlesung an der Ludwig-Maximilians-Universität München am 17. Juli 2008. Wittenberg (Diskussionspapiere), 7. Online verfügbar unter http://www.wcge.org/download/DP_2008–4.pdf, zuletzt geprüft am 04.01.2014.

ein Slogan, mit dem eine große Elektrohandelskette zu Beginn unseres Jahrhunderts mehr als zehn Jahre geworben hat!

Fast absurd scheint die Aussage Homanns angesichts der nicht ganz unwichtigen Frage, ob der Bettler das Warten bis zur Fertigstellung der Fabrik und zum Kauf des Mantels vom dann selbst verdienten Geld überhaupt überlebt hätte. Darüber hinaus allerdings wirft diese Aussage moderner und prägend gewordener Ökonomik sehr grundsätzliche Fragen auf: Haben die Christen in der Moderne mit dem, was ihr im Glauben gründendes Spezifikum ausmacht, überhaupt noch einen adäquaten Beitrag zu leisten zu einer Gesellschaft des 21. Jahrhunderts, um es zu konkretisieren: zu der Entwicklung der europäischen Gesellschaft und des vereinten Europas? Wenn ja, worin könnte dieser Beitrag bestehen und wie müsste/würde er heute aussehen?

Nun hören wir bei dem gegenwärtigen Papst, der uns immer wieder mit neuen Aussagen und Akzenten überrascht, einen ganz deutlichen Appell zur direkten Sorge um die Armen: In seiner Predigt vor den Flüchtlingen auf Lampedusa fragt der Papst angesichts all derer, die den Weg bis zur Insel nicht schaffen bzw. in der Vergangenheit schon nicht geschafft haben (und er konnte zu dem Zeitpunkt noch gar nicht ahnen, welche dramatische Aktualität das wiederum in diesen Tagen haben würde): „Wer ist verantwortlich für das Blut dieser Brüder und Schwestern? Niemand! Wir alle antworten so: Nicht ich, ich habe damit nichts zu tun, das sind andere, aber nicht ich. Aber Gott fragt uns alle: ‚Wo ist das Blut des Bruders, das bis zu mir schreit?' Heute fühlt sich auf der Welt keiner verantwortlich dafür; wir haben den Sinn für die geschwisterliche Verantwortung verloren; wir sind dem heuchlerischen Verhalten des Priesters und Altardieners verfallen, von denen Jesus im Gleichnis vom barmherzigen Samariter spricht: Wir sehen den halbtoten Bruder am Straßenrand und denken vielleicht ‚der Arme!', und gehen weiter unseres Weges, weil es nicht unsere Aufgabe ist; und wir glauben, dass alles in Ordnung sei. Wir fühlen uns zufrieden, als ob alles in Ordnung sei!"[2]

Genau da schließt sich der Kreis wieder zur Legende vom heiligen Martin: Er sah den halbtoten Bruder am Straßenrand liegen und ging eben nicht einfach weiter seines Weges. Er half sofort und direkt.

Die Diskrepanz zwischen dem (vermeintlich) ausschließlich modernen Ansatz und dem Handeln des heiligen Martin kann größer nicht sein. Damit ist auch zugleich das Thema meines Beitrags sehr deutlich skizziert:

Ist das Verhalten des heiligen Martin – sagen wir es einmal vereinfachend und verallgemeinernd, aber dennoch den Kern treffend –, ist eine Kultur der Barmherzigkeit typisch christlich, aber gerade deswegen – wie Karl Homann

---

[2] Papst Franziskus: „Wo ist dein Bruder?". Online verfügbar unter http://de.radiovaticana.va/print_page.asp?c=708497

deutlich macht – zugleich vormodern und damit völlig jenseits und außerhalb dessen, was der Moderne, der Komplexität unserer Gesellschaft angemessen ist? Einer Gesellschaft, die beileibe nicht mehr durchgehend christlich geprägt ist? Hat das Christliche überhaupt noch eine Chance oder ist nur zielführend und kommunikabel, was ökonomischen Gesetzen gehorcht? Ist Ökonomik tatsächlich an die Stelle der Ethik getreten? Verstaubt und verbraucht klingen die Worte Barmherzigkeit und Erbarmen. Walter Kasper, dessen Buch mit dem Titel „Barmherzigkeit" vom neuen Papst gleich zu Beginn seines Pontifikats als wegweisend gewürdigt wurde, erkennt dahinter die Einstellung: „Wer sich den geläufigen Spielregeln der Gesellschaft der Starken, Gesunden, Erfolgreichen nicht beugt oder sich in ihnen nicht zurechtfindet, wer also an den Seligpreisungen der Bergpredigt festhält, die eben diese Ordnung in Frage stellen und sie geradezu umkehren, der wird als naiv und deplatziert empfunden und […] mitleidig belächelt."[3] Gilt es stattdessen, dieser Barmherzigkeit heute eine Kultur des Eigennutzes und des Sich-Rechnens entgegenzustellen? Hat nur sie eine Realisierungschance und impliziert nur sie Problemlösungskompetenz? Oder gibt es doch ein unverzichtbares Spezifikum einer solchen Kultur der Barmherzigkeit (unverzichtbar für christliches Leben und auch für eine säkulare Gesellschaft), sodass Kardinal Walter Kasper mit Recht hierin „ein grundlegendes Thema für das 21. Jahrhundert"[4] sieht? Zugleich schwingt hier auf der Metaebene die Frage mit, ob in unserer Zeit und Gesellschaft Tugenden tatsächlich keinen Platz mehr haben, es also nur noch um strukturelle und institutionelle Lösungen gehen kann. In dieser Gesamtthematik und Verhältnisbestimmung scheint mir in der Tat ein Grundproblem unserer Gesellschaft, d. h. der Gesellschaft des vereinten Europa zu liegen, dessen Lösung bedeutend ist für deren Entwicklung.

Darum werde ich mich im Folgenden genau diesem durch die Legende vom heiligen Martin so deutlich gewordenen Problem widmen. Kann eine Kultur der Barmherzigkeit in unserer Gesellschaft und für die zukünftige Gesellschaft (überhaupt noch) eine Rolle spielen und wenn ja, wie passt dies zu dem, was derzeit an sozialen Problemen in der europäischen Gesellschaft virulent ist? Dabei kann es selbstverständlich nicht darum gehen, im Detail soziale Probleme Europas und der einzelnen Nationalstaaten zu analysieren und für sie Lösungsansätze zu entwickeln; das kann nicht die Aufgabe einer Theologin und Sozialethikerin sein, denn der Bereich der Wirtschafts- und Sozialordnung hat, so hat es auch deutlich das II. Vatikanische Konzil in der Pastoralkonstitution Gaudium et spes (Nr. 36) formuliert, eine legitime Autonomie und Eigengesetz-

---

3   Kasper, Walter: Barmherzigkeit. Grundbegriff des Evangeliums – Schlüssel christlichen Lebens, Freiburg im Breisgau 2012, 24f.
4   Ebd., 15.

lichkeit. Vielmehr geht es darum, eine prinzipielle Bestimmung aus sozialethischer Perspektive vorzunehmen und so das sozialethische Potential des heiligen Martin zu heben.

Dabei bewegen wir uns in unterschiedlichen Sprachspielen, je nachdem, ob es eher um die historische, die gesellschaftlich-aktuelle, die sozialethische oder theologische Ausformung der eigentlich gleichen Fragestellung handelt. Ich werde jeweils eigens darauf hinweisen.

Skizzen zur Verhältnisbestimmung von Nächstenliebe, Solidarität und Gerechtigkeit

Geschichtlich: Eigennutz statt Nächstenliebe contra Nächstenliebe statt Gerechtigkeit

Zwei unterschiedliche Schlaglichter in diesem Kontext: Werfen wir zunächst einen Blick in die Geschichte der Entwicklung der industrialisierten Gesellschaft, die zugleich auch die Geschichte der Entstehung der christlich-sozialen Bewegung ist: Adam Smith, der „Vater" der modernen Marktwirtschaft, war es, der ganz auf den Eigennutz baute und darauf vertraute, dass letztlich durch die „invisible hand" aus den vielen Einzelwohlen eine soziale Ordnung und ein Gemeinwohl entstehe, eben der Wohlstand der Nationen. Nächstenliebe und Barmherzigkeit spielen in diesem Ansatz keinerlei Rolle mehr. Dass diese Idee zunächst einmal nicht das Armutsproblem löste, sondern es massiv verschärfte, hat die Entwicklung gezeigt.

Und das zweite Schlaglicht: Angesichts der überaus großen materiellen, körperlichen und auch seelischen Not der Arbeiter, die in den neu entstandenen Fabriken unter z. T. katastrophalen Bedingungen das zum Leben Notwendigste verdienen mussten, erkannten viele Menschen die Notwendigkeit der Hilfe, die eine ganz andere Quantität, mehr aber noch eine ganz neue Qualität haben musste. Zahlreiche Kongregationen entstanden, die jeweils ein konkretes soziales Problem ins Zentrum ihrer christlichen Hilfe stellten. Für eben diese Schwesternorden aber waren Forderungen nach sozialstaatlichen Aktivitäten, nach Strukturen zur Realisierung sozialer Gerechtigkeit, völlig undenkbar, sahen sie doch dann für sich keine Möglichkeit mehr, noch die christlich geforderte Nächstenliebe und Barmherzigkeit zu üben. Mit anderen Worten: Hier zeigt sich deutlich die Dissonanz zwischen Gerechtigkeit und Barmherzigkeit. Es dauerte noch eine ganze Weile, bis in den sechziger/siebziger Jahren des 19. Jahrhunderts etwa die Brüder Reichensperger, Bischof Wilhelm Emmanuel von Ketteler, Georg von Hertling und andere zu der Erkenntnis kamen, dass es gerade eine christliche Aufgabe sei, aus der Mitte des Glaubens heraus, also aus christlicher Nächstenliebe Verantwortung auch durch gerechte Strukturen im Kontext der sozialen Frage des 19. Jahrhunderts wahrzunehmen.

Marktwirtschaftlich: Marktgesetze ohne sittliche Reserven

Seit 2008 (spätestens) stecken wir in einer Banken-, Finanzmarkt-, Wirtschafts- und inzwischen Eurokrise, die geeignet war und ist, den Menschen den gesamten hier tangierten Bereich als etwas Unbeherrschbares erscheinen zu lassen. Die Menschen haben das Vertrauen in den Bereich verloren, der Jahre vorher, vor allem nach dem Zusammenbruch der kommunistisch regierten Länder und im Zusammenhang mit den Transformationsprozessen zu einem selbstverständlich funktionierenden Bereich geworden war. Diese Entwicklung hatte ja dazu geführt, dass man, fasziniert von der Effizienzlogik des Marktgesetzes von Angebot und Nachfrage über den Bereich des Wirtschaftens hinaus nahezu alle Bereiche des menschlichen Lebens diesem Gesetz meinte unterwerfen zu müssen und zu wollen, um so ein optimales „Funktionieren" aller Bereiche menschlicher Wirklichkeit erreichen zu können. Durch die Krise und nach ihr ist nun allerdings wieder deutlich geworden, dass entscheidende Fragen auch im Wirtschaftsleben dort liegen, wo sie einst der berühmte Ökonom Wilhelm Röpke (1899–1966) verortete: Jenseits von Angebot und Nachfrage. Bereits 1958 schrieb Röpke, dass „die nüchterne Welt des reinen Geschäftslebens aus sittlichen Reserven schöpft, mit denen sie steht und fällt und die wichtiger sind als alle wirtschaftlichen Gesetze und nationalökonomischen Prinzipien. Markt, Wettbewerb und das Spiel von Angebot und Nachfrage erzeugen diese Reserven nicht, sondern verbrauchen sie und müssen sie von den Bereichen jenseits des Marktes beziehen."[5]

Was also macht diese sittlichen Reserven aus, was ist also notwendig, damit Wirtschaften funktioniert? Im Kontext der Krise hat sich, sicherlich nicht als monokausale Erklärung für sie, wohl aber als relevante Aspekte, Folgendes herauskristallisiert:

Prinzipiell wird man sicherlich sagen können und müssen, dass der gesamte ökonomische Bereich gerade in den letzten Jahren einen massiven Vertrauenseinbruch erlebt hat. In seiner Sozialenzyklika *Caritas in Veritate* betont Papst Benedikt eindringlich, wie wichtig Vertrauen in einer Marktwirtschaft ist. Er beschreibt den Markt als „die wirtschaftliche Institution, die die Begegnung zwischen den Menschen ermöglicht, welche als Wirtschaftstreibende ihre Beziehungen durch einen Vertrag regeln und die gegeneinander aufrechenbaren Güter und Dienstleistungen austauschen, um ihre Bedürfnisse und Wünsche

---

5   Röpke, Wilhelm: Jenseits von Angebot und Nachfrage. Erlenbach-Zürich 1958, 169; i.O. kursiv gedruckt.

zu befriedigen". Aber er hebt hervor, dass der Markt diese Funktion eben nur erfüllen kann, wenn unter den Marktakteuren „gegenseitiges und allgemeines Vertrauen herrscht". Mit Bedauern und Sorge stellt er jedoch fest: „Heute ist dieses Vertrauen verlorengegangen, und der Vertrauensverlust ist ein großer Verlust" (CiV 35). Gerade eine freiheitliche Wirtschafts- und Gesellschaftsordnung ist auf die Ressource Vertrauen angewiesen. Denn, so der Wirtschaftsredakteur Gerhard Schwarz, Freiheit und Vertrauen sind „zwei Seiten einer Medaille". Wo Macht und Zwang herrschen wie einst im „real existierenden" Sozialismus, bedarf es keines Vertrauens, ist Vertrauen gar systemwidrig. Eine freie Gesellschaft jedoch braucht das – freilich nicht blinde – wechselseitige Vertrauen ihrer Mitglieder, weil es die Grundlage für freiwillige Kooperation und individuelle Risikobereitschaft ist, zwei wesentliche Voraussetzungen des Fortschritts. „Deshalb gilt: Mit dem Vertrauen stirbt die Freiheit, mit der Freiheit stirbt das Vertrauen."[6]

Ein zweiter Aspekt, der hier ansetzt, ist ebenfalls ein Aspekt, der moralisch-ethische Implikationen hat: Ein moralischer Grundsatz etwa, dessen grobe Missachtung in der Krise deutlich wird und der dringend wieder in der Wirtschaftsordnung gestärkt werden muss, ist jener, dass derjenige, der einen Schaden angerichtet hat, dafür auch haften muss. Nach Walter Eucken (1891–1950), dem Freiburger Vordenker der Ordnungspolitik, ist die Haftung eines der konstituierenden Prinzipien einer funktionierenden Wettbewerbsordnung. Haftung bewirkt, dass „die Disposition des Kapitals vorsichtig erfolgt. Investitionen werden umso sorgfältiger gemacht, je mehr der Verantwortliche für diese Investitionen haftet. Die Haftung wirkt insofern also prophylaktisch gegen eine Verschleuderung von Kapital und zwingt dazu, die Märkte vorsichtig abzutasten."[7] Gegen diesen Grundsatz, den man auch übersetzen kann mit dem Stichwort der Verantwortung, die ebenfalls eine Kehrseite des Prinzips der Freiheit ist, ist oft genug verstoßen worden. Vielfach war es so, dass „[d]iejenigen, die etwa als kurzfristig agierende Großanleger […] das konservative Prinzip nachhaltiger Geschäftsführung missachtet und risikoreiche Strategien verfolgt haben, an den dadurch erwirtschafteten hohen Gewinnen jahrelang fürstlich beteiligt"[8]

---

6   Schwarz, Gerhard (Hg.): Vertrauen – Anker einer freiheitlichen Ordnung. Progress Foundation, Zürich 2007: Verl. Neue Zürcher Zeitung. Online verfügbar unter http://deposit.d-nb.de/cgi-bin/dokserv?id=2900200&prov=M&dok_var=1&dok_ext=htm/   http://www.gbv.de/dms/zbw/523251971.pdf
7   Eucken, Walter: Die Politik der Wettbewerbsordnung – Die konstituierenden Prinzipien [1952]. In: Nils Goldschmidt und Michael Wohlgemuth (Hg.): Grundtexte zur Freiburger Tradition der Ordnungsökonomik, Tübingen (Untersuchungen zur Ordnungstheorie und Ordnungspolitik, Bd. 50) 2008, S. 197–221, hier: 212.
8   Schallenberg, Peter: Wirtschaftsethik – Unternehmensethik – Unternehmerethik, 2011, 8. Online verfügbar unter http://www.wuppertal.ihk24.de/linkableblob/wihk24/servicemarken/downloads/1217280/.5./data/Rede_des_Gastredners_Professor_Schallenberg-data.pdf;jsessionid=74D6A2529CA03DD14D5F16C3AAD26F7E.repl21, zuletzt geprüft am 04.01.2014.

wurden. Als sich die Risiken aktualisiert haben, trugen aber nicht sie die Folgen – konnten das aufgrund der geringen Eigenkapitalbasis, auf der sie ihre Geschäfte betrieben haben, auch gar nicht –, sondern die Allgemeinheit. Hier steht dann auch die Frage nach dem Verhältnis zwischen Eigenwohl und Gemeinwohl an. Um es allgemeiner zu formulieren: Jeder muss im Kontext seines eigenen Bereichs für eingegangene Risiken, für seine Strategien auch Verantwortung übernehmen. Erst wenn das wieder klar ist, wird sich auch – und damit schließt sich dann der Kreis des Gedankengangs – das wieder einstellen, was Niklas Luhmann das „Systemvertrauen" nennt.

Sozialstaatlich: Gerechtigkeit oder Solidarität?

Im Blick auf die Sozialpolitik haben die einzelnen Länder Europas unterschiedliche Traditionen ausgebildet, die – so haben es Franz-Xaver Kaufmann und Karl Gabriel herausgearbeitet – auch mit unterschiedlichen konfessionellen Traditionen zu tun haben. Die bekannteste und einflussreichste Typologie des Wohlfahrtsstaates stammt von dem dänischen Soziologen Gøsta Esping-Andersen, wie er sie in seinem Buch *The Three Worlds of Welfare Capitalism*[9] vorgenommen hat. Er unterscheidet 1. Das liberale Modell, 2. Das sozialdemokratische und 3. das korporatistische Modell. Neben der Fachkritik, die an dieser Einteilung inzwischen laut wird, zeigt allerdings auch die Tatsache, dass viele Länder in den letzten Jahrzehnten zahlreiche Reformen ihrer Sozialsysteme durchgeführt haben, dass es dabei zu einer Vermischung der unterschiedlichen Typen kam. Die überkommenen wohlfahrtsstaatlichen Regime waren nämlich durch die veränderten sozialen Realitäten vor große Herausforderungen gestellt worden. Zu diesen Herausforderungen zählen sicher die wirtschaftliche Globalisierung, das Problem der Massenarbeitslosigkeit, der demografische Wandel sowie die Wandlungen der Lebenswelten.[10] Die einzelnen Wohlfahrtsstaaten haben darauf mit unterschiedlichen Maßnahmen und Akzenten reagiert. Allerdings ist insgesamt eine doppelte Tendenz festzustellen: Zum einen wurde der in den siebziger und achtziger Jahren des vergangenen Jahrhunderts festzustellende und immer fortgeschriebene Ausbau wohlfahrtsstaatlicher Strukturen gestoppt, teilweise kam es sogar zu deren Rückbau. Zum anderen wurde das letztlich aus christlicher Nächstenliebe gespeiste solidarische Mittragen auch derer im Sozialsystem, die selber keinen Beitrag zum Gemeinwe-

---

9   Esping-Andersen, Gøsta: The three worlds of welfare capitalism. Repr. Princeton 1998, N.J: Princeton Univ. Press.
10 Vgl. Küppers, Arnd: Die kirchliche Soziallehre und der Wandel des Wohlfahrtsstaates. In: Giampietro Dal Toso und Peter Schallenberg (Hg.): Nächstenliebe oder Gerechtigkeit? Das Verhältnis von Caritastheologie und Christlicher Sozialethik. Paderborn (Christliche Sozialethik im Diskurs, 5) 2014.

sen und zum Sozialversicherungswesen leisten konnten, an verschiedenen Stellen zurückgedrängt. Es entstand zumindest prima vista der Eindruck, dass ein Verständnis von sozialer Gerechtigkeit sich ausbreitete, das vorrangig nur noch die Bedeutung der Eigenverantwortung unterstrich und in dem Solidarität keine Rolle mehr spielte. Gerade die Debatte um die Bekämpfung der Arbeitslosigkeit durch eine aktivierende Arbeitsmarktpolitik, in Deutschland ist dies vor allem die Hartz-IV-Reform von 2005, EU-weit ist dies das Konzept der Flexicurity, zeigt diese Problematik. Benedikt XVI. drückt unter dem Eindruck der aktuellen Entwicklungen in *Caritas in veritate* ebenfalls seine Sorge aus, dass angesichts der Herausforderung durch Globalisierung und Internationalisierung des Wettbewerbs die sozialpolitischen Errungenschaften des 20. Jahrhunderts zunehmend zur Disposition gestellt würden. Der Markt habe neue Formen des Wettstreits unter den Staaten angeregt und diese „Prozesse haben dazu geführt, dass die Suche nach größeren Wettbewerbsvorteilen auf dem Weltmarkt mit einer *Reduzierung der Netze der sozialen Sicherheit* bezahlt wurde, was die Rechte der Arbeiter, die fundamentalen Menschenrechte und die in den traditionellen Formen des Sozialstaates verwirklichte Solidarität in ernste Gefahr bringt." Er befürchtet, dass die „Systeme der sozialen Sicherheit […] die Fähigkeit verlieren [könnten], ihre Aufgabe zu erfüllen, und zwar nicht nur in den armen Ländern, sondern auch in den Schwellenländern und in den seit langem entwickelten Ländern" (CiV 25).

Der Streifzug durch die verschiedenen Kontexte, in denen sich die Frage nach dem Verhältnis von Gerechtigkeit und Barmherzigkeit, von Ökonomie und Ethik, von Strukturen und Tugenden stellt, hat gezeigt, dass es nicht einfachhin darum gehen kann, sich christlicherseits auf die eine Seite zu schlagen und in simpler Schwarz-Weiß-Malerei die andere zu verteufeln. Weder lässt sich einfach die Nächstenliebe gegen sozialstaatliche Arrangements aufrechnen noch besteht die wirkliche Alternative Markt oder Ethik noch lassen die Überlegungen zur sozialen Sicherheit die Wahl zwischen Gerechtigkeit und Barmherzigkeit. Angesichts der Komplexität der Wirklichkeit und der sich stellenden Probleme bedarf es einer sehr viel differenzierteren Antwort. Vor diesem Hintergrund wollen wir uns im Folgenden der Position der christlichen Sozialethik vergewissern.

Christlich-sozialethische Perspektive zum Verhältnis von Gerechtigkeit und Solidarität

Die Rede von Solidarität und Gerechtigkeit findet sich in vielen kirchenamtlichen sozialethischen Texten, die sich mit Fragen der Sozialstaatstheorie, mit Fragen seiner Begründung, Konzeptionierung und seines aktuell dringend notwendigen Umbaus beschäftigen. Dies verwundert uns Christen nicht, zählt doch die Sorge um die soziale Gerechtigkeit angesichts von Leid und Not so vieler Menschen nun auch zu den ureigensten Anliegen der Kirche und der Christen.

(Soziale) Gerechtigkeit als Beteiligungsgerechtigkeit

Für einen der Begriffe, die in der heutigen Debatte um den Sozialstaat und die soziale Ordnung eine zentrale Rolle spielen, nämlich für den der sozialen Gerechtigkeit, steht in der Tat die katholische Soziallehre Pate: Einen Meilenstein stellt hier die zweite Sozialenzyklika Quadragesimo anno von 1931 dar, in der die klassische aristotelische Dreiteilung der Gerechtigkeit (in distributive, legislative und kommutative Gerechtigkeit) erweitert wurde durch den Begriff der Gemeinwohlgerechtigkeit, der dann in der Debatte sehr schnell mit dem der sozialen Gerechtigkeit gleichgesetzt wurde. Aber schon seit ca. 1840, als der italienische Priester Luigi Taparelli den Begriff der sozialen Gerechtigkeit erstmalig aufbrachte, war für die katholische Soziallehre klar, dass Gerechtigkeit bei weitem nicht nur Verteilungs-, also distributive Gerechtigkeit meint. Die Rede von der sozialen Gerechtigkeit als neuer Form der Gerechtigkeit setzt sich zunehmend durch.

Wie lässt sich nun genauerhin das Spezifische dieses Gerechtigkeitsbegriffs definieren? Von vorneherein ist klar, dass die Idee der sozialen Gerechtigkeit zu bewahren ist vor einem dreifachen Missverständnis: vor einem etatistischen, das soziale Gerechtigkeit allein als vom Staat herzustellende Gerechtigkeit versteht; vor einem ökonomistischen, das soziale Gerechtigkeit ausschließlich als Verteilungsgerechtigkeit mit Bezug auf Materielles ansieht; vor einem technizistischen Verständnis von sozialer Gerechtigkeit, die allein als herstellbar durch Gesetze, Institutionen und Strukturen interpretiert wird.[11]

Neuere kirchliche Dokumente unternehmen den durchaus bahnbrechenden und zukunftsweisenden Versuch, soziale Gerechtigkeit als Beteiligungsgerechtigkeit, als partizipative Gerechtigkeit zu definieren.

Der amerikanische Wirtschaftshirtenbrief von 1986 (Nationale Konferenz der Katholischen Bischöfe der Vereinigten Staaten von Amerika 1986) etwa interpretiert die Formel von der „sozialen Gerechtigkeit" durch die Formel von der „kontributiven Gerechtigkeit": Soziale Gerechtigkeit beinhaltet demnach, „dass die Menschen die Pflicht zu aktiver und produktiver Teilnahme am Gesellschaftsleben haben und dass die Gesellschaft die Verpflichtung hat, dem einzelnen diese Teilnahme zu ermöglichen." (Nr. 71.) Soziale bzw. kontributive

---

11 Vgl. dazu ausführlicher: Nothelle-Wildfeuer, Ursula: Soziale Gerechtigkeit und Zivilgesellschaft. Paderborn (Abhandlungen zur Sozialethik, 42) 1999, 48–85.

Gerechtigkeit zielt also auf ein für jeden Menschen gegebenes Mindestmaß an Teilnahme und Teilhabe an Prozessen, Einrichtungen und Errungenschaften innerhalb der menschlichen Gesellschaft.

Ähnlich spricht auch die Denkschrift der EKD „Gemeinwohl und Eigennutz"[12] von 1991 von der „partizipativen Gerechtigkeit" (Nr. 157).

Im Sozialwort der beiden Kirchen „Für eine Zukunft in Solidarität und Gerechtigkeit" von 1997 heißt es: „Angesichts real unterschiedlicher Ausgangsvoraussetzungen ist es ein Gebot der Gerechtigkeit, bestehende Diskriminierungen aufgrund von Ungleichheiten abzubauen und allen Gliedern der Gesellschaft gleiche Chancen und gleichwertige Lebensbedingungen zu ermöglichen."[13] Konkreter wird dies noch im weiteren Verlauf, wenn die Rede ist von „politischen Beteiligungsrechten", vom „Zugang zu Arbeits- und Beschäftigungsmöglichkeiten, die ein menschenwürdiges, mit der Bevölkerungsmehrheit vergleichbares Leben und eine effektive Mitarbeit am Gemeinwohl ermöglichen" (Nr. 113). Das bedeutet, dass es „(e)s [darauf an kommt [...], allen – je nach ihren Fähigkeiten und Möglichkeiten – Chancen auf Teilhabe und Lebensperspektive zu geben, statt sich damit zu begnügen, Menschen ohne echte Teilhabe lediglich finanziell abzusichern."[14]

Dass ein solch umfassendes Gerechtigkeitsverständnis geeignet ist, den Sozialstaat als Institution zur Bekämpfung der eingangs skizzierten vielschichtigen Armut sozialethisch zu begründen, dürfte leicht erkennbar sein – der Sozialstaat ist es, dem die Aufgabe zukommt, Möglichkeitsbedingungen zu schaffen, unter denen sich Freiheit im sozialen Raum als Partizipation an allen sie betreffenden Vorgängen verwirklichen kann. Dass dazu auch die Sorge um jene generell gültigen empirischen Voraussetzungen gehört, „ohne die man ein menschenwürdiges Leben gar nicht führen und ohne die man seine Freiheits- und Mitwirkungsrechte überhaupt nicht oder nur erschwert realisieren kann"[15], liegt auf der Hand.

---

12 Evangelische Kirche in Deutschland: Gemeinwohl und Eigennutz. Wirtschaftliches Handeln in Verantwortung für die Zukunft. Eine Denkschrift der Evangelischen Kirche in Deutschland, Gütersloh 1991.
13 Evangelische Kirche in Deutschland; Deutsche Bischofskonferenz: Für eine Zukunft in Solidarität und Gerechtigkeit. Wort des Rates der Evangelischen Kirche in Deutschland und der Deutschen Bischofskonferenz zur wirtschaftlichen und sozialen Lage in Deutschland. Hannover/Bonn (Gemeinsame Texte, Nr. 9) 1997, Nr. 111.
14 Die deutschen Bischöfe. Kommission für gesellschaftliche und soziale Fragen (1998): Mehr Beteiligungsgerechtigkeit. Beschäftigung erweitern, Arbeitslose integrieren, Zukunft sichern: Neun Gebote für die Wirtschafts- und Sozialpolitik. Memorandum einer Expertengruppe berufen durch die Kommission VI für gesellschaftliche und soziale Fragen der Deutschen Bischofskonferenz, Bonn (20) 1998.
15 Baumgartner, Hans Michael; Wildfeuer, Armin G.: Freiheit und soziale Gerechtigkeit: Die Verantwortung des Staates für Bildung und Erziehung. In: Sächsisches Staatsministerium für Kultus (Hg.): Nachdenken über Schule, Dresden 2001, S. 33–57, hier 37f.

Solidarität im Miteinander der drei Sozialprinzipien

Wie ist in den Kontext eines so verstandenen Begriffs von sozialer Gerechtigkeit die Idee der Solidarität nun noch einzutragen? Welche Funktion kann ihr noch zukommen gerade angesichts der Tatsache, dass beide Begriffe in der öffentlichen Debatte oftmals als Kontrastbegriffe gesehen werden?

In der sozialen und politischen Alltagsrhetorik, aber auch in sozialethischen Texten wird der Begriff der Solidarität gegenwärtig besonders geschätzt – wegen seiner appellativen Wirkung und seiner positiven Konnotationen. Der frühere Präsident des Päpstlichen Rates Cor unum Kardinal Paul Cordes in Rom konstatiert[16], dass der Begriff der Solidarität in jüngeren kirchlichen Stellungnahmen eine steile Karriere gemacht habe: Noch in den Akten des II. Vatikanums fänden sich nur 9 Verweise auf den Begriff, während das neue Kompendium der katholischen Soziallehre 63 Hinweise hat.

Aber der Begriff bekommt auch, so die jüngste Entwicklung, im öffentlichen Diskurs über den Sozialstaat zunehmend eine pejorative Bedeutung: Wie oben bereits deutlich gemacht werden konnte, schwingt oft – um es überspitzt zu formulieren – das Angewiesen-Sein auf Almosen und das Abschiednehmen von Gerechtigkeit mit.

Gerade im christlich-sozialen Kontext ist aber mit dem Prinzip der Solidarität nicht ein rein äußerlicher Appell an Hilfsbereitschaft und Gutherzigkeit oder eine aufgesetzte Attitüde gemeint, nicht „ein Gefühl vagen Mitleids oder oberflächlicher Rührung wegen der Leiden so vieler Menschen nah oder fern" (SRS 38,6). Vielmehr handelt es sich bei der Solidarität um eins der drei zentralen sozialethischen Ordnungsprinzipien, das allerdings – und das macht dann auch das Spezifikum christlicher Soziallehre deutlich – niemals isoliert für sich gesehen und angewendet werden kann (dann kann es zu vielfältigem Missbrauch und Missverständnis kommen), sondern immer in der Verschränkung mit den anderen Sozialprinzipien.

Das Prinzip der Solidarität hat seinen Ansatzpunkt bei dem – philosophisch gesprochen – Person-Sein des Menschen und der daraus resultierenden wesensmäßigen Gleichheit und Gleichwertigkeit aller Menschen, theologisch gesprochen bei der Würde der Menschen aufgrund ihrer Gottebenbildlichkeit, und bei deren gleichzeitiger realer Ungleichheit. „Solidarität meint", so das Gemeinsame Sozialwort der beiden Kirchen von 1997, „zunächst die Tatsache menschlicher Verbundenheit und mitmenschlicher Schicksalsgemeinschaft", was in Konsequenz daraus „zu ethischer Gestaltung herausfordert ... Menschen, die sich solidarisch verbunden wissen, erkennen und verfolgen gemein-

---

16 Vgl. Cordes, Paul Josef: Solidarität oder Nächstenliebe? Komplementäres und Distinktives. In: *Die Neue Ordnung* 60, 2006, S. 4–13.

same Interessen und verzichten auf eigennützige Vorteilssuche, wenn diese zu Lasten Dritter oder der Gemeinschaft geht."[17]

Entscheidend für ein angemessenes Verständnis von Solidarität ist nun nicht einfach nur ein Handeln gemeinsam mit anderen, sondern wesentlich die Ausrichtung auf das Wohl der Gesamtheit, auf das gemeinsame Gute, das Gemeinwohl also. Solidarität versteht Johannes Paul II. als „die feste und beständige Entschlossenheit, sich für das ‚Gemeinwohl' einzusetzen, d. h., für das Wohl aller und eines jeden, weil wir alle für alle verantwortlich sind." (SRS 39,9) Solidarität meint also „den aus gemeinsamen Voraussetzungen motivierten Willen, das zu tun, was man einander schuldig ist".

Diese Definition von Solidarität zeigt wohl nicht zufällig sehr deutliche Anklänge an die klassische Definition von Gerechtigkeit als der Haltung, jedem das Seine („suum cuique"), insbesondere sein Recht zu geben. Die Übung von Solidarität bedeutet mithin die mit dem Menschsein gegebene (moralische) Pflicht, unter Rückbezug auf ein als Ziel vorgegebenes Ganzes – man könnte von Gemeinwohl sprechen – Gerechtigkeit zu verwirklichen.

Diese Verknüpfung der Solidarität mit dem Ziel des Gemeinwohls trägt dazu bei, Teilsolidaritäten adäquat einschätzen zu können: Nachbarschaftliche und Familiensolidarität, mit politischen Gefangenen und Freiheitskämpfern in der ganzen Welt; in der Beschäftigungspolitik, in der internationalen Politik, historisch: mit der Klasse der Proletarier etc. – solche Teilsolidaritäten spielen durchaus für das Funktionieren der Gesellschaft eine Rolle, aber das Ganze der Gesellschaft und ihr Wohl darf nicht aus dem Blick geraten bzw. muss ein wesentliches, sogar das entscheidende Kriterium sein, um die positiven Konsequenzen und die misslichen Nebenfolgen solcher Teilsolidaritäten im Falle des Konflikts abwägen zu können. Erst unter dieser Voraussetzung wird „Solidarität als ein universelles Sozialprinzip erkennbar, das strukturell unbegrenzte Geltung beansprucht und notwendig Solidarität mit allem ein[schließt], was Menschenantlitz trägt"[18].

Im Ansatz katholischer Sozialethik impliziert das Bemühen um die Realisierung der Solidarität immer eine doppelte Stoßrichtung: So meint die Idee der Solidarität einerseits die Rede von der Verantwortung der Einflussreichen den Schwächsten gegenüber, wobei diese Verantwortung ausgeht von der Sorge um das gemeinsame Wohl aller und sich zeigt in Gütern und Dienstleistungen, kurz: im Anteil-Geben am Besitz, aber auch darin, dass die entsprechenden Gruppen „nicht in egoistischer Weise auf ihrem Eigenvorteil bestehen, sondern auch die Interessen der anderen beachten." (SRS 39,1 u.ö.) Notwendige Kondi-

---
17 Evangelische Kirche in Deutschland und Deutsche Bischofskonferenz, a. a.O., Nr. 116.
18 Baumgartner, Alois; Korff, Wilhelm (1990): Das Prinzip Solidarität – Strukturgesetz einer verantworteten Welt. In: *Stimmen der Zeit* 208, 1990, S. 237–250, hier: 238.

tion dieser Solidarität bleibt dabei von der Seite der Stärkeren aus die Intention, die Schwächeren zu befähigen, „mit ihren Schätzen an Menschlichkeit und Kultur, die sonst für immer verloren gehen würden, auch selbst einen Beitrag zum Gemeinwohl zu leisten" (SRS 39,4; im Original z. T. kursiv gedruckt), sowie von der Seite der Schwächeren aus die Bereitschaft zum eigenständigen und eigeninitiativen Beitrag. Damit gerät die zweite Stoßrichtung bei der Realisierung der Idee der Solidarität – und hier dann auch das Subsidiaritätsprinzip in den Blick –, nämlich die der „Solidarität der Armen untereinander" und deren „Initiativen gegenseitiger Hilfe" (SRS 39,2; im Original z. T. kursiv gedruckt). Das Solidaritätsprinzip ermutigt die Armen und Schwächsten, ja verpflichtet sie sogar, keine rein passive oder gar feindliche Haltung der Gesellschaft gegenüber einzunehmen, sondern das selbst zu tun, wozu sie in der Lage sind und ihre Rechte entsprechend wahrzunehmen und einzufordern.

Als die adäquate theologische Interpretation der Idee der Solidarität wird die Rede von der „vorrangigen Option für die Armen" gesehen.

Die Soziallehre der Kirche versteht diese Option für die Armen als eine soziale Verpflichtung, die den gesamten Lebensstil eines jeden Menschen betrifft. Der Innsbrucker Sozialethiker Herwig Büchele betont, dass der „‚Arme vor Gott', wie ihn Jesus bei Matthäus … nennt, … derjenige (ist), der die Befreiung Gottes an sich geschehen lässt, empfängt, annimmt, und in der Weise der Aktivität, indem er aktiv für dieses Ja zur unbedingten Menschenwürde kämpft." In dieser Perspektive bedeutet also die „Option für die Armen" den „Mitvollzug des unbedingten Diensteinsatzes Gottes für den Menschen durch den Menschen in der Weise der Rezeptivität, indem er das Ja Gottes an sich geschehen lässt". Dabei bleibt zu bedenken, dass es nicht um eine ausschließliche oder ausschließende Option geht, sondern um „Parteilichkeit. Nicht die Parteilichkeit für die Armen gegen die Reichen, sondern Parteilichkeit für den Menschen, für alle und für jeden einzeln"[19] ist gemeint.

Die Ausführungen zu den beiden Begriffen Gerechtigkeit und Solidarität konnten zeigen, dass sie, auch wenn sie in der öffentlichen und wissenschaftlichen Debatte um den Sozialstaat oftmals als sich ausschließende Alternativen gegeneinander gestellt werden, wenn man ihre Tradition im christlich-sozialethischen Denken betrachtet, notwendig aufeinander verwiesen sind. Nicht Gerechtigkeit statt Solidarität, auch nicht Solidarität statt Gerechtigkeit, sondern Gerechtigkeit durch Solidarität, genauerhin: Gerechtigkeit durch Solidarität, Subsidiarität und Gemeinwohl. Diese Prinzipien weisen die Richtung einer sozialethisch verantworteten Begründung des Sozialstaats.

---

19 Büchele, Herwig: Option für die Armen – eine vorrangige Orientierung der Katholischen Soziallehre. In: Günter Baadte und Anton Rauscher (Hg.): Christliche Gesellschaftslehre. Eine Ortsbestimmung. Würzburg 1989, S. 107–129, hier: 112.

Soziale Gerechtigkeit und Nächstenliebe – um des Menschen willen

Die vorstehenden Ausführungen haben es schon deutlich gemacht: Chancen und Grenzen des Sozialstaates sind unter den veränderten sozialen Bedingungen immer neu realistisch auszuloten. Und gerade weil es Grenzen gibt, „wird auch in der besten aller wohlfahrtsstaatlichen Welten Caritas nie überflüssig sein"[20]. Das hat sicherlich damit zu tun, dass auch der Sozial- oder Wohlfahrtsstaat – um das Böckenförde-Diktum auf unseren Kontext hin zu formulieren – von Voraussetzungen lebt, die er selbst nicht schaffen kann. Und um erkennen zu können, was gerecht ist, dazu braucht es, wie der frühere Bonner Sozialethiker Nikolaus Monzel formuliert hat, die „Liebe als Sehbedingung der Gerechtigkeit"[21]. Die Liebe vermag den Blick auf den Mitmenschen als Person hin zu lenken und aus dieser Perspektive zu sehen, was das wirkliche „suum cuique" (Jedem das Seine) ist.

Aber der Zusammenhang zwischen Gerechtigkeit und Liebe geht noch weiter: In seiner ersten Enzyklika *Deus caritas est* 2006 betont Papst Benedikt XVI. – und hier klingt in meinen Augen etwas Wesentliches an –, dass auch in der gerechtesten Gesellschaft immer Liebe nötig sein wird. „Es gibt keine gerechte Staatsordnung, die den Dienst der Liebe überflüssig machen könnte. Wer die Liebe abschaffen will, ist dabei, den Menschen als Menschen abzuschaffen. Immer wird es Leid geben, das Tröstung und Hilfe braucht. Immer wird es Einsamkeit geben. Immer wird es auch die Situationen materieller Not geben, in denen Hilfe im Sinn gelebter Nächstenliebe nötig ist." (DCE 28,7)

Dabei wendet sich Benedikt XVI. gegen einen totalen Versorgungsstaat, der – ganz im Widerspruch zum Subsidiaritätsprinzip – alles an sich zieht, alles zu regeln und zu beherrschen sucht, dabei aber das Wesentliche nicht geben kann: „die liebevolle persönliche Zuwendung" (DCE 28,7). Die „Dynamik der vom Geist Christi entfachten Liebe" ist es, die den Menschen nicht nur materielle Hilfe zukommen lässt, sondern die „auch die seelische Stärkung und Heilung bringt" (DCE 28,7). Diese ist oftmals noch viel notwendiger als allein materielle Hilfe.

Damit wird auch deutlich Kritik geübt an einer marxistischen Position, die betont hat, die Armen brauchten Gerechtigkeit, dann sei jeder Liebesdienst überflüssig. Wer, so lässt sich die Aussage Benedikts XVI. zusammenfassen, gerechte Strukturen für allein ausreichend hält und glaubt, jede Liebestätigkeit sei damit überflüssig geworden, nimmt dem Menschen die Möglichkeit echter

---

20   Küppers, a.a.O., 16.
21   Monzel, Nikolaus: Die Sehbedingung der Gerechtigkeit. In: Nikolaus Monzel (Hg.): Solidarität und Selbstverantwortung. Beiträge zur christlichen Soziallehre, München 1960, S. 53–71, hier 67.

menschlicher Zuwendung. Nimmt ihm die eigentliche Menschlichkeit und erniedrigt damit den Menschen zu einem Wesen, das „vom Brot allein" lebt.

In der sozialethischen Tradition wird die Liebe, die ihre Wirkung im öffentlich-gesellschaftlichen Raum entfaltet, oft als „soziale Liebe" bezeichnet – wir können dies, vielleicht etwas gewagt, als Synonym für Solidarität verstehen. Oswald von Nell-Breuning etwa sieht die soziale Liebe als die Größe an, die der gerechten Gesellschaftsordnung „die Seele ein(haucht)". Nell-Breuning verdeutlicht dies mit einem schöpfungstheologischen Bild: „Das Knochengerüst ... von Gesellschaft und Wirtschaft gleicht doch noch sehr einem toten Gerippe; es fehlt das erwärmende Leben. Diese Lebenswärme zu geben ist ... Sache der sozialen Liebe."[22] Damit ist der Bogen zum heiligen Martin wieder geschlagen: Nicht zuletzt Lebenswärme ist es, was er mit seinem Mantel spendet.

Das sozialethische Potential des Martin von Tours: Mantel teilen UND Fabrik bauen

Kommen wir zum Schluss: Der heilige Martin hat uns – symbolisiert im Mantelteilen – deutlich gemacht, dass der christliche Glaube danach drängt, praktisch zu werden und relevant zu sein. Sozialethisch gewendet bedeutet das, dass er Gesellschaft mitgestalten will – in dem jeweiligen durch Sozialität geprägten Hier und Jetzt. Dass Kirche dabei allerdings nicht länger „Mater et magistra" (so der Titel einer Sozialenzyklika von 1961), also unhinterfragte und einzige gesellschaftliche Autorität ist, hat sie spätestens seit der zweiten Hälfte des 20. Jahrhunderts, kirchlich gesprochen: seit dem II. Vatikanischen Konzil gelernt. Dass sie aber sehr wohl einen unverzichtbaren Beitrag zu leisten hat, wird in zahlreichen aktuellen gesellschaftlichen Diskursen offenkundig.

Vermutlich ist gerade angesichts der Komplexität der gegenwärtigen Verhältnisse Homann doch auch zumindest in einem Punkt Recht zu geben: Für eine nachhaltige Beseitigung der Armutssituation des Bettlers müssen also in der Tat not-wendig Strukturen geschaffen werden, die ihm mittelfristig helfen, sich selber seinen Lebensunterhalt zu verdienen, sich das zum Leben Notwendige zu kaufen und ihn langfristig in den Stand versetzen, selber sein Leben und seine Zukunft in die Hand zu nehmen. Genau diese Sorge um die Implementierung einer gesellschaftlichen Ordnung, die es jedem Einzelnen und allen Menschen erlaubt, ihre eigene Freiheit zu realisieren, ihrer Würde gemäß zu leben und an gesellschaftlichen Einrichtungen und Institutionen zu partizipie-

---

22 Nell-Breuning, Oswald von: Die soziale Enzyklika. Erläuterungen zum Weltrundschreiben Pius XI. über die gesellschaftliche Ordnung. Köln 1932, 170.

ren, macht den Kern des sozialethischen Potentials des christlichen Glaubens aus, das für die europäische Gesellschaft zu heben ist. Dabei gilt besondere Aufmerksamkeit denen, die am Rande der Gesellschaft stehen und keine Lobby haben. Ob nun diese Sorge bezogen ist auf die Menschen, die in manchen europäischen Ländern langzeitarbeitslos sind, oder auf die, die, ob verschuldet oder unverschuldet, zu den Globalisierungsverlierern gehören, oder die aufgrund der rasanten technischen Entwicklung „abgehängt" zu sein scheinen oder auf die, die trotz höchsten Tempos in der medizinischen Forschung an den Erkenntnissen zur Heilung eigener Krankheiten nicht partizipieren können, oder auch auf die, denen das Existenzrecht verweigert wird – immer jedenfalls handelt es sich um Felder, auf denen den Betroffenen Entfaltungs- und Entwicklungsmöglichkeiten ihrer Freiheit, ihrer Würde oder gar ihres Lebens vorenthalten werden.

Es ist also nicht allein die christliche Tugend, die den sozialethischen Beitrag zur Gesellschaftsgestaltung der Christen ausmacht. Vielmehr ist zu bedenken, was Joseph Ratzinger 1986 bereits im Blick auf Moral ausgeführt hat:

„Eine Moral, die dabei die Sachkenntnis der Wirtschaftsgesetze überspringen zu können meint, ist nicht Moral, sondern Moralismus, also das Gegenteil von Moral. Eine Sachlichkeit, die ohne das Ethos auszukommen meint, ist Verkennung der Wirklichkeit des Menschen und damit Unsachlichkeit."[23] In analoger Weise gilt diese Aussage auch für die Theologie: Die Theologie kann auch die Sachkenntnis der betreffenden Gebiete nicht überspringen, sonst droht Sozialethik zum theologischen Integralismus zu werden.

Bei aller Betonung der Relevanz der langfristigen Strukturen und Institutionen gilt aber umgekehrt auch, dass genau diese allein nicht ausreichen. Der vorhin bereits erwähnte Werbeslogan „Geiz ist geil" steht als Signatur für eine weit verbreitete gesellschaftliche Grundeinstellung. Hätte der heilige Martin diesen Werbeslogan schon gekannt und befolgt, wäre es dem Bettler vor den Toren der Stadt wahrlich schlecht gegangen. Hielten sich die Menschen in der europäischen Gesellschaft und die Politiker in ihrem Denken und Tun heute nur an diesen Slogan, fehlte bei allen vielleicht noch so gerechten Strukturen Wesentliches: der geteilte Mantel und die Lebenswärme, kurz: die Menschlichkeit! Die christlich verantwortete Lösung ist also mithin ein et … et: Mantel teilen UND Fabrik bauen.

---

23 Ratzinger, Joseph Kardinal (1986): Marktwirtschaft und Ethik. In: Lothar Roos (Hg.): Stimmen der Kirche zur Wirtschaft. Köln 1986, 58.

Bibliographie (Auswahl):

Baumgartner, Alois; Korff, Wilhelm (1990): Das Prinzip Solidarität – Strukturgesetz einer verantworteten Welt. In: *Stimmen der Zeit* 208 (1990), S. 237–250.
Baumgartner, Hans Michael; Wildfeuer, Armin G.: Freiheit und soziale Gerechtigkeit: Die Verantwortung des Staates für Bildung und Erziehung. In: Sächsisches Staatsministerium für Kultus (Hg.): Nachdenken über Schule. Dresden 2001, S. 33–57.
Büchele, Herwig: Option für die Armen – eine vorrangige Orientierung der Katholischen Soziallehre. In: Günter Baadte und Anton Rauscher (Hg.): Christliche Gesellschaftslehre. Eine Ortsbestimmung. Würzburg 1989, S. 107–129.
Cordes, Paul Josef: Solidarität oder Nächstenliebe? Komplementäres und Distinktives. In: *Die Neue Ordnung* 60 (2006), S. 4–13.
Die deutschen Bischöfe. Kommission für gesellschaftliche und soziale Fragen: Mehr Beteiligungsgerechtigkeit. Beschäftigung erweitern, Arbeitslose integrieren, Zukunft sichern: Neun Gebote für die Wirtschafts- und Sozialpolitik. Memorandum einer Expertengruppe berufen durch die Kommission VI für gesellschaftliche und soziale Fragen der Deutschen Bischofskonferenz. Bonn 1998 (20).
Esping-Andersen, Gøsta: The three worlds of welfare capitalism. Repr. Princeton, N.J: Princeton Univ. Press 1998.
Eucken, Walter: Die Politik der Wettbewerbsordnung – Die konstituierenden Prinzipien [1952]. In: Nils Goldschmidt und Michael Wohlgemuth (Hg.): Grundtexte zur Freiburger Tradition der Ordnungsökonomik. Tübingen 2008 (Untersuchungen zur Ordnungstheorie und Ordnungspolitik, Bd. 50), S. 197–221.
Evangelische Kirche in Deutschland: Gemeinwohl und Eigennutz. Wirtschaftliches Handeln in Verantwortung für die Zukunft. Eine Denkschrift der Evangelischen Kirche in Deutschland. Gütersloh 1991.
Evangelische Kirche in Deutschland; Deutsche Bischofskonferenz: Für eine Zukunft in Solidarität und Gerechtigkeit. Wort des Rates der Evangelischen Kirche in Deutschland und der Deutschen Bischofskonferenz zur wirtschaftlichen und sozialen Lage in Deutschland. Hannover/Bonn 1997 (Gemeinsame Texte, Nr. 9).
Homann, Karl: Was bringt die Wirtschaftsethik für die Ethik? Abschiedsvorlesung an der Ludwig-Maximilians-Universität München am 17. Juli 2008. Wittenberg 2008 (Diskussionspapiere). Online verfügbar unter http://www.wcge.org/download/DP_2008–4.pdf, zuletzt geprüft am 04.01.2014.
Kasper, Walter: Barmherzigkeit. Grundbegriff des Evangeliums – Schlüssel christlichen Lebens. Freiburg im Breisgau 2012.

Küppers, Arnd: Die kirchliche Soziallehre und der Wandel des Wohlfahrtsstaates. In: Giampietro Dal Toso und Peter Schallenberg (Hg.): Nächstenliebe oder Gerechtigkeit? Das Verhältnis von Caritastheologie und Christlicher Sozialethik. Paderborn 2014 (Christliche Sozialethik im Diskurs, 5).

Monzel, Nikolaus: Die Sehbedingung der Gerechtigkeit. In: Nikolaus Monzel (Hg.): Solidarität und Selbstverantwortung. Beiträge zur christlichen Soziallehre. München 1960, S. 53–71.

Nationale Konferenz der Katholischen Bischöfe der Vereinigten Staaten von Amerika: Wirtschaftliche Gerechtigkeit für alle: Die Katholische Soziallehre und die amerikanische Wirtschaft. o.O. (Bonn) 1986 (Stimmen der Weltkirche, Nr. 26).

Nell-Breuning, Oswald von: Die soziale Enzyklika. Erläuterungen zum Weltrundschreiben Pius XI. über die gesellschaftliche Ordnung. Köln 1932.

Nothelle-Wildfeuer, Ursula: Soziale Gerechtigkeit und Zivilgesellschaft. Paderborn 1999 (Abhandlungen zur Sozialethik, 42).

Papst Franziskus: „Wo ist dein Bruder?". Online verfügbar unter http://de.radiovaticana.va/print_page.asp?c=708497

Ratzinger, Joseph Kardinal: Marktwirtschaft und Ethik. In: Lothar Roos (Hg.): Stimmen der Kirche zur Wirtschaft. Köln 1986, S. 50–58.

Röpke, Wilhelm: Jenseits von Angebot und Nachfrage. Erlenbach-Zürich 1958.

Schallenberg, Peter: Wirtschaftsethik – Unternehmensethik – Unternehmerethik, 2011. Online verfügbar unter http://www.wuppertal.ihk24.de/linkableblob/wihk24/servicemarken/downloads/1217280/.5./data/Rede_des_Gastredners_Professor_Schallenberg-data.pdf;jsessionid=74D6A2529CA03DD14D5F16C3AAD26F7E.repl21, zuletzt aktualisiert am 2011, zuletzt geprüft am 04.01.2014.

Schwarz, Gerhard (Hg.): Vertrauen – Anker einer freiheitlichen Ordnung. Progress Foundation. Zürich 2007: Verl. Neue Zürcher Zeitung. Online verfügbar unter http://deposit.d-nb.de/cgi-bin/dokserv?id=2900200&prov=M&dok_var=1&dok_ext=htm/ http://www.gbv.de/dms/zbw/523251971.pdf

Auf den Spuren des Martin von Tours

WERNER MEZGER

Bräuche um Sankt Martin: Kulturelles Kapital für ein christliches Europa

Martin von Tours – historische Bedeutung und populäre Erinnerung

Im Entstehungsprozess des modernen Europa spielt Martin von Tours eine zentrale Rolle. Geboren 316/17 in Pannonien, dem heutigen Ungarn, zum Elitesoldaten ausgebildet in Oberitalien, eingesetzt im galloromanischen Westen, noch als Militär getauft, nach der Entlassung aus der Armee ganz im Dienste Christi, 372 zum Bischof von Tours erhoben, weit gereist und 397 in Candes gestorben, zählt er zu den herausragenden Erscheinungen des allmählich brüchig werdenden Imperium Romanum. In seinem Leben spiegeln sich die zentralen Transformationsprozesse der Epoche: Martin von Tours steht für die Verbindung von Romanitas und Christianitas. Er kannte ein Europa, das im Norden erst unscharfe Konturen hatte und zu dessen Süden noch die nordafrikanische Küste gehörte. Und er war Zeuge der Dramatik jener entscheidenden Jahrzehnte, in denen das Christentum seine enorme Gestaltungsmacht etablierte und das römische Jahr sich nach und nach ins Kirchenjahr transformierte. In Martins Kindheit fiel das Konzil von Nicäa im Jahr 325 mit der Festlegung des Ostertermins auf den ersten Sonntag nach dem Frühlingsvollmond, in seiner Jugend, noch in konstantinischer Zeit, begann sich als neuer Lebensrhythmus die Siebentagewoche eben mit dem christlichen Sonntag gegen den alten römischen Nundialzyklus durchzusetzen. Kurz vor dem Ende seiner Dienstzeit als Offizier erlebte er die Einführung und terminliche Fixierung des Weihnachtsfestes auf den 25. Dezember durch Papst Liberius im Jahr 354. Er war schon Bischof von Tours, als auf dem 1. Konzil von Konstantinopel 381 unser bis heute gültiges Glaubensbekenntnis seinen endgültigen Wortlaut erhielt, und in seinen allerletzten Lebensjahren wurde er auch noch Zeuge der endgültigen Umwandlung des Römischen Reichs ins Imperium Romanum Christianum durch Theodosius 395 mit der faktischen Erhebung des Christentums zur Staatsreligion. In all diesen atemberaubenden Prozessen blieb Martin aber nicht nur Zuschauer, sondern wurde selber ein bedeutender Akteur, der Maßstäbe setzend zum neuen Gesicht Europas und der Welt beitrug. Er ist einer der Väter des christlichen Abendlandes.

Angesichts dieser gewichtigen und hoch bedeutsamen historischen, politischen und theologischen Fakten mag es auf den ersten Blick wie eine marginale Spielerei erscheinen, wenn im Folgenden von den Bräuchen rund um Sankt Martin die Rede sein soll. Gibt es denn, mögen manche kritisch einwenden, wirklich nichts Wichtigeres, als sich mit solchen Nebensächlichkeiten zu befassen? Mit der Martinsgans, dem Laternengehen, dem Martinswein, dem Karnevalsauftakt am 11. 11., den Kindergartenfeiern? Wer allerdings auf diese Weise argumentiert, verkennt Wesentliches. Weit mehr als schriftlich vermitteltes Wissen spielen nämlich gerade Bräuche, oft eingebunden in größere Feste, eine Schlüsselrolle in jedem Überlieferungsprozess. Bräuche haben – das ist in ihrem Wesen begründet – grundsätzlich kommemorativen Charakter, rufen also etwas Vergangenes ins Gedächtnis und sind somit wichtige Medien unserer Erinnerungskultur. Sie wirken, so Jan Assmann, als „primäre Ordnungskategorien zur Sicherung des kulturellen Gedächtnisses"[1]. Vor diesem Hintergrund hat die Beschäftigung mit den vielfältigen Bräuchen um Martini sehr wohl ihre Berechtigung, denn dass das Andenken an den Heiligen bis heute in weiten Bevölkerungsschichten so lebendig ist, verdankt sich weit weniger deren intensiver Rezeption einschlägiger Literatur als vielmehr dem jährlich wiederholten, gemeinsamen Vollzug bestimmter Brauchhandlungen am bzw. um den Martinstag. Das gesamte Kirchenjahr, dessen Grundlegung, Binnengliederung und Feinkonstruktion Martin von Tours in den allerersten Anfängen miterlebt hat, ist demnach nichts anderes als ein einziger großer Erinnerungsspeicher, in dem das Andenken an die zentralen Ereignisse der Heilsgeschichte, aber auch an das Leben und Wirken vieler Heiliger wachgehalten und gepflegt wird. Und in eben diesem zyklisch wiederkehrenden System belegt der Gedenktag des heiligen Martin einen, wie wir sehen werden, prominenten Platz: Die bräuchlichen Aktivitäten, die mit seinem Fest verbunden sind, stabilisieren Tradition, stiften Identität und konstituieren Gemeinschaft.

Der Versuch einer phänomenologischen und inhaltlichen Kategorisierung der Brauchformen um Sankt Martin ergibt zwei große Typen einschlägiger Vollzüge: Die ältere Brauchschicht gruppiert sich um die Tatsache, dass der Gedenktag des heiligen Martin, der 11. November, eine wichtige Zäsur im bäuerlichen Wirtschaftsjahr war, weshalb man hier von *ökonomisch-kalendarisch* begründeten Bräuchen sprechen kann. Die jüngere Brauchschicht hingegen knüpft an liturgischen Vorgaben des Kirchenjahres und an der Vita des Heiligen selbst an, wodurch solche Bräuche als *katechetisch-hagiographisch* klassifizierbar sind. Nicht selten freilich wird diese Idealtypik auch unscharf, weil sich die

---

1   Assmann, Jan: Das kulturelle Gedächtnis. Schrift, Erinnerung und politische Identität in frühen Hochkulturen, München 1997, 21.

beiden Grundmuster in der Realität zuweilen überlagern und miteinander vermischen.

I. Ökonomisch-kalendarische Bräuche

Wenden wir uns in einer ersten Annäherung, wohl wissend, dass wir damit die tatsächliche Komplexität der Brauchentwicklungen der leichteren Kategorienbildung wegen etwas reduzieren, den wirtschaftlich fundierten Bräuchen an Martini zu, so machen wir gleich zu Beginn eine bemerkenswerte Entdeckung. Manche von ihnen waren nämlich zunächst gar nicht kausal mit der Person des Heiligen verknüpft, sondern hatten ganz profane agrarzyklische Wurzeln und existierten bereits deutlich vor seiner Zeit.

Feiern und Fasten: Der Martinswein und die vorweihnachtliche Abstinenz

Das prominenteste Beispiel einer solchen schon vor Martin zurückreichenden Brauchschicht bilden die Rituale um den neuen Wein, der nach der Kelterung im Oktober üblicherweise Anfang November probierfähig und trinkbar wurde. Die Weinkultur war von den Römern in Gallien etabliert worden. Sie florierte rasch und stellte, wie etwa spätantike Steinreliefs von Lastschiffen mit Weinfässern zeigen, bald einen wichtigen Handelsfaktor im galloromischen Raum dar. Um diesen Wirtschaftszweig zusätzlich zu fördern, gehörte der Ausschank des frischen Weins im Spätherbst als attraktiv inszeniertes Gemeinschaftserlebnis offenbar schon früh zu den festen Traditionen des Jahreslaufs. Erst später, mit wachsender Popularität des heiligen Martin und der Erinnerung an ihn, wurde die rituelle Weinverkostung dann mehr und mehr an den Termin seines Gedenktages gebunden.

Den wohl frühesten Hinweis auf eine Verkoppelung der Eröffnung der Weinsaison mit dem Fest des Heiligen liefert noch keine hunderte Jahre nach Martins Tod eine Bestimmung der Synode von Auxerre aus dem Jahr 585. Sie wendet sich gegen das ausgelassene Feiern in der Nacht zum Martinstag, „pervigilias … in honorem domini Martini", weil dieses offenbar zu wilde Formen angenommen hatte[2]. Obwohl der Wein im betreffenden Text gar nicht expressis verbis genannt wird, deutet doch vieles darauf hin, dass die Ursache für den Übermut der Festanten an Martini wesentlich im exzessiven Alkoholkonsum lag, zumal dem heiligen Martin auch in den Schriften des Bischofs Gregor von

---

2   Hefele, Carl Joseph von: Conciliengeschichte, Bd. 3, Freiburg i. Br. 2. Aufl. 1877, 43: Synode von 585 (alias 578) Kanon 5.

Tours (538–594), eines seiner Amtsnachfolger, fast genau zur selben Zeit bereits mehrfach so etwas wie eine Art Weinpatronat zugeschrieben wird. Einen wundertätigen Weinstock, heißt es dort, habe Martin gepflanzt[3], einen armen Fährmann mit Wein versorgt[4] und sogar über den Tod hinaus habe er die Fähigkeit gehabt, von seinem Grabe aus Wasser in Wein zu verwandeln[5].

Die Zusammenlegung des Beginns der neuen Weinsaison mit dem Martinstag, wie sie in Zentralfrankreich schon Ende des 6. Jahrhunderts fassbar wird, breitete sich bis zum Hochmittelalter flächendeckend über ganz Mitteleuropa, ja bis nach Skandinavien aus und zieht sich wie ein roter Faden durch die Brauchentwicklung. Im deutschen Sprachraum tauchen die ersten Belege dafür im 12. Jahrhundert auf, und kurz danach scheint für das Trinken zu Ehren des heiligen Martin auch schon der später allgemein geläufige Begriff der „Martinsminne" aufgekommen zu sein. So heißt es etwa in einer Versnovelle des „Strickers", eines Dichtes der ersten Hälfte des 13. Jahrhunderts: „Sus trank er und die sîne / Dem guoten sande Martîne / Ze lobe unde zu minnen / Unz [= bis] si quâmen [= kamen] von den sinnen."[6] Über die Andeutung des Terminus „Martinsminne" hinaus verrät dieser Text übrigens noch mehr – nämlich dass damals am 11. 11. selbst Trinken bis zur Besinnungslosigkeit nichts Außergewöhnliches war, zumal man als wenn auch fadenscheinige Rechtfertigung dafür stets das Argument ins Feld führen konnte, es handele sich ja schließlich um ein Besäufnis zu Ehren von Sankt Martin.

Zum ausgehenden Mittelalter hin scheint der Vollrausch an Martini durch übermäßigen Weingenuss sogar vielerorts ein förmlicher Gruppenzwang geworden zu sein. Jedenfalls stellte der 1505 gestorbene niederländische Humanist Johannes Pontanus, der weite Teile Europas im Blick hatte, zu den Gebräuchen des Martinstages kritisch fest, „dat de Franschen, Spanjaarden, Duitschers en Italianen St. Maartin zoo eerden [= so ehrten], dat het eene schande war, zoo ze [= wenn sie] op zijn feestdag niet dronken waren."[7] Nüchternheit an Martini konnte demnach – so zumindest die Sicht von Pontanus – geradezu als mangelnde Würdigung des Heiligen verstanden werden. Den Eindruck zügellosen Feierns, bei dem der Wein an oberster Stelle steht, vermittelt auch ein Gemälde mit dem Titel „Sankt Martinsfest" von Pieter Balten aus der zweiten Hälfte des 16. Jahrhunderts. Und zwar zeigt die heute im Rijksmuseum Het Catharijnenconvent in Utrecht befindliche vielfigurige Darstellung (Abb. 1) eine Menschen-

---

3 Gregor von Tours (Gregor Turonensis): Liber in gloria confessorum 10 (= Monumenta Germaniae Historica, Scriptores rerum Merovingicarum I, 754).
4 Gregor von Tours: De virtutibus S. Martini episcopi 16 (= Script. rer. Mer. I, 614).
5 Gregor von Tours: Historia Francorum V, 21 (= Script. rer. Mer. I, 219).
6 Fischer, Hanns (Hg.): Der Stricker. Verserzählungen. 2. neu bearb. Aufl. Tübingen 1967 (= Altdeutsche Textbibliothek, 53), Bd. 1, 140. V. 165 ff.
7 Schotel, Gilles Denijs Jacob: Het Oud-Hollandsch huisgezin der zeventiende eeuw, Leiden 2. Aufl. 1904, 349.

Abb. 1: Sankt Martinsfest, Gemälde von Pieter Balten, 2. Hälfte 16. Jh., Utrecht, Rijksmuseum Het Catharijneconvent (Inv. Nr. RMCC s00039)

pyramide, die sich um ein in der Bildmitte erhöht positioniertes Weinfass herum aufgebaut hat. Aus dem rot-weiß bemalten Boden des gekippt liegenden Behältnisses strömt aus zwei fingerdicken Löchern der Wein, zu dem die Menge mit ihren Tonkrügen und Trinkschalen drängt. Ein weiter hinten sichtbares zweites Fass ist, wie sein in denselben Farben gehaltener, herausgenommener und beiseite gelegter Boden deutlich macht, bereits geleert. Unverkennbar wurde also schon heftig gezecht, und eine ganze Reihe der dargestellten Individuen zeigt denn auch deutliche Anzeichen von Alkoholisierung.

Das Figurenrepertoire des Bildes verweist allerdings noch auf ein wichtiges weiteres Element des feuchtfröhlichen Feierns, und zwar auf dessen soziale Komponente. Unter den über 60 Personen des Gemäldes sind nämlich auffällig viele Bettler, Bedürftige und Krüppel, die ganz eindeutig bevorzugt verköstigt werden, während die wohlhabenden Patrizier am linken Bildrand ostentativ auf Distanz bleiben und sich zurückhalten. Dieser karitative Aspekt kulminiert darin, dass rechts in der Szene niemand anderer als der heilige Martin selbst zu Pferd erscheint und seinen Mantel teilt, wodurch sich über die Ebene bloßer Realitätswiedergabe hinaus eine transzendente Dimension eröffnet: Das ganze

Geschehen spielt sich quasi unter den Augen des himmlischen Wohltäters ab. Bezüglich der tatsächlichen Brauchpraxis darf daraus geschlossen werden, dass die an Martini speziell gegenüber den Armen praktizierte Freigiebigkeit beim Weinausschank und der Versorgung mit sonstigen Nahrungsmitteln ganz bewusst auch als Zeichen tätiger Nächstenliebe im Sinne einer Imitatio des Tagesheiligen gedacht war.

Die starke Betonung kulinarischer Bräuche am Gedenktag des Martin von Tours hatte freilich noch einen anderen, mit der Zeit sogar immer wichtiger werdenden Grund als lediglich die Probierfertigkeit des neuen Weins. Im allmählich sich konstituierenden Kirchenjahr wurde der 11. November nämlich bald auch zu einem markanten Einschnitt in die generellen Speisegewohnheiten des Jahreslaufs. Und zwar entwickelte sich analog zur vierzigtägigen Fastenzeit vor Ostern als Vorbereitung auf das Gedächtnis der Auferstehung Christi eine gleich lange Fastenperiode vor dem Epiphaniefest am 6. Januar, das die Erscheinung der Göttlichkeit Christi in der Welt verherrlichte und damit eine Art Vorläufer des heutigen Weihnachtsfestes am 25. Dezember war. Diese Abstinenzperiode, die zunächst vor allem in Gallien und im Raum Mailand starke Resonanz fand, wurde „Epiphanias-Quadragesima" oder „Quadragesima Sancti Martini" genannt[8]. Und zwar rührte die Bezugnahme auf den Gedenktag des heiligen Martin daher, dass man die vierzig Fasttage unter Auslassung der Samstage und der Sonntage vom Epiphaniefest her zurückzählte und so exakt zum Martinstag als dem Schwellentermin vor dem Fastenbeginn gelangte. Mit zunehmender gesamtkirchlicher Durchsetzung des Weihnachtsfestes am 25. Dezember, das anstelle der abstrakteren Idee der Erscheinung konkret die Menschwerdung, also die leibliche Geburt Christi, ins Gedächtnis rief, wurde eben der 25. 12. zum Zielpunkt des Fastens. Den Anfang der Abstinenzperiode aber bildete nach wie vor der Tag nach Martini; und so blieb es auch, ungeachtet der Tatsache, dass sich damit die ursprünglich vierzig Tage entsprechend verkürzten[9]. Selbst als das Weihnachtsfasten später von der römischen Kirche im Sacramentum Gelasianum auf fünf Wochen reduziert wurde und schließlich nur noch die Zeit vom ersten Adventssonntag bis Weihnachten umfasste, der 11. November also gar nicht mehr der unmittelbare Vorabend der Fastenzeit war, behielt der Martinstag dennoch seine Funktion als letzte große Feiergelegenheit vor der bald darauf beginnenden Periode der Besinnung und Enthaltsamkeit[10].

---

8 Jungmann, Joseph Andreas: Der Gottesdienst der Kirche, Innsbruck – Wien – München 1962, 232.
9 Mezger, Werner: „Brenne auf mein Licht …" Zur Entwicklung, Funktion und Bedeutung der Brauchformen des Martinstages, in: Groß, Werner/ Urban, Wolfgang (Hrsgg.): Martin von Tours. Ein Heiliger Europas, Ostfildern 1997, 276.
10 Hall, Stuart George/ Crehan, Joseph H.: Fasten, Fasttage III, in: Krause, Gerhard/ Müller, Gerhard (Hrsgg.): Theologische Realenzyklopädie, Bd. 6, Berlin/ New York 1983, 53.

Kalendereinschnitt: Kirchweihen, Gesindewechsel und Spinnstuben

Die traditionellen Festivitäten an Martini rund um die Verkostung des neuen Weins wie auch ums exzessive Essen insbesondere von Fleisch, dessen Verzehr in den folgenden Wochen verboten war, erhielten dadurch eine zusätzliche Legitimation, dass sie sich oftmals mit Kirchweihfeiern verbanden. Wegen der enormen Bedeutung und über Jahrhunderte hinweg ungebrochenen Popularität Martins von Tours entstand eine hohe Zahl an großen und kleinen Gotteshäusern mit seinem Patrozinium. Karl Meisen gibt allein für Frankreich im Spätmittelalter eine Zahl von rund 3600 an, die in ähnlicher Größenordnung auch für den deutschen Sprachraum gelten dürfte[11]. Aus diesem Grund war das Fest des heiligen Martin vielerorts zugleich Kirchtag, was konkret hieß, dass neben dem obligatorischen feierlichen Gottesdienst am Martinstag häufig Jahrmärkte und allerlei Vergnügungen mit Musik und Tanz stattfanden. Vorwiegend in der Schweiz hat sich die Kirmestradition am 11. 11. unter dem Namen „Martinschilbi" noch in einer ganzen Reihe von Gemeinden bis in die Gegenwart erhalten[12].

Dass es die klassische Kirchweih an Martini mit Krämermarkt und sonstigen profanen Festivitäten außerhalb der Schweiz kaum noch gibt, ist eine Folge der Aufklärung. Weil nämlich die diversen Patrozinien, die außer einer gewissen Häufung bei Martin am 11. 11. natürlich noch viele andere Anknüpfungspunkte im Heiligen- und Festkalender hatten und sich somit über das ganze Jahr hinweg streuten, waren praktisch Woche für Woche ständig irgendwo Kirchweihen, die außer Einheimischen auch zahlreiche Fremde anlockten und so einen regelrechten Kirchweihtourismus von Pfarrei zu Pfarrei entstehen ließen, der letztlich die Menschen vom Arbeiten abhielt. Um den hieraus entstehenden volkswirtschaftlichen Schaden abzuwenden, schob schließlich Kaiser Joseph II. im Rahmen seiner Reformen dieser hedonistischen Praxis einen Riegel vor, indem er den Kirchweihtermin unabhängig von den realen Patrozinien kurzerhand für alle Orte vereinheitlichte und generell auf das dritte Oktoberwochenende festlegte. Diese Regelung, für die der Volksmund bald die Bezeichnungen „Kaiser-" oder „Allerweltskirchweih" erfand, wurde nach dem Ende des Heiligen Römischen Reichs von den süddeutschen Staaten beibehalten und gilt dort noch heute[13]. Damit hatten sich die früher so zahlreichen Kirchweihen an Martini erledigt.

---

11 Meisen, Karl: Sankt Martin im volkstümlichen Glauben und Brauch, in: Rheinisches Jahrbuch für Volkskunde 19, 1968, 50.
12 Küster, Jürgen: Heiligenfeste im Kirchenjahr, Freiburg i. Br. 1988, 112ff.
13 Kimminich, Eva: Religiöse Volksbräuche im Räderwerk der Obrigkeiten. Ein Beitrag zur Auswirkung aufklärerischer Reformprogramme am Oberrhein und in Vorarlberg (= Menschen und Struktu-

Was allerdings weiterhin mit dem Martinstag verbunden blieb, waren Jahrhunderte alte rechtliche Regelungen des bäuerlichen Wirtschaftsjahres. So bildete der 11.11. das Fälligkeitsdatum für Zinsleistungen und Naturalabgaben wie auch für den Abschluss oder die Erneuerung von Pachtverträgen. Insbesondere aber markierte er den Zeitpunkt des Gesindewechsels, weil ab Anfang November nach eingebrachter Ernte die Feldarbeit ruhte und keine externen Helfer mehr gebraucht wurden. An Martini endete daher das Dienstverhältnis der Saisonbeschäftigten in der Landwirtschaft, und die meisten Knechte und Mägde gingen in die Winterpause, um erst am 02. 02., also an Mariae Lichtmess, wieder zurückzukehren oder eine neue Arbeitsstelle anzutreten. Die letzten Tage vor dem Arbeitsende durfte das Personal übrigens mit Einverständnis der Bauern deutlich lockerer angehen lassen als sonst. In Oberschwaben und im Allgäu bezeichnete man diesen kleinen Freiraum sogar ganz unverblümt als „Schlamperwoche". Deren Aktivitäten beschrieb Anton Birlinger 1862 so: „Mit Ausnahme kleiner Geschäfte in Stall und Scheuer feiern die Dienstboten eine Martinioctav. Man geht in benachbarte Orte, Höfe, zu Verwandten, zu der Liebsten […] In Stuben, Hausgängen wird getanzt, immer in bloßen Strümpfen."[14] Ausgelassenheit und Feiern um und an Martini waren also auf vielfache Weise in den Verhaltensmustern der überwiegend ländlichen Bevölkerung und in den Ritualen des Jahreslaufs verankert.

Und noch eine wichtige Tradition dörflichen Lebens verband sich mit dem Martinstag: die Eröffnung der sogenannten Spinn- oder Lichtstubenzeit. Dahinter verbarg sich eine spezifische Feierabendgestaltung. Der Einbruch der Dunkelheit lag jetzt so früh, dass man im Gegensatz zu den langen Tagen der Sommermonate nach Sonnenuntergang nicht sofort schlafen ging, sondern die Abende in geselliger Runde produktiv verbrachte. Dabei kamen die jungen Mädchen abwechselnd in jeweils einer anderen Stube zusammen, wo sie sich, weil Kerzenwachs, Lampenöl und Heizmaterial teuer waren, gemeinsam eine Licht- und Wärmequelle teilten und an ihren mitgebrachten Spinnrädern arbeiteten. Zu späterer Stunde stießen dann die jungen Burschen hinzu, platzierten sich auf der Ofenbank oder auf den rückwärtigen Stühlen und sorgten durch Gespräche und Erzählungen für Unterhaltung. Die soziale und kommunikative Bedeutung der Institution Spinnstube, Lichtstube, Kunkelstube, Lichtkarz oder Nachtkarz, um nur einige der gängigen Bezeichnungen zu nennen, war enorm. Sie dienten keineswegs bloß dem verbalen Gedanken- und Informationsaustausch, sondern erwiesen sich nicht selten als regelrechte Kontaktanbahnungsforen, da sie in relativ intimer Atmosphäre und bei Dämme-

---

ren. Historisch-sozialwissenschaftliche Studien, 4) Frankfurt/M. – Bern – New York – Paris 1989, 15ff. u. 263.
14   Birlinger, Anton: Volksthümliches aus Schwaben. Sitten und Gebräuche, Bd. 2, Freiburg i. Br. 1862, 164.

licht eine Begegnung der Geschlechter ermöglichten, wie sie jungen Leuten sonst verwehrt blieb. Hinzu kam, dass bestimmte ritualisierte Formen des „Anbandelns" sogar die körperliche Annäherung von Burschen und Mädchen erleichterten. So war es zum Beispiel üblich, dass eine Spindel, die bei der Arbeit mehr oder weniger zufällig auf den Boden fiel und von einem jungen Mann aufgehoben wurde, durch das betreffende Mädchen mit einem Kuss „zurückgekauft" werden musste[15]. Dementsprechend skeptisch, ja ablehnend standen die Pfarrer und Ortsgeistlichen den Spinnstuben gegenüber, da sie ihnen als Stätten der Versuchung, des Lasters und der Unmoral galten.

Hie und da schlugen die an den Spinnstuben Beteiligen denn auch tatsächlich über die Stränge, was den Widerstand der kirchlichen und weltlichen Obrigkeiten erst recht herausforderte. An ganz bestimmten Terminen der Lichtstubenzeit wurde nämlich überhaupt nicht gearbeitet, sondern ausschließlich getanzt, gezecht und gefeiert. Ein solches Datum war etwa die Andreasnacht am 30. November, die den Übergang vom alten zum neuen Kirchenjahr markierte und deshalb ähnlich wie heute die Silvesternacht mit allerlei Orakelbräuchen zur Erforschung der Zukunft und besonders zur Entwicklung künftiger Liebschaften einhergingen. Die größte Ausgelassenheit aber herrschte in der Thomasnacht am 21. Dezember, die als längste Nacht des Jahres ebenfalls ein Wendetermin war. Wie aus den dafür üblichen Bezeichnungen, nämlich „Durchsitz-" oder „Durchspinn-Nacht", unschwer zu schließen ist, dauerte das fröhliche Treiben hier bis weit nach Mitternacht. Und dass sich für den Morgen danach in weiten Teilen des Schwarzwalds gar der Name „Kotzmorgen" eingebürgert hat, lässt allerhand erhellende Rückschlüsse auf die Aktivitäten der vorausgegangenen Stunden zu. Optisch ist die Spinnstubenkultur übrigens auch vielfach dokumentiert: Kritische Holzschnitte, die das Treiben in den Kunkelstuben als verwerfliche Freiräume sexueller Ausschweifung zu zeigen versuchten, gab es bereits im 16. Jahrhundert, während im späten 19. Jahrhundert eine Vielzahl verklärender Darstellungen entstand, in denen die Lichtstuben dem bildungsbürgerlichen Leserkreis der damaligen Salonzeitschriften als ein Stück untergehender Bauernromantik vermittelt werden sollten (Abb. 2).

Als Auftakt der Lichtstubenperiode fungierte, um dies in unserem Kontext noch einmal zu betonen, ausnahmslos und überall der Martinstag und den Endpunkt bildete ebenso allgemein verbindlich und flächendeckend das Fest Mariae Lichtmess. Zwischen diesen beiden Kalenderdaten ruhte offenbar seit Menschengedenken in der Landwirtschaft die Feldarbeit.

---

15   Weber-Kellermann, Ingeborg: Landleben im 19. Jahrhundert, München 1087, 189f.

Abb. 2: In der Hutzenstube, Holzstich aus der Zeitschrift „Die Gartenlaube" 1899

Bauernwinter: Grundierung des Kirchenjahres durch vorchristliche Kalendarik

Warum die ländliche Arbeitsruhe der kalten Jahreszeit, der sogenannte Bauernwinter, allenthalben unbestritten und übereinstimmend exakt zwischen die Daten 11. 11. bis 02. 02. fällt, ist von der Forschung bislang kaum hinterfragt, sondern einfach als eine Art Axiom vorausgesetzt worden. Aufgrund der neuerdings vertieften Beschäftigung des Verfassers mit prähistorischer Kalendarik zeichnet sich nun aber just dazu ein höchst interessanter Befund ab. Allem Anschein nach haben wir es hier nämlich mit einer klar definierten Zeitspanne zu tun, die auf ein schon lange vor der Christianisierung gebräuchliches, astronomisch begründetes Zeitgliederungssystem zurückgeht und somit viel älter ist als das Kirchenjahr und dessen Binnengliederungen.

Dreh- und Angelpunkt der Berechnung der Phase der bäuerlichen Arbeitsruhe ist die Wintersonnwende, die im heutigen Kalender je nach dem Abstand des betreffenden Jahres zum letzten Schalttag auf den 21. oder 22. Dezember fällt. Rechnet man nun von der Wintersonnwende auf den 11. November zurück, so ergibt sich eine Spanne von 42 Tagen. Und rechnet man vom Sonnwendtermin in die andere Richtung, nämlich auf den 02. Februar, sind es auch hier wiederum genau 42 Tage. Damit umfasst die Dauer des Bauernwinters insgesamt 84 Tage, die exakt um den Sonnwendtermin zentriert sind und von die-

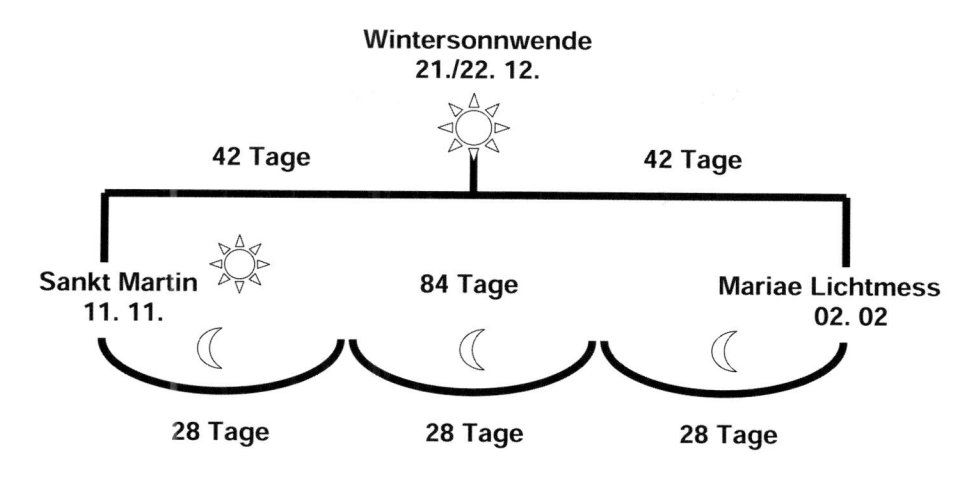

```
                    Wintersonnwende
                       21./22. 12.
                           ☼
         42 Tage                    42 Tage
    ┌─────────────────────────────────────────┐
    │                                         │
Sankt Martin  ☼          84 Tage      Mariae Lichtmess
  11. 11.                                 02. 02
    ⌣            ⌣            ⌣
  28 Tage      28 Tage      28 Tage
```

Abb. 3: Der Bauernwinter vom 11. November bis zum 2. Februar nach prähistorischer Kalendarik, Graphik Mezger

sem in zwei gleiche Hälften geteilt werden. Die Anzahl von 84 Tagen ist zudem alles andere als beliebig. Führt man nämlich die Rechnung noch etwas fort und drittelt die 84 Tage, so gelangt man auf dreimal 28 Tage und damit auf genau drei Mondphasen[16]. Hinter der zeitlichen Ausdehnung der Winterpause verbergen sich also fein durchdachte astronomische Überlegungen (Abb. 3).

Dass die Kalendersysteme nahezu sämtlicher alter Kulturen zunächst lunar ausgerichtet, d.h. am Mond orientiert waren, weil dieser sich empirisch von allen Himmelskörpern am einfachsten beobachten ließ, ist bekannt. Als die Dauer der Arbeitsruhe im Agrarzyklus auf drei Mondphasen festgelegt und das so definierte Intervall unter Bezugnahme auf den Zeitpunkt der Wintersonnwende im Jahreslauf fixiert wurde, waren die Menschen aber schon einen Schritt weiter: Sie besaßen offenbar die Fähigkeit, die Mondphasen mit ihren je 28 Tagen von den realen Lunationen, also vom tatsächlichen Mondstand zu trennen und sie einfach nur als Zähleinheiten zur Binnenstrukturierung des Jahres zu verwenden, während sie das Jahr als solches bereits in solaren Bezügen verankert sahen, indem sie es an den markanten Wendepunkten des Sonnenstands maßen.

Für die Dauer von drei Lunationen, axial zentriert um die Wintersonnwende und somit plausibel ins astronomische Jahr eingefügt, ruhte also vom Spätherbst bis in den Vorfrühling die Feldarbeit. Anfangs- und Enddatum eben

---

[16] Cathomen, Ignaz: Falera – Sankt Remigius, Passau 1999, 5; Coray, Gion Gieri/Voiret, Jean-Pierre: Die megalithische Zivilisation. Astronomische und geometrische Aspekte am Beispiel bündnerischer Steinsetzungen, in: Helvetica Archaeologica 35/2004, Nr. 137, 25.

dieser 84-tägigen winterlichen Auszeit, nach der sich Menschen in Mitteleuropa höchstwahrscheinlich schon vor 3000 Jahren richteten, sind nach unserem heutigen Kalender der 11. November und der 2. Februar bzw. in der Diktion des Kirchenjahres der Martinstag und Mariae Lichtmess. Das eröffnet neue Einsichten: Mit den geschilderten Erkenntnissen der Kalendarik gewinnt der Gedenktag des heiligen Martin als Wirtschaftstermin, als Stichtag für den Gesindewechsel, als Beginn der Lichtstubenzeit und anderes mehr ebenso wie sein Komplementärtermin Mariae Lichtmess als Datum für den Wiederbeginn der Feldarbeit, als Ende der Spinnstuben und so weiter eine bislang niemandem mehr bewusste Tiefendimension. Ohne jeden Zweifel sind nämlich beide Daten ungemein weit zurückreichende und die kulturellen Rhythmen nachhaltig bestimmende Zäsuren im bäuerlichen Jahreslauf, die schon vor ihrer christlichen Überformung mit festen, vermutlich vorwiegend ökonomischen Ritualen verbunden waren.

Für unseren Kontext resultiert aus diesem kleinen kalendergeschichtlichen Exkurs ein im Blick auf Martin von Tours bedeutsamer Aspekt, der bis dato in der hagiographischen Forschung übersehen wurde: Dass aufgrund seines Sterbe- bzw. Begräbnisdatums der Gedenktag des heiligen Martin mit dem 11. November ausgerechnet auf eine schon lange vor ihm als Festanlass bekannte und genutzte Kalenderzäsur fiel, war der Sicherung seiner Popularität über den Tod hinaus und dem Erhalt seiner Lebendigkeit in der kollektiven Erinnerung gewiss nicht abträglich. Soweit die eine Seite. Auf der anderen aber gewann auch der 11. November an sich, vormals nur ein ökonomisch begründeter Feiertermin, durch Martinus und die Strahlkraft seiner Persönlichkeit enorm an Substanz, indem er fortan zum Träger einer religiösen Botschaft und christlicher Inhalte wurde. Diese Wechselwirkung war eine ausgesprochen glückliche Fügung.

Die Martinsgans: Wirtschaftsgut – Vorfastenschmaus – Heiligenattribut

Der Wandel des 11. Novembers vom agrarzyklischen Einschnitt zum Heiligenfest erforderte einige Kreativität in der entsprechenden Umdeutung bereits bestehender Rituale und Findigkeit bei der Suche nach Möglichkeiten der Implementierung vorhandener profaner Praktiken mit christlicher Substanz. Besonders gut lässt sich dies am Beispiel der Martinsgans rekonstruieren. Es zeigt, wie eine ursprünglich rein wirtschaftlich begründete Tradition zunächst in einen Brauch des kirchlichen Jahreslaufs transformiert und schließlich sogar zur Person des heiligen Martin selbst in Beziehung gesetzt wurde.

Warum es in der bäuerlichen Kleinviehhaltung schon immer zu den festen Regeln des jährlichen Arbeitsprogramms gehörte, Anfang November Gänse zu schlachten, ist leicht erklärbar: Im Spätherbst war die Mast der Tiere abgeschlossen, und bei den kargen Verhältnissen früherer Jahrhunderte wäre es auch gar nicht möglich gewesen, sie den Winter hindurch weiterzufüttern. Unter Verwertungsaspekten stand neben dem Fleisch der Gänse vor allem ihr Gefieder hoch im Kurs. Die feinen Flaumfedern dienten schon früh als Füllung für komfortable Bettware der oberen Stände – einfache Leute schliefen auf Stroh –; und die langen Flügelfedern waren als Schreibwerkzeuge begehrt. Seit nämlich ab dem 4. Jahrhundert in den Skriptorien die bis dahin zum Schreiben gebräuchlichen Schilfrohre durch Federkiele abgelöst wurden, stieg die Nachfrage nach hochwertigen Federn mit stabilem Kiel, der präzis zugeschnitten werden konnte, immens an.

Was den Konsum des Gänsefleischs betraf, so kristallisierte sich dafür im Lauf des Mittelalters immer mehr der Martinstag heraus. Nachdem der 11. November aufgrund seiner Funktion als Abschluss des bäuerlichen Wirtschaftsjahres schon immer mit üppigen Gaumenfreuden, insbesondere mit Weintrinken, verbunden gewesen war, profilierte er sich in seiner Eigenschaft als Fest des kirchlichen Jahreslaufs an der Schwelle der Weihnachtsfastenzeit zum klassischen Datum für den letztmaligen Verzehr von Fleisch vor dem Beginn der Abstinenzperiode. Aus diesem Grund wurde in den ersten Novembertagen üblicherweise auch nochmals Großvieh geschlachtet, was nicht zuletzt dem Metzgerhandwerk eine letzte Verdienstchance eröffnete, ehe in den Folgewochen die Einnahmequellen versiegten. In vielen Regionen hieß die besagte Konjunkturbelebung der durch die Fastenzeit gebeutelten Fleischer sogar offiziell „Martinischlachten".

Als kulinarischer Höhepunkt des Martinstags aber galten eindeutig die Gänse, weil es ihr Fleisch das Jahr über eben nur selten oder gar nicht zu essen gab. Schließlich wurde das Speiseritual des Gänsebratens zu einer so festen Tradition um Sankt Martin, dass selbst in der Sprache eine Verknüpfung zwischen dem Heiligen und dem Tier entstand und sich etwa im Deutschen das heute allgemein geläufige Kompositum „Martinsgans" einbürgerte. Eine sehr anschauliche Schilderung des Gansessens als eines in jedem wohlhabenden Hause obligatorischen Bestandteils des Martinstags liefert bereits das 1534 erschienene „Weltbuch" von Sebastian Franck. Dort heißt es in der Beschreibung der Jahreslaufbräuche der römischen Kirche: „Nach dem kumpt S. Martin / da isst eyn yeder hauß vatter mit seinem gesind eyn gans / ist er in vermoegen kaufft er jn [= ihnen] wein vnd medt / vnd loben sanct Martin mit vol seyn [= voll sein] / essen vnnd trincken / singen etc."[17] Francks Behauptung, dass der Gänsebraten in der Regel mit einem kollektiven Besäufnis zum Lobe des Heili-

---

17 Franck, Sebastian: Weltbuoch, Tübingen 1534, fol. CXXXIII r.

gen einhergehe, dürfte wohl reformationspolemische Übertreibung sein. Interessant aber ist der Hinweis auf das Singen.

In der Tat entstanden neben den offiziellen liturgischen Anrufungen Martins, etwa in der Allerheiligenlitanei, schon früh allerhand profane Lieder entweder zu seiner Person oder zu den populären Bräuchen seines Gedenktags, und eine ganze Reihe davon thematisiert auch die Gans. Eines der ältesten, verfasst um 1350, wird dem Mönch Hermann von Salzburg zugeschrieben. Nach der Ermunterung an die „lieben Gesellen", Sankt Martin zu preisen, heißt es dort unter anderem: „Nü schib wir ein die gense / Die flense / die kesten / die besten / Vnd den külen wein! / Trag her bey vieren / die küten vnd die piren / Ob sie gepraten sein!"[18] Und ein Lied aus dem zweiten Drittel des 16. Jahrhunderts mit deutlichen Anklängen an die Vagantenlyrik, widmet sich sogar ausschließlich dem Gänse-Motiv: „Den besten Vogel, den ich waiß / Dz ist ein gans / Sie hat zween preyte füß / Dar zu ein lange haß / Ir füß sein gel / Ir stim ist hell / Sie ist nit schnell / Das best gesang / Das sie kann: da, da, da, da, / Dz ist gick gack, gick gack, gick gack / […] Singen wir zu sant Mertens tag. / Ein gans, ein gans, gesotten, Gebraten / Bey dem feuer ist gut / Ein guten wein, dar zu / Ein guten frölichen mut. / Den selbigen Vogel sollen wir loben, / Der do schnattert vnd dattert / im haberstro. / So singen wir: Benedicamus Domino."[19] Solche Anspielungen auf die Martinsgans finden sich fortan in Liedern und Sprüchen nahezu aller Epochen.

Angesichts einer derart engen Verquickung der Gans mit dem Gedenken an Sankt Martin musste sich irgendwann der Gedanke aufdrängen, in einer Art hagiographischem Kunstgriff den Heiligen selbst irgendwie noch nachträglich in eine plausible Beziehung zu den Gänsen zu setzen. Und so kam es denn auch im ausgehenden Mittelalter, ein gutes Jahrtausend nach der Martinus-Vita des Sulpicius Severus, tatsächlich zu solch einem nachgeschobenen Legendenkonstrukt. Spätestens seit dem 16. Jahrhundert war die Zusatzepisode zum Heiligenleben, die ihren Ursprung möglicherweise im Rheinland hatte, in weiten Teilen Mitteleuropas bekannt und populär. Ihr Inhalt: Als Martinus zum Bischof von Tours geweiht werden sollte, habe er das Amt zunächst nicht annehmen wollen und sich in einem Gänsestall versteckt. Da die Tiere jedoch durch ihr Geschnatter seinen Aufenthaltsort verraten hätten, würden sie nun zur Strafe dafür auf Anordnung des Heiligen jeweils an seinem Gedenktag in großen Mengen geschlachtet. Obwohl dieses Narrativ einigermaßen irritiert, da es Sankt Martin im Hinblick auf die christliche Tugend der Vergebung und des Ver-

---

18 Zit. nach Sauermann, Dietmar: Martinslied, in: Brednich, Rolf Wilhelm/Röhrich, Lutz/Suppan, Wolfgang (Hrsgg.): Handbuch des Volksliedes Bd. 1, München 1973, 393.
19 Marriage, Elizabeth M. (Hg.): Georg Forsters Frische Teutsche Liedlein in fünf Teilen. Abdruck nach den ersten Ausgaben 1539, 1540, 1549, 1556, Halle 1903, 85, Nr. VI.

zeihens kein gutes Zeugnis ausstellt, erlangte es einen solchen Bekanntheitsgrad, dass es bald schon seinerseits zum Inhalt von Liedern wurde.

Von hier aus wiederum bedurfte es dann nur noch eines kleinen Schrittes bis zu entsprechenden Konsequenzen in der Ikonographie. War der klassische Darstellungstypus des Sankt Martin im Bild das ganze Hoch- und Spätmittelalter hindurch nahezu ausschließlich die berühmte Szene der Mantelteilung gewesen, so tauchte er ab der frühen Neuzeit in der Sakralkunst immer wieder auch mit dem Attribut der Gans auf. Einem der ersten Beispiele hierfür begegnen wir in der Buchmalerei, und zwar in einem Evangelistar des unter dem Patronat Martins stehenden, großen Benediktinerklosters Pannonhalma in Ungarn, das unweit vom Geburtsort des Heiligen liegt. In der um 1515 illuminierten Handschrift, die sich heute nicht mehr im Kloster, sondern in der Universitätsbibliothek Budapest befindet, trägt Sankt Martin in einem Initial zum Evangelientext seines Patronatsfestes (Lk 11,35–36) gleich zwei Insignien vor sich her: Als Bischof mit Mitra und in Pontifikalgewändern hält er in der linken Hand zum Zeichen seiner Amtswürde den episkopalen Krummstab und in der rechten offenbar in Anknüpfung an die geschilderte Sekundärlegende einen ganz profanen, in eigentümlichem Kontrast zum Hirtenstab stehenden Bratspieß mit aufgesteckter Gans (Abb. 4)[20]. In der Folgezeit mehrten sich Darstellungen solcher und ähnlicher Art.

Den Höhepunkt seiner Beliebtheit hatte der Bildtypus des heiligen Martin mit der Gans dann zweifellos im Barock, und zwar vor allem in Süddeutschland, wo sich das Motiv von der populären Druckgraphik über Holzskulpturen bis hin zu Gemälden und Gewölbefresken in Gotteshäusern erstreckte, wie etwa in der 1773 von Andreas Meinrad von Au ausgemalten Pfarrkirche von Messkirch[21]. – Durch diese Entwicklungslinie der bildenden Kunst hatte die spätmittelalterliche Legendenerfindung vom angeblichen Gänsestallerlebnis Martins, das der Gans partout eine Schlüsselrolle in der Vita des Heiligen zuweisen wollte, gewissermaßen ihre optische Vollendung gefunden. Aus einem von der Person Martins ursprünglich völlig unabhängigen, rein ökonomischen Begleitphänomen seines Gedenktags war eine Art Bestandteil seines Wesens geworden: Vom Wirtschaftsgut hatte es die Gans zum Heiligenattribut gebracht.

Für die Gänse selbst hatte die wachsende Aufmerksamkeit, die sich am Martinstag auf sie richtete, freilich eine ziemlich makabre Konsequenz: Im Kirmes- und Festtrubel des 11. 11. wurden sie oft zum Mittelpunkt spezieller Spielbräuche, deren Grausamkeit diejenige einer normalen Schlachtung, die ihnen ohnedies bevorstand, bei weitem übertraf. Zu trauriger Beliebtheit und großer

---

20   Pannonhalmi Evangelistarium, Budapest, Universitätsbibliothek, Cod. Lat. 113-as, fol. 22 r.; Stangler, Gottfried u. a.: Matthias Corvinus und die Renaissance in Ungarn, Schallaburg 1982, Wien 1982, 543 f., Kat.Nr. 598.
21   Mezger (Anm. 9), 287 ff.

Abb. 4: Sankt Martin mit Bischofsstab und aufgespießter Gans, Miniatur aus einem Evangelistar von Pannonhalma, um 1515, Budapest, Universitätsbibliothek (Cod. Lat. 113-as, fol. 22 r)

Verbreitung brachte es eine rohe Volksbelustigung, die unter den Namen „Gansschlagen", „Gansreißen" oder „Ganswürgen" für viele Orte bezeugt ist und auch außerhalb des deutschen Sprachraums bekannt war. Dabei handelte es sich um ein turnierartiges Reiterspiel: An einer zwischen zwei Bäumen oder zwei Stangen ausgespannten Leine wurde entweder an den Füßen, also kopfunter, oder am Hals eine verzweifelt flatternde lebende Gans aufgehängt; und die Aufgabe der im Galopp unter ihr durchpreschenden Reiter bestand darin, ihr mit der bloßen Hand den Kopf abzureißen oder sie mit einem Schwert oder Säbel zu köpfen. Um das Spiel für diejenigen Gansreißer, die ohne Hilfsmittel antraten, schwieriger zu machen und das Leiden der Tiere noch zu verlängern, wurde der Hals der Gänse häufig zusätzlich mit Fett eingeschmiert, damit die Hände der Wettkämpfer – in der Regel waren es junge Burschen – beim Zupacken abglitten.

Einen optischen Eindruck vom Ablauf dieser ritualisierten Tierquälerei, die außer an Martini übrigens auch in der Fastnacht praktiziert wurde, vermittelt ein Augsburger Kupferstich von Martin Engelbrecht aus der ersten Hälfte des 18. Jahrhunderts mit dem Titel „Strangulatio Anserum – Daß Ganß-Würgen". Er zeigt im Hintergrund das laufende Wettkampfgeschehen und im Vordergrund den Turniersieger mit seiner Trophäe (Abb. 5). Erhellend für das Empfinden der einstigen Beobachter solcher Veranstaltungen und für deren zeitgenössische Bewertung ist der gereimte Text zu dem Bild, der das Spektakel, an die Gänse gewandt, folgendermaßen kommentiert: „Ihr Märtyrer Geschlecht, ihr unglückseligen Gänse! / Es droht euch nicht allein das fette Martins-Fest, / Als wie dein reifen grüß deß bauren scharffe Sense,/ Da man euch auch zur lust im Spiel erwürgen läst. / Man reißt euch von den Leib den Fett geschmierten Kragen / und jauchzt, als hätte man den Feind aufs Haupt geschlagen."

Einen nicht unumstrittenen Nachklang des in seiner ursprünglichen Form heute aus Tierschutzgründen natürlich verbotenen Gansschlagens gibt es noch immer in Sursee in der Schweiz. Dort findet am Martinstag der sogenannte „Gansabhauet" statt, bei dem junge Burschen einer allerdings bereits toten aufgehängten Gans mit einem Holzschwert den Hals durchtrennen müssen. Erlaubt ist pro Mitspieler je ein Schlag, der zudem blind geführt wird, weil die Akteure eine Sonnenmaske ohne Augenöffnungen tragen müssen, die sie in ihrem Tun behindert. Der Gewinner darf das tote Tier behalten, muss am Abend seine Mitspieler verköstigen und wird vom Publikum als eine Art Zufallskönig gefeiert. Mediale Dokumentationen des Gansabhauet zum Beispiel im Fernsehen führen inzwischen regelmäßig zu heftigen öffentlichen Diskursen über den Respekt vor der Kreatur und über Sinn und Unsinn von Bräuchen insgesamt. Keine Kontroversen gibt es hingegen darüber, dass nach korrekter Schlachtung der Tiere der Gänsebraten bis heute vielerorts das Traditionsessen am Martinstag bildet. Die mehr als tausendjährige Kontinuität dieser Praxis sowohl in der

Abb. 5: Strangulatio Anserum – Daß Ganß-Würgen, Kupferstich von Martin Engelbrecht, Augsburg, 1. Hälfte 18. Jh.

kommerziellen Gastronomie als auch in der privaten Speisekultur ist hierbei freilich wohl kaum noch jemandem bewusst.

Der Elfte im Elften: Karnevalsauftakt und Zahlenallegorese an Martini

Eine letzte ökonomisch-kalendarisch begründete Brauchfacette des Martinstags ist seine heute vor allem im Rheinland übliche Nutzung als Fastnachtsauftakt. Obwohl sich diese Funktion des 11. Novembers erst im Lauf des 19. Jahrhunderts nach der großen Kölner Karnevalsreform von 1823 zu einem volksfestartigen Ereignis ausweitete, hatte sie doch einen wesentlich älteren Ursprung: Er lag in der Fastenzeit, die nach Martini begann. Als Fest an der Schwelle zur vorweihnachtlichen Abstinenzperiode war der Martinstag genauso ein Fasten-Vorabend, niederdeutsch ein „Vastavond" oder „Fastelovend", wie die große Fastnacht vor der Osterfastenzeit. Beide Termine hatten also letztlich dieselbe Funktion, nämlich die einer letzten Gelegenheit zu ausgelassenem Feiern vor den Wochen der Stille und zum üppigen Genuss anschließend untersagter Speisen. Dementsprechend ähnlich waren viele Handlungsmuster von Fastnacht und Martini, ja stimmten vor allem im Bereich des Wirtschaftens sogar bis in die Einzelheiten überein.

Der Großeinsatz des Metzgerhandwerks beim „Martinischlachten" etwa hatte seine Parallele an der Fastnacht darin, dass dort ebenfalls die Metzger eine besondere Rolle spielten und vielerorts durch spezielle Bräuche ihre anschließend leeren Kassen noch einmal kräftig aufbessern konnten. Gleichermaßen entsprach dem Verzehr der Martinsgänse vor der Weihnachtsfastenzeit das Abliefern der Fastnachtshühner als Zinsgaben vor dem Osterfasten. Dass es im November vornehmlich den Gänsen an den Kragen ging, im Februar oder März aber überwiegend den Hühnern, war eine Folge der Fastenregeln, die neben dem strikten Verzicht auf Fleisch und Laktizinien auch ein generelles Eierverbot einschlossen. Während der Adventsfastenzeit gab es hier kaum Probleme, weil die Hühner den Winter über ohnehin nicht viel legten. Mit dem nahenden Frühling allerdings änderte sich dies. Und so war es notwendig, den Hühnerbestand jeweils noch vor dem Aschermittwoch drastisch zu dezimieren, um die Eierproduktion in den vorösterlichen Wochen einigermaßen gering zu halten. Dennoch sammelte sich durch die im Frühjahr zunehmende Legetätigkeit der am Leben gelassenen Hühner zum Fastenende hin alljährlich ein beträchtlicher Eierüberschuss an, der zugleich erklärt, warum sich an Ostern zahlreiche Bräuche traditionell rund ums Ei drehen.

Angesichts der engen Verwandtschaft, ja der Funktionsäquivalenz des Martinstages mit der Fastnacht verwundert es denn auch nicht, wenn Martini früher vereinzelt sogar expressis verbis als „Adventsfastnacht" bezeichnet wurde, wie dies beispielsweise aus dem Prämonstratenserkloster Bad Schussenried überliefert ist[22]. Es war somit durchaus konsequent, dass sich in die Feierformen um den 11. November mit der Zeit zunehmend fastnächtliche oder zumindest fastnachtsähnliche Elemente mischten. Ihren sichtbarsten Ausdruck fand diese Entwicklung im Rheinland. Gut erkennbar ist sie etwa in einer Illustration zu dem 1863 erschienenen Buch „Das festliche Jahr" von Otto Freiherr Reinsberg-Düringsfeld, die den Martinsabend in Düsseldorf zeigt (Abb. 6)[23]. Auf den ersten Blick sind dort vor allem Kinder mit Laternen und Lampions zu sehen, mit den bis heute beliebtesten Brauchrequisiten des Martinstags also, über deren Sinn an anderer Stelle noch zu reden sein wird. Bei

---

22 Tüchle, Hermann: Die Gemeinschaft der Weißen Mönche in Schussenried, in: Bad Schussenried, Festschrift zur 800-Jahr-Feier des Prämonstratenserstifts, Sigmaringen 1983, 47.
23 Reinsberg-Düringsfeld, Otto Frhr. v.: Das festliche Jahr in Sitten, Gebräuchen und Festen der germanischen Völker, Leipzig 1863, 343.

Abb. 6: Martinsabend in Düsseldorf, Holzstich aus Otto Freiherr von Reinsberg-Düringsfeld „Das festliche Jahr", Leipzig 1863

genauerem Hinsehen gibt der Holzstich jedoch noch eine zweite Ebene preis, eben die karnevaleske: Unter den Laternen tragenden Kindern, die von fürsorglichen Müttern betreut und begleitet werden, tummeln sich einzelne, offenbar schon etwas ältere Jungen mit grotesken Gesichtsmasken und mit spitzen Bajazzohüten, wie sie für den romantisch wiederbelebten, von italianisierenden Momenten durchwirkten Karneval des 19. Jahrhunderts typisch waren. Ein weiterer Halbwüchsiger mit einer von innen beleuchteten Papierkrone auf dem Kopf lässt sich, auf den Schultern eines anderen hockend, wie ein König durch die Menge tragen – Formen der Ausgelassenheit also, die eindeutig in den Kontext der Fastnacht verweisen.

Während bei Reinsberg-Düringsfeld das Närrische als Brauchfacette des Martinstags erst dezent anklingt, hat es sich in den rheinischen Karnevalshochburgen mittlerweile so verselbstständigt, dass dort der Auftritt der Jecken längst zum spektakulärsten Ereignis des 11. 11. geworden ist. Noch bis in die frühen 1980er-Jahre war in Köln die Eröffnung der neuen Karnevalssession an Martini eine eher interne Angelegenheit der verschiedenen Gesellschaften und Vereine gewesen, die sich in Sälen und Lokalen trafen. Inzwischen aber haben das immer stärkere Medieninteresse und die Liveübertragungen des Fernsehens den Karnevalsauftakt in ein gigantisches Event unter freiem Himmel verwandelt, das alljährlich Tausende in die Altstadt auf den Heumarkt und auf den Altermarkt lockt. Erstmals zeigt sich dort unter den Augen der Kameras das „närrische Dreigestirn", bestehend aus Prinz, Jungfrau und Bauer, auf einer Bühne der Öffentlichkeit, erstmals erklingen die neuen Lieder der kommenden Session, und erstmals seit dem vergangenen Fastelovend schunkeln und tanzen die Jecken wieder auf offener Straße, wobei der Ausbruch des kollektiven Jubels auf die Minute genau festgelegt ist. Als exakter Augenblick des Karnevalsbeginns am 11. Tag des 11. Monats im Jahr gilt nämlich die Uhrzeit 11 Uhr 11[24].

Über den möglichen tieferen Sinn dieser gerne als „Schnapsdatum" bezeichneten Ziffernkombination aus der viermaligen Wiederholung der Zahl 11 ist von den Karnevalisten selbst und von Heimatkundlern viel spekuliert worden, zumal sich die Elfzahl bei den Narren – man denke nur etwa an die Institution der Elferräte – auch im außerkalendarischen Kontext auffälliger Beliebtheit erfreut. Das setzte mitunter merkwürdige Phantasien frei. Zu den abenteuerlichsten Mutmaßungen gehörte hierbei der Gedanke, dass in dem Wort „ELF" die Anfangsbuchstaben der (allerdings in ihrer originalen Reihenfolge vertauschten) Leitbegriffe der Französischen Revolution steckten: „Égalité – Liberté – Fraternité"[25]. Derart vertrackte Interpretationen sind natürlich an den Haaren herbeigezogen und entbehren jeglicher Plausibilität. Dennoch ist richtig, dass es tatsächlich eine weit zurückreichende besondere Affinität der Narren zur Elfzahl gibt, wie beispielsweise schon ein Einblattdruck des frühen 16. Jahrhunderts belegt, der in moralisierender Absicht ganz bewusst elf Narren als Negativmodelle menschlichen Handelns vorstellt.

Der bedeutungsgeschichtliche Hintergrund dazu erschließt sich aus der mittelalterlichen Zahlenallegorese. Danach galt die Elf zum einen als Zeichen für den Anbruch der letzten Stunde und wurde mit den Narren assoziiert, weil diese durch ihren Auftritt in der Fastnacht ebenfalls das neue Ende aller Festivitäten signalisierten, ja im Sinne der alten Narrenidee sogar per se an Tod und Vergänglichkeit erinnerten[26]. Zum anderen aber war die Elfzahl vor allem deshalb negativ besetzt, weil sie von unten her die Zehnzahl der göttlichen Gebote um eins überschritt und nach oben hin die Zwölfzahl der Apostel nicht erreichte. Das machte sie zum Inbegriff der Sünde und der Verkehrtheit der Welt und damit zur klassischen Narrenzahl schlechthin[27]. Obwohl dieses Wissen um

---

24 Oelsner, Wolfgang: Karneval – wie geht das? Fastelovend kennen, verstehen, feiern, Köln 2014, 84 f.
25 Moser, Dietz-Rüdiger: Fastnacht – Fasching – Karneval. Das Fest der „Verkehrten Welt", Graz/Wien/Köln 1986, 167.
26 Mezger, Werner: Narrenidee und Fastnachtsbrauch. Studien zum Fortleben des Mittelalters in der europäischen Festkultur, Konstanz 1991 (= Konstanzer Bibliothek, 15), 419 f.
27 Moser, Dietz-Rüdiger: Elf als Zahl der Narren. Zur Funktion der Zahlenallegorese im Fastnachtsbrauch, in: Jahrbuch für Volksliedforschung 27./28. Jg., 1982/83 (= Festschrift für Lutz Röhrich zum 60. Geburtstag), 346 ff.

ihre mystische Sinndeutung im Mittelalter später in Vergessenheit geriet, blieb die Anziehungskraft der Elf für die Narren zumindest auf formaler Ebene erhalten und erreichte durch die karnevalistische Indienstnahme des Datums 11. 11., 11 Uhr 11 sogar in jüngerer Zeit noch einen Höhepunkt.

Mit der Person des heiligen Martin freilich haben die närrischen Zahlenspielereien um seinen Festtermin ebenso wenig zu tun wie der Auftritt der Narren an seinem Gedenktag. Ausschlaggebend dafür war lediglich die anschließend folgende Fastenzeit. Eine gewisse Brücke zwischen den karnevalesken Umtrieben des 11. 11. und den mit Sankt Martin selbst zusammenhängenden Ritualen bilden allerdings die Heischebräuche, wie sie an Martini heute ebenfalls vorzugsweise im Rheinland üblich sind. Dort ziehen die Kinder vielerorts in mehr oder weniger organisierten Gruppen von Haus zu Haus, singen Martinslieder und erhalten dafür Gaben meist in Form von Süßigkeiten. Diese Bettelumgänge an Martini, die sich übrigens auch für andere Gegenden historisch weit zurückverfolgen lassen, sind einerseits eine typisch fastnächtliche Verhaltensform: Feierfreude fördert Freigiebigkeit, und am meisten profitieren davon die Kinder. Andererseits aber stehen das Betteln und Beschenktwerden natürlich zugleich in einem engen Bezug zu Sankt Martin selbst, der durch die Schlüsselszene der Mantelteilung mit dem Bettler am Stadttor von Amiens zum großen Vorbild gelebter Nächstenliebe wurde. In der Tat berufen sich die Kinder bei ihren Bettelzügen denn auch weniger auf den karnevalesken Ausnahmezustand des 11. 11. als auf die Güte des heiligen Martin, an der sich die von ihnen um eine Gabe Gebetenen doch ein Beispiel nehmen sollten. Diese Argumentation der jugendlichen Akteure als Legitimation ihrer Bettelei ist übrigens bereits in einer kritischen Schilderung des Martinsfestes von Thomas Kirchmair, genannt Naogeorgus, in der deutschen Übersetzung seines reformationspolemischen Buches „Regnum Papisticum" von 1555 enthalten. An der Stelle, an der Kirchmair auf das organisierte Gabenheischen von Schülern am Martinstag eingeht, das sogar unter Beteiligung der Lehrer geschah, wird als Begründung für diese Brauchhandlung angegeben: „Von sant Martin singens vnd lesen, er sey ein milter man gewesen."[28] Hier orientiert sich das Tun der Brauchträger also eindeutig am Exempel des Heiligen selber.

II. Katechetisch-hagiographische Bräuche

In der dualen Systematik unserer vorliegenden Darstellung bilden die Bettelzüge und Heischegänge somit zugleich die Überleitung von den bis jetzt behandelten kalendarisch-ökonomisch begründeten, also mehr oder weniger nur

---

28   Kirchmair, Thomas, gen. Naogeorgus: Das Paepstisch Reych, Basel 1555, 4. Buch, Cap. 28.

formal an den Festtag des Heiligen gebundenen Bräuchen zu der anderen Gruppe von Ritualen, die in einem kausalen Zusammenhang mit der Person von Sankt Martin stehen oder sich inhaltlich auf die Liturgie seines Gedenktages beziehen. Diesen katechetisch-hagiographisch fundierten Martinibräuchen und ihrer Zeichenhaftigkeit wenden wir uns nun im Folgenden zu.

Im Licht des Evangeliums: Martinsfeuer und Laternenumzüge

Das heute bekannteste und am weitesten verbreitete Brauchelement des Martinstages sind zweifellos die Laternenumzüge der Kinder. Dieses mittlerweile bürgerlich pädagogisierte Lichterspiel hat seine wilden Ursprünge wahrscheinlich im frühen 15. Jahrhundert, aus dem uns die ersten Nachrichten vom Entzünden großer Feuer am Abend des 11. 11. überliefert sind. Das Kerngebiet der frühen Belege, oft übrigens in Form von Verboten wegen der Angst vor Bränden in den Städten, konzentriert sich zunächst auf den niederrheinischen bzw. niederländischen Raum. Ab der zweiten Hälfte des 15. und im Lauf des 16. Jahrhunderts aber mehren sich die Nachweise auch in anderen Gegenden, was für einen ebenso zügigen wie großflächigen Diffusionsprozess des Brauches spricht[29]. Auf die offenbar schon bald ziemlich große Dichte der Brauchorte verweist etwa eine 1448 ausgestellte Urkunde des Grafen Friedrich von Moers, in welcher der Martinstag wegen der dort überall lodernden Feuer gar als „Funkentag" bezeichnet wird[30].

Dass die Martinsfeuer spektakuläre und durchaus nicht ungefährliche Ereignisse waren, bestätigen Dutzende von Darstellungen der bildenden Kunst, wo das Thema vor allem in der flämischen Malerei des 16. und 17. Jahrhunderts immer wieder aufgegriffen wurde. Dem übereinstimmenden Szenario dieser optischen Dokumente zufolge wählte man als Ort für das Abbrennen der mächtigen Holzstöße nicht etwa das freie Feld außerhalb von Stadtmauern und Dorfgrenzen, sondern mehr oder weniger weite Plätze inmitten bewohnter Siedlungen. Als eines der vielen Bildbeispiele hierfür sei ein Gemälde von Maerten van Cleef herausgegriffen, das um 1580 vermutlich in Antwerpen entstand und sich heute im Museum der schönen Künste in Dünkirchen befindet (Abb. 7)[31]. Es zeigt, wie eine Menge ausgelassener Menschen in einer urbanen Umgebung um das lodernde Feuer tanzt oder sonstigen Vergnügungen nachgeht, während über den Flammen eine mächtige Rauchsäule in den Himmel

---
29 Sauermann, Dietmar: Martinslied, in: Brednich, Rolf Wilhelm/Suppan, Wolfgang (Hrsgg.): Handbuch des Volksliedes, Bd. 1, München 1973, 397.
30 Pfannenschmidt, Heino: Germanische Erntefeste im heidnischen und christlichen Cultus mit besonderer Beziehung auf Niedersachsen, Hannover 1878, 210.
31 Moij, Charles de (Hg.): Vastenavond – Carnaval. Feesten van de omgekeerde wereld (= Ausstellungskatalog). 's-Hertogenbosch 1992, Nr. 40, 103.

Abb. 7: Das Martinsfeuer, Gemälde von Maerten van Cleef, 3. Viertel 16. Jahrhundert, Dünkirchen, Museum der schönen Künste

steigt. Welche Risiken dabei durch Funkenflug entstehen und jederzeit zu einer Katastrophe führen konnten, lässt sich unschwer erahnen. Solche Visualisierungen, die zweifelsfrei Realität wiedergeben, machen verständlich, warum es so zahlreiche Verbote gegen diesen im wahrsten Sinne des Wortes brandgefährlichen Brauch gab und warum viele Städte für das Entzünden von Martinsfeuern strenge Strafen androhten – allerdings, wie es scheint, mit meist nicht sehr nachhaltigem Erfolg.

Von der zentralen Bedeutung der Feuerbräuche für den Martinstag und ihrer untrennbaren Verbindung mit dem Fest des Heiligen zeugen übrigens auch viele Lieder, die teilweise sogar im Rahmen des Brauchablaufs selbst gesungen wurden. Interessant sind dabei die von den Texten zuweilen enthaltenen Begründungen für die Martinsfeuer. So heißt es etwa in einem 1659 von Gisbertus Voetius aufgezeichneten niederländischen Lied: „Stookt vyer, / Maakt vyer, / Sinte Marten komt (al)hier / Met syne bloote arme, / Hye soude hem geeren warmen."[32] Demnach sollte man also am Martinsabend Feuer machen, um den Heiligen, der nach der Mantelteilung mit entblößten Armen herumreitet und friert, bei seiner Ankunft zu wärmen. Dass der wahre Grund für die Feuersym-

---

32 Voetius, Gisbertus: Selectae disputationes theologicae, Utrecht 1659, 448.

Abb. 8: Martini-Heischezug mit Fackeln, Miniatur zum Monat November im Kalendarium des Breviarium Grimani, um 1520, Venedig, Bibliotheca San Marco

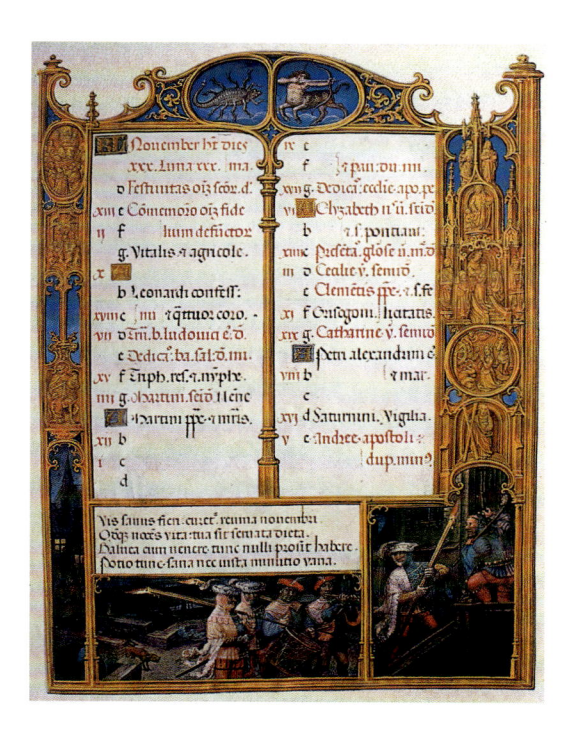

bolik des Martinstags freilich wesentlich tiefer lag, wird noch zu zeigen sein. Ungeachtet der genauen Herleitung ihres Tuns aber war es wohl eben die gefühlsmäßige Überzeugung der Akteure von der Bedeutsamkeit der Elemente Feuer und Licht für das Fest, die sie so zäh daran festhalten ließ und alle restriktiven Maßnahmen der Obrigkeiten dagegen zwecklos machte. Manche Lieder des 17. Jahrhunderts weisen jedenfalls auf eine trotz Verboten noch munter fortschreitende Expansion der Brauchfacetten hin, indem sie nämlich bereits das Holzsammeln im Vorfeld der Funken thematisieren, das offenbar zu einem eigenen Ritual wurde. Weil Brennmaterial in den Städten, für große öffentliche Feuer zumal, gar nicht so leicht zu beschaffen war, wurde es, wie eben manche Liedtexte belegen, offenbar von den Jugendlichen mit entsprechenden Gesängen vor den Häusern erbettelt[33].

Die Feuer-Inszenierungen des Martinsabends aber beschränkten sich keineswegs nur auf das Abbrennen aufgeschichteter Holzstöße an festen Orten. Ein mindestens genauso altes Brauchelement wie die Funken dürften transportable Lichtquellen gewesen sein. So wurden etwa beim Gabenheischen, das ja in der Dämmerung oder nach Einbruch der Dunkelheit stattfand, offenbar auch schon sehr früh Fackeln oder brennende Kienspäne mitgetragen. Das

---

33   Mezger (Anm. 9), 312 f.

Breviarium Grimani, ein berühmtes Stundenbuch aus dem niederländischen Raum, das um 1520 entstanden ist und heute in der Biblioteca San Marco in Venedig aufbewahrt wird, belegt dies mit einer schönen Illustration (Abb. 8): Als Miniatur zum Kalendarium des Monats November erscheint in der unteren Bordüre der betreffenden Seite ein Fackelzug heischender Musikanten, die am Martinsabend trommelnd und pfeifend von Haus zu Haus ziehen und einen Narren voranschicken, der als Vertreter der Sphäre des Karnevalesken an die Türen klopfen muss. Dass die Fackeln bei dem Ritual nicht etwa nebensächlich sind, sondern ein zentrales Brauchrequisit bilden, ergibt sich allein schon aus deren Größe: Sie müssen von erwachsenen Männern auf den Schultern transportiert werden und überragen, senkrecht aufgestellt, ihre Träger mindestens um Kopfhöhe.

Mit den Jahrhunderten änderte sich die Art der bei den Martinszügen mitgeführten Lichtquellen. Je jünger die Teilnehmer wurden – spätestens ab dem bürgerlichen Zeitalter rückten zunehmend die Kinder in den Vordergrund des Brauchgeschehens –, desto mehr kamen, vermutlich auch der geringeren Brandgefahr wegen, statt Pechfackeln mit offenem Feuer geschlossene, kerzenerleuchtete Laternen in Gebrauch. Da deren Gläser, vor allem die zylindrischen, aber wiederum zu wertvoll waren, als dass man sie den Kleinen gerne in die Hand gab, behalf sich die Kindergarten- und Schuljugend auch oft mit ausgehöhlten und zu Gesichtern geschnitzten Kürbissen oder Zuckerrüben, in die ein Wachslicht gestellt wurde, bis sich dann etwa ab 1850 die chinesischen Papierlampions durchzusetzen begannen, die man ebenfalls selbst herstellen und bunt bekleben oder bemalen konnte. Bei allen zeitbedingten Wandlungen aber bleibt eine entscheidende Kontinuität: Das ostentative Mitführen einer Lichtquelle war und ist das herausragende gemeinsame Merkmal sämtlicher Martinszüge.

Über den Sinn der Licht- und Feuersymbolik in den Martinibräuchen sind vielerlei Mutmaßungen angestellt worden – bis hin zu ganz skurrilen Deutungsmodellen wie etwa demjenigen aus den Niederlanden, wonach der heilige Martin auf einer Reise bei Nacht seinen Esel verloren habe und man ihm deshalb mit Laternen suchen helfen müsse[34]. Eine im vollen Wortsinn einleuchtende Erklärung des hohen Stellenwerts der Lichtmetaphorik in den Brauchformen um Sankt Martin konnten erst neuere Forschungen zur populären Frömmigkeit liefern, indem sie einen in der Laienkatechese früherer Jahrhunderte ganz selbstverständlichen Wirkungszusammenhang wieder offenlegten, der heute nahezu völlig aus dem Blickfeld geraten und selbst Theologen nicht mehr bewusst ist: die Abhängigkeit vieler Volksbräuche von den Vorgaben

---

34 Grolman, Hermina C.A.: Nederlandsche Volksgebruiken naar oorsprong en beteekenis. Kalenderfeesten, Zutphen 1931, 51 f.

kirchlicher Schriftlesung. Nach der alten Leseordnung der römischen Kirche, die über mehr als ein halbes Jahrtausend hinweg praktisch unverändert blieb und die erst durch das Zweite Vatikanische Konzil ihre Gültigkeit verlor, war nämlich für den Martinstag am 11. November als Evangelium jeweils verbindlich die sogenannte Lucerna-Perikope Lk 11,33–36 mit der zentralen Aussage Jesu vorgeschrieben: „Niemand zündet ein Licht an und stellt es in ein Versteck oder unter einen Scheffel, sondern auf den Leuchter, damit alle, die eintreten, das Licht sehen."

Diese markante Schriftstelle diente nach traditioneller homiletischer Praxis den Predigern am Martinstag Jahr für Jahr als Anknüpfungspunkt für mehr oder minder anschauliche Auslegungen. Die Gläubigen wiederum kannten die alljährlich an bestimmten Tagen wiederkehrenden Bibeltexte mit der Zeit sehr wohl und verinnerlichten das, was sie von den Kanzeln – meist ihrer einzigen Bildungsquelle – dazu hörten, jeweils auf ihre Weise. Und da die Volksreligiosität vom späten Mittelalter bis zum Ende der Barockzeit ohnedies von einem ausgeprägten Schauverlangen und einem starken Bedürfnis nach Visualisierung durchdrungen war, lag für die Laien nichts näher, als am Martinstag, angeregt durch das mit diesem Termin verbundene Evangelium, das einprägsame Bild des Lichtes, das man nicht verstecken, sondern vor den Menschen leuchten lassen sollte, aufzugreifen und es in konkretes Handeln zu übertragen. So fand die Lucerna-Perikope ihren brauchtümlichen Niederschlag in den abendlichen Umzügen mit realen Lichtern[35].

Tagesevangelien und Bräuche: Erinnern und Vergessen

Die Wiederentdeckung dieser engen Wechselwirkung zwischen Perikopenordnung und Brauchübung verdanken wir vor allem den Forschungen von Dietz-Rüdiger Moser, der hier in den 1980er-Jahren Pionierarbeit geleistet hat[36]. Durch seinen Ansatz fanden nämlich keineswegs nur die Lichter des Martinstags, sondern auch zahlreiche Brauchelemente anderer Feste, deren Sinn aus moderner Sicht nicht mehr verständlich ist, plötzlich plausible Erklärungen. So löst sich, um ein weiteres Beispiel zu nennen, durch Mosers Modell ähnlich der Frage der Laternenumzüge an Martini etwa auch das Rätsel des bis weit in den slawischen Raum hinein verbreiteten „Todaustragens" am vierten Fastensonntag, genannt Laetare, bei dem man seit dem 14. Jahrhundert die Personifikation des Todes in Gestalt einer Strohpuppe vor den Ort oder vor das Stadttor trug,

---
35 Mezger, Werner: Der Martinstag. Brauchtum im Spannungsfeld zwischen Ökumene und Katechese, in: Ritt, Hubert (Hg.): Gottes Volk. Bibel und Liturgie im Leben der Gemeinde, B 8, Stuttgart 1988, 124.
36 Moser, Dietz-Rüdiger: Perikopenforschung und Volkskunde, in: Jahrbuch für Volkskunde 6/1983, 7 ff.

um sie danach auf freiem Feld zu verbrennen bzw. im Wasser zu ertränken[37]. Während dieser Brauch, soweit noch in Übung, heute von seinen Akteuren meist als Winteraustreibung gedeutet wird, liegt sein wahrer Ursprung im Tagesevangelium des auf Laetare folgenden Donnerstags. Es handelte sich dabei um die bekannte Stelle Lk 7,11–16 mit der Geschichte der Auferweckung des Jünglings von Naim, wo es über Jesus heißt: „Als er nahe an das Stadttor kam, siehe da trug man eben einen Toten heraus." Dieser Text war so zentral und bedeutsam, dass die Priester in aller Regel schon am Laetare-Sonntag, der zugleich die Mitte der Fastenzeit markierte, darüber predigten. Und eben das griffen die Brauchträger im Ritual des „Todaustragens" auf: Genau zur Halbzeit der österlichen Bußperiode, also drei Wochen nach dem Memento mori des Aschermittwochs und drei Wochen vor der Auferstehungsbotschaft von Ostern, wurde die Überwindbarkeit des Todes durch Christus, anknüpfend an Lk 7, zeichenhaft nachgespielt. Dem liturgischen Spannungsbogen der Fastenzeit entsprach damit eine ausgeklügelte Dramaturgie der volksfrommen Bräuche, die als beliebte außer- oder paraliturgische Vermittlungsmedien das heilsgeschichtliche Wissen der Bevölkerung vertiefen halfen.

Ebenso verständlich wird, um noch ein drittes Beispiel zu nennen, anhand der alten, vorkonziliaren Perikopenordnung, warum am Vorabend des Festes des heiligen Nikolaus der in die Häuser einkehrende Bischofsdarsteller die Kinder examiniert, sie Gebete sprechen, etwas vorsingen, ja sogar Auskunft über ihr schulisches und häusliches Verhalten geben lässt, ehe er sie ja nach Ergebnis der Befragung belohnt oder bestraft. Für die Messfeier des Nikolaustages war nämlich durch das Missale Romanum als Evangelientext die Stelle Mt 25,14–33 vorgeschrieben, die das Gleichnis von den Talenten enthält: Drei Knechte, denen von ihrem Herrn je eine bestimmte Anzahl an Geldstücken, eben an Talenten, anvertraut wurde, müssen bei dessen Rückkunft Rechenschaft darüber geben, wie sie mit dem ihnen anvertrauten Gut umgegangen sind. Diese Perikope des 6. Dezember mit dem Thema der Rechenschaftslegung ließ es für die – im vorliegenden Fall stark von der gegenreformatorischen Adventspädagogik beeinflusste – Brauchgestaltung nur folgerichtig erscheinen, wenn der heilige Nikolaus, der ohnedies als Schutzpatron der Kinder und Schüler galt, beim Häuserbesuch von seinen Schützlingen ebenfalls Rechenschaft über die Entwicklung ihrer Talente forderte – Talente jetzt nicht mehr als Name für einen Münzentyp verstanden, sondern im übertragenen Sinne als Bezeichnung für Befähigungen, Fertigkeiten und Versiertheit in Glaubensdingen[38].

---

37 Sieber, Friedrich: Deutsch-westslawische Beziehungen in Frühlingsbräuchen. Todaustragen und Umgang mit dem „Sommer" (= Veröffentlichungen des Instituts für deutsche Volkskunde, 45), Berlin 1968, 1 ff.
38 Mezger, Werner: Sankt Nikolaus zwischen Kult und Klamauk. Zur Entstehung, Entwicklung und Veränderung der Brauchformen um einen populären Heiligen, Ostfildern 1993, 143 ff.

Die Reihe der Bräuche, die mehr oder weniger direkt mit bestimmten Tagesevangelien des alten Missale Romanum korrespondierten, ließe sich fortsetzen[39]. Ob die betreffenden Beispiele allerdings, so evident ihr jeweiliger Bibelbezug auch sein mochte, im Endeffekt tatsächlich eine nachhaltige Form der Laienkatechese waren, muss durchaus kritisch gesehen werden. Zu komplex waren die Vermittlungsprozesse von Inhalten der Hochreligion in die breite Bevölkerung hinein, zu vielfältig die dabei auftretenden Brechungen, als dass die Annahme einer idealtypischen Unterweisung der Menschen durch den spielerischen Nachvollzug biblischer Szenen und Bilder in entsprechenden Brauchelementen gerechtfertigt wäre. Viele ehedem in religiösen Sinnbezügen stehende Bräuche mutierten mit der Zeit zu kaum noch reflektierten Routinen. Und gerade die Rezeption der Lichtsymbolik in den Traditionen des Martinstags zeigt, wie sich spätestens nach der Aufklärung das Wissen um den Zusammenhang zwischen Lucerna-Perikope und Brauchhandeln vollends verflüchtigte.

Am deutlichsten offenbaren die Martini-Lieder des 19. Jahrhunderts das Vergessen der ursprünglichen Kontexte und den Kenntnisschwund über den Heiligen selbst. Sie handeln nur noch von den Papierlaternen der Kinder ohne jeden Bezug zum eigentlichen Festinhalt, geschweige denn zum Tagesevangelium. Die zwei bekanntesten, beide im nord- bzw. nordwestdeutschen Raum entstanden, werden heute so gut wie in jedem Kindergarten gesungen, in dem die Martinsfeier noch nicht interkulturellen Rücksichtnahmen zum Opfer gefallen ist. Der Text des einen:

„Laterne, Laterne,
Sonne, Mond und Sterne!
Brenne auf, mein Licht,
Brenne auf, mein Licht,
Aber nur meine liebe Laterne nicht!"[40]

Und kaum weniger profan, um nicht zu sagen albern, der Inhalt der anderen, praktisch themengleichen Kreation:

„Ich geh mit meiner Laterne,
Und meine Laterne mit mir.
Da oben leuchten die Sterne,
Hier unten leuchten wir.

---

39 Vgl. etwa Mezger, Werner: Schwäbisch-alemannische Fastnacht. Kulturerbe und lebendige Tradition, Darmstadt 2015, 92 ff.
40 Klusen, Ernst (Hg.): Deutsche Lieder, Bd. 2, Frankfurt/M. 1980, 732.

Mein Licht ist aus,
Wir gehen nach Haus,
Rabimmel, rabammel, rabum."

Von einem hagiographischen Hintergrund oder gar einem katechetischen Anspruch findet sich also in beiden Fällen nichts mehr. Lediglich in einer der weiteren Strophen des zweiten Liedes heißt es am Schluss:

„Der Martinsmann,
Der zieht voran,
Rabimmel, rabammel, rabum."[41]

Dies liefert immerhin den Hinweis darauf, dass zur Entstehungszeit des Liedes im niederdeutschen Raum am Martinsabend eine verkleidete Gestalt in der mehr oder weniger verfremdeten Rolle Sankt Martins den Laternenumzug der Kinder anführte. Die Tradition des Martinsmannes, der hoch zu Ross die Spitze der Lichterzüge des 11. 11. bildet, gibt es im Rheinland noch heute.

Brauchverfremdungen an Martini: Umzugsfiguren und Schreckwesen

Wie der im Lied genannte Martinsmann schon andeutet, gehörten und gehören zu manchen Bräuchen an Martini auch Spielrollen mit verkleideten, vermummten oder gar maskierten Akteuren. Hinter all diesen Gestalten stand wohl ursprünglich der Gedanke der Vergegenwärtigung von Sankt Martin selbst. Die ältesten schriftlichen Belege für derartige Formen von Theatralität um den heiligen Martin stammen aus dem späten 17. Jahrhundert. Ihre Tradition aber reicht sicher noch weiter zurück. In manchen Gegenden Norddeutschlands und der Niederlande scheint Martin als Brauchfigur schon früh neben Nikolaus und dem Christkind zu den Gabenbringern der Weihnachtszeit gehört zu haben. So berichtet etwa ein Dekret des Herzogs Gustav Adolf von Mecklenburg von 1682, dass „nunmehro die Advents-Zeit und das drauf folgende Christ-Fest herbey kömt, da dem gemeinen Gebrauch nach allerhand vermummte Personen unter dem Namen des Christ-Kindleins, Nicolai und Martini, auff den Gassen umher lauffen, in die Häuser entweder willig eingeruffen werden oder auch in dieselbe sich hineindringen, dergestalt, daß den Kindern eingebildet wird, als wäre es das ware Christ-Kindelein, welches sie anzubeten angemahnet werden, Nicolaus und Martinus auch als Intercessores, bey demselben die Kinder zuvertreten sich annehmen, auch sonsten andere nich-

---

[41] Siuts, Hinrich: Ansingelieder zu den Kalenderfesten, Göttingen 1968, Typ Nr. 341.

tige, unchristliche, muthwillige Dinge in Worte und Werken, vornehmen und treiben." Die Bewertung dieser Brauchphänomene, denen der reformierte Landesherr mit der zitierten Verordnung Einhalt gebieten wollte, ist eindeutig, die darin enthaltende Konfessionspolemik unüberhörbar. Ihre geschichtlichen Wurzeln heißt es denn auch unmittelbar vor der Verbotsformulierung am Ende des Dokuments, habe die „repraesentatio scandalosa" in dem „abergläubischen und abgöttischen Papstthum".[42]

Sieht man einmal von den unterschiedlichen Glaubenswelten ab, die hier miteinander kollidierten, so lässt sich die Rückendeckung der katholischen Seite für den Auftritt Sankt Martins in der Rolle des vorweihnachtlichen Gabenbringers gut nachvollziehen. Die in der Vita des Heiligen dominante Szene der Mantelteilung prägte sein Bild als Inbegriff des freigiebigen Wohltäters und war damit ein plausibler Grund, ihn auf gleicher Ebene mit den Bescherfiguren Nikolaus und Christkind zu sehen. Daraus ergeben sich für unsere Rekonstruktion der Brauchentwicklung zwei interessante Beobachtungen: Zum einen scheinen sich die Auftrittstermine von Martinsdarstellern schon früh zunehmend vom 11. November, dem eigentlichen Gedenktag des Heiligen, gelöst und in Richtung Advent oder Weihnachten verlagert zu haben, und zum anderen fand die katholische Tradition, Martin als reale Gestalt in Erscheinung treten zu lassen, offenbar auch in evangelisch gewordenen Territorien so viel Sympathie und derart breite Akzeptanz, dass sie dem reformatorischen Gegenwind noch lange zäh standhielt.

Natürlich aber agierten die Martinsdarsteller auch an Martini selbst. Dies ist beispielsweise einer weiteren Brauchkritik mit evangelischem Hintergrund aus Sachsen von 1702 zu entnehmen, überschrieben als „Curiöser Bericht wegen der schändlichen Weyhnacht-Larven so man insgemein Heiligen Christ nennet". Dort heißt es, dass in der Vorweihnachtszeit „vermummte Personen mit klingenden Schellen herumlauffen / sich vor des H. Christs Knecht / Sant Martin oder Niclas ausgeben / die Kinder erschrecken / zum Beten antreiben / und mit etwas wenigen beschenken."[43] Und ergänzend dazu: „Dieser Gauckeley haben wir zwei solene Vorblick / nemlich Martini- und Nicolai-Fest / an welchen die Kinder mit Most / Äpffeln / Nüssen und anderen Geschenken erfreuet werden." Als wichtigste Auftrittstermine der offenbar maskiert agierenden und durch karnevaleske Attribute wie Schellen verfremdeten Figuren werden hier also beide Festdaten genannt: der Martins- und der Nikolaustag – wie überhaupt Martin und Nikolaus aufgrund ihrer gemeinsamen Wohltäterfunk-

---

[42] Zit. nach Meisen, Karl: Nikolauskult und Nikolausbrauch im Abendlande. Eine kultgeographisch-volkskundliche Untersuchung, Düsseldorf 1931 (= Forschungen zur Volkskunde 9–12), 32.
[43] Anonymus (M.M.): Curiöser Bericht wegen der schändlichen Weyhnacht-Larven, so man insgemein Heiligen Christ nennet, Leipzig/Dresden 1702, zit. nach Meisen (Anm. 41), 33.

Abb. 9: Der Pelzmärtel, Lithographie von Franz Graf von Pocci, 1850

tion in der populären Vorstellung und in der bildenden Kunst gerne als Duo gesehen und begriffen wurden.

Mit der Zeit scheint es dann in der Tat vor allem das abnehmende Traditionsverständnis in den evangelischen Gebieten gewesen zu sein, das die Brauchgestalten Martin und Nikolaus mehr und mehr zu Groteskfiguren werden ließ und das schließlich auch zu allerlei merkwürdigen Verwerfungen und Überlagerungen führte. So ging etwa im Raum Ansbach ab dem späten 18. Jahrhundert ein wüster Geselle mit dem Namen „Pelzmärtel" um, der durch die Häuser polterte und die Kleinen erschreckte, ehe er mit Äpfeln und Nüssen um sich warf. Wie man sich diese Gestalt ungefähr vorzustellen hat, die übrigens an Martin nur noch durch ihre Benennung erinnerte, ansonsten aber gar nicht mehr am 11. 11., sondern ausschließlich am Nikolausabend auftrat, entnehmen wir einer Darstellung des spätromantischen Märchenbuchillustrators Franz Graf von Pocci, der den „Pelzmärtel" ins Bild gesetzt hat (Abb. 9)[44]. Es handelt sich dabei um einen unproportionierten Kinderschreck mit stechendem Blick, exotischer Kleidung, Strafruten in der Hand und einem Sack auf dem Rücken, in dem ein paar kleine Buben stecken – im Grund also eine Figur, die tatsächlich eher ins Umfeld des Nikolaus verweist, ja die vom Erscheinungsbild her sogar weitgehend identisch ist mit dessen bekanntestem finsteren Begleiter, dem Knecht Ruprecht[45]. Der „Pelzmärtel", zumindest wie Pocci ihn sah, erweist sich somit in mehrfacher Hinsicht als Mischwesen: Während sein Name von Martin herrührt und sein Auftreten aus Elementen der Nikolaustradition schöpft, hat er weder mit dem Bischof von Tours noch mit jenem von Myra viel gemeinsam, sondern ist vom Heiligendarsteller zur bloßen Dämonengestalt mutiert.

Das hauptsächliche Verbreitungsgebiet des „Märte" als furchteinflößendes Schreckwesen der Advents- und Weihnachtszeit erstreckte sich von Franken über das evangelische Altwürttemberg bis zur Südabdachung der Schwäbischen Alb im Raum Ulm. Die Komposita der Bezeichnungen variierten seinen Verkleidungen, Lärmattributen und Schenkgewohnheiten entsprechend. Je nach Region kannte man ihn als „Pelzmärte", „Schellenmärte", „Rollenmärte" oder „Nussmärte"[46]. In manchen Orten hat er bis heute überlebt. So etwa in Sprollenhaus im Nordschwarzwald, wo der „Pelzmärtle", wie man ihn dort im Diminuitiv nennt, an Heiligabend als finsteres Pendant des Christkinds, aber nie gemeinsam mit diesem, die Kinder in den Häusern besucht. Träger des eigentümlichen Einkehrrituals sind die 18- bis 25-jährigen ledigen Mädchen und jungen Männer des Orts. Letztere setzen den „Pelzmärtle" in Szene, erstere kümmern sich um das Christkind. Insbesondere die Ausstaffierung des Märtle bedarf wochenlanger Vorbereitungen, weil er vom Hals bis zu den Füßen in dicke Strohseile gewickelt wird, die eine Gesamtlänge von bis zu 70 Metern haben und jedes Jahr neu geflochten werden müssen. Nach dem Einwickeln, das runde vier Stunden dauert, erhält der Märtle 14 Glocken umgehängt, bekommt eine Birkenrute in die Hand und wird durch eine übers Gesicht gezogene schwarze Wollmütze und einen langen Flachsbart unkenntlich gemacht. Schließlich führt ihn eine Gruppe von acht bis zehn mit Lederpeitschen ausgestatteten Treibern von Haus zu Haus in die Wohnstuben, wo er nach kurzem Hüpfen und Schellenschütteln jeweils stumm verharrt, während die Begleiter Süßigkeiten an die Kinder verteilen. In ungleich freundlicherer Form wiederholt sich das seltsame Spektakel dann im getrennten Auftritt der Mädchen mit

---

[44] Scherer, Georg (Reime)/Pocci, Franz Gf. v. (Illustrationen): Der Osterhas. Eine Festgabe für Kinder, Nördlingen 1850.
[45] Mezger (Anm. 38), 159 ff.
[46] Mezger (Anm. 9), 332.

dem weiß verschleierten Christkind[47]. Irgendein adventspädagogischer Zweck oder gar katechetischer Sinn verbindet sich mit dem Geschehen längst nicht mehr.

Das Verschwinden des heiligen Martin als Brauchfigur in einem Panoptikum unterschiedlichster Groteskgestalten ist ein Prozess, der sich bis in viele Facetten hinein weiterverfolgen ließe. Selbst die Metamorphose Sankt Martins in ein weibliches Wesen kommt vor, wobei die Bandbreite hier von der „Märtesberta" in Mittelfranken[48] bis zum „Martiniweibel" in der Pfalz[49] reicht. Solche und andere Details sind jedoch für unsere Darstellung nur noch von nachgeordnetem Interesse. Festzuhalten bleibt, dass die teils abenteuerlichen Sinnverluste im Repertoire der vorweihnachtlichen Umgangsgestalten und die Pervertierung von Heiligen in dämonische Schreckfiguren weniger eine Folge fortschreitender Säkularisierung als eben die Konsequenz konfessioneller Entwicklungen waren: In reformierten Territorien erlosch ganz einfach das Sensorium für theatralische Formen der Glaubensvermittlung im Rollenspiel, wie es die römische Kirche seit dem Spätmittelalter im Prozessionswesen und in außerliturgischen Kontexten bewusst förderte und wie sie es nicht zuletzt in der Gegenreformation zur Stabilisierung einer sinnlichen Frömmigkeit nochmals intensiv einsetzte.

Konfessionelle Anpassung: Von Martin von Tours zu Martin Luther

Angesichts der Distanzierung der Protestanten vom Heiligenkult der Katholiken verwundert allerdings ein Blick in die volkskundlichen Atlanten zur geographischen Streuung und Dichte der Martini-Bräuche. Mag Sankt Martin als Brauchfigur, wie geschildert, in reformierten Gebieten auch einen Degenerationsprozess erlebt haben, so zeigt sich andererseits – ganz im Gegensatz dazu –, dass Laternenumzüge, Heischegänge und das gemeinsame Singen am Martinstag in den evangelischen Territorien Nord- und Mitteldeutschlands sehr wohl einen hohen Beliebtheitsgrad genießen, ja dass sie sogar nahezu gleich stark und flächendeckend vertreten sind wie in überwiegend katholischen Regionen. Der 11. November scheint somit der einzige Termin im alten Heiligenkalender zu sein, der in weiten Teilen des deutschen Sprachraums überkonfessionell von beiden Kirchen begangen und zudem mit sehr ähnlichen Ausdrucksformen markiert wird. Die im Vergleich zur sonstigen Zurückhaltung

---

47 Bechtle, Götz: Pelzmärtle und Christkindle, in: Der Landkreis Calw. Ein Jahrbuch, Bd. 7, Calw 1989, 170 ff.
48 Erich, Oswald A./Beitl, Richard (Hgg.): Wörterbuch der deutschen Volkskunde, 3. neu bearb. Aufl. Stuttgart 1974, 544, s. v. „Martin".
49 Kleeberger, Karl: Das Martiniweibchen als Kinderschreck, in: Heimatblätter für Ludwigshafen a. Rh. und Umgebung 1929, Nr. 29, 1.

evangelischer Christen gegenüber religiösen Bräuchen ungewöhnliche Feierfreudigkeit in Bezug auf Martin hatte ihren Grund freilich weniger in der Wertschätzung des Bischofs von Tours als darin, dass sie das Martinsfest kurzerhand auf Martin Luther bezogen. Dieser war nämlich am 10. November 1483 in Eisleben zur Welt gekommen und einen Tag später, wie damals häufig praktiziert, auf den Namen des Tagesheiligen getauft worden. Damit bot es sich aus evangelischer Sicht in der Tat an, am 11. November den Namenstag und am Vorabend den Geburtstag des Reformators zu feiern.

Vieles spricht dafür, dass diese Umwidmung des Martinsfestes und seine Verknüpfung mit der Person Martin Luthers ihren Ausgang Mitte des 19. Jahrhunderts von dessen engerer Heimat, nämlich von Thüringen und vom Harz aus genommen haben. So hielt man dort in Kirchen, die ehemals dem heiligen Martin geweiht waren, zu Martini Gedenkgottesdienste ab, mit denen in besonderer Weise an Luthers Wirken und an die Reformation erinnert wurde[50]. Vor allem aber pflegte man den Lichterbrauch und sang dabei Lieder zu Ehren des Reformators, unter denen Luthers Choral „Ein' feste Burg ist unser Gott" nicht fehlen durfte. Als Brauchzentren mit besonders aufwändigen Formen der Luther-Verherrlichung profilierten sich im Lauf der Zeit vor allem Erfurt und Nordhausen. Interessant ist, dass man dabei speziell in Nordhausen auch noch versuchte, den Lichterumzug nicht aus dem an Martini schon lange üblichen Feuer-, Fackel- und Laternenbrauch zu erklären, sondern seinen Ursprung mit der eigenen Stadt zu verbinden, indem man extra eine entsprechende Lokallegende konstruierte[51].

Der hohen protestantischen Musikkultur Rechnung tragend, entstanden zur Feier des Geburts- und Namenstages von Martin Luther zunehmend auch brauchtaugliche Lieder, die ihm und seinem Wirken galten. Dabei wurden entweder neue Gesänge komponiert oder einfach alte Martini-Lieder durch einen veränderten Text auf Martin Luther umgemünzt. Eines der bekanntesten Beispiele dieser Art war die protestantische Überarbeitung des niederdeutschen Heischelieds „Sünne Maden Hilgesmann" (Sankt Martin, heiliger Mann), die dann im Raum Bielefeld, Herford und Detmold seit der zweiten Hälfte des 19. Jahrhunderts wie folgt lautete:

„Martin Luther, Martin singen wir,
Martin ist ein Freund der Kinder,
Lernt uns beten und nicht minder:
Martin Luther, Martin singen wir […]"[52]

---

50 Pröhle, Heinrich Andreas: Kirchliche Sitten, Berlin 1858, 50.
51 Reinsberg-Düringsfeld (Anm. 23), 345; Mezger (Anm. 9), 334 f.
52 Sartori, Paul: Zur Volkskunde des Regierungsbezirks Minden, in: Zeitschrift des Vereins für rheinische und westfälische Volkskunde 4, 1907, 7.

Vereinzelt führten solche evangelischen Umwidmungen auch zu Gegenreaktionen von katholischer Seite, weil sie dort als Übergriffe verstanden wurden. So gab es etwa gerade zu dem Luther-Lob auf der Basis von „Sünne Maden Hilgesmann" im Kreis Höxter schon bald eine katholische Antwortversion, die einfach aus dem evangelischen Text den Namen des Reformators tilgte und wieder durch Martin von Tours ersetzte. Da hieß es dann:

> „Martin, Bischof, Martin singen wir,
> Martin war ein Freund der Kinder,
> Lernte Beten und das Singen,
> Martin, Bischof, Martin singen wir […]"[53]

Nun wäre es allerdings völlig falsch, hieraus den Schluss zu ziehen, dass die Pflege des Martinibrauchtums von katholischer wie von evangelischer Seite, wenn auch mit je etwas unterschiedlichen Intentionen, zu einem Feld konfessioneller Konkurrenzen oder gar Konflikte geworden sei. Für das ausgehende 19. Jahrhundert mag das vereinzelt noch zugetroffen haben. Inzwischen wird jedoch die überkonfessionelle Gemeinsamkeit des Feierns an Martini längst als ökumenische Chance gesehen und genutzt – zumal die evangelische Kirche mittlerweile neben Martin Luther sehr wohl auch wieder Martin von Tours in den Blick nimmt und in der Katechese auf seine Bedeutung als Vorbild christlichen Handelns verweist.

Zu einem der schönsten Beispiele ökumenischer Festgestaltung ist Erfurt geworden, wo seit 1972, also bereits zu DDR-Zeiten, beide Konfessionen jeweils am Vorabend des 11. November eine große gemeinsame Martinifeier in eindrucksvollem Rahmen veranstalten (Abb. 10). Deren inzwischen fest eingespielten Ablauf schildert eine wenige Jahre nach der Wende entstandene Beschreibung so: „Traditionsgemäß ziehen bei Einbruch der Dunkelheit Tausende Erfurter mit ihren Kindern zum Domplatz. Ihre Schützlinge tragen selbstgebastelte Laternen, aufgefaltete leuchtende Papiermonde oder buntgeringelte Lampions. Aus allen Straßen strömen die Menschen mit ihren Lichtern, mit denen sich rasch der große Platz unter den hochaufragenden Türmen des Erfurter Doms und der Severikirche füllen. Die alljährliche Martinsfeier beginnt mit dem Läuten der Glocken. Dem folgt die Predigt von den hell erleuchteten Domstufen, bis eines von den bekannten Kirchenliedern angestimmt wird, das viele Menschen mitsingen. Besonders werden die zahlreich erschienenen Kinder angesprochen. Sie schwenken zum Abschluss der Veranstaltung ihre Laternen. Dann klingt das Fest mit einem Posaunenblasen aus, dem sich ein mehrstimmiges Glockenläuten anschließt. Meist ist dann auch Erfurts berühmteste und

---

53 Sauermann (Anm. 29), 411.

Abb. 10: Ökumenisches Martinsfest am Vorabend des 11. November auf dem Domplatz in Erfurt

schwerste Glocke, die 1497 gegossene, über 11 000 Kilo schwere ‚Gloriosa' zu hören, die ein holländischer Meister einst für die Glockengießerstadt Erfurt fertigte. Allmählich entfernen sich die Besucher mit ihren Lampions vom Domplatz und verteilen sich glühwürmchengleich in die heimführenden Straßen. Hin und wieder ist außer den Monden und Sternen auf einer Laterne auch das Bild des heiligen Martin zu sehen, wie er seinen Mantel mit einem frierenden Bettler teilt."[54] Martin von Tours und Martin Luther – in Erfurt führt die Menschen das Andenken an beide zusammen.

---

54 Wiesigel, Anne und Jochen: Feste und Bräuche in Thüringen. Von der Hullefraansnacht zu den Antoniusfeuern, Erfurt 1994, 136 f.

Braucherneuerung: Martinsritte und Bettlerszene

Martinibräuche unter explizit kirchlicher Anleitung sind in der langen Geschichte der populären Rituale des Martinstags eine sehr junge Erscheinung. Sie entstanden, wie bereits erwähnt, erst im Lauf des 19. Jahrhunderts, und die Martin-Luther-Feiern der evangelischen Kirche mit ihrem hohen Organisationsgrad hatten daran einen entscheidenden Anteil. Nicht zuletzt durch sie sah sich nämlich auch die katholische Kirche mehr und mehr dazu veranlasst, das zuvor weitestgehend profanierte Brauchwesen an Martini vor allem für Kinder aktiv zu begleiten und zu pädagogisieren. Das bedeutete für die katholische Seite etwas gänzlich Neues, denn die volksfrommen Bräuche hatten dort, soweit sie nicht unmittelbar die Liturgie begleiteten wie etwa bei Prozessionen, immer ein Eigenleben geführt, in das die Amtskirche in der Regel nur dann eingriff, wenn es zu Auswüchsen kam.

Eben diese para- und außerliturgischen Ausdrucksformen populärer Religiosität waren in der Aufklärung in den Strudel eines gewaltigen Niedergangs geraten, in dessen Verlauf vieles, was im katholischen Bereich bis dahin als – obgleich oft sehr verselbstständigter – laienkatechetischer Nachvollzug gegolten hatte, vollends zum bloßen Klamauk degenerierte. Das betraf auch die Auftritte von Martins- und Nikolausdarstellern im katholischen Raum, nachdem diese in evangelischen Territorien als „papistische" Traditionen schon wesentlich früher groteske Verfremdungen erfahren hatten. Eine entscheidende Zäsur im Umgang mit volksreligiösen Überlieferungen waren für den katholischen Teil des deutschsprachigen Raums schließlich die Reformen Maria Theresias und Josephs II., zu denen nicht zuletzt auch die Abschaffung des Martinstags als kirchlich gebotener Feiertag gehörte[55]. Seine Umwandlung in einen gewöhnlichen Werktag, bei dem zugleich der Zwang zum Kirchgang entfiel, trug zweifellos wesentlich dazu bei, dass sich die religiöse Bedeutung des 11. Novembers als Heiligengedenktag im Bewusstsein der Bevölkerung zunehmend verflüchtigte, während parallel dazu die ohnedies schon recht weltlichen Bräuche einen weiteren Verselbstständigungsschub erfuhren.

Wo sie nicht gänzlich bizarre Formen annahmen wie etwa beim „Kasmandelfahren" im Lungau im Salzburger Land oder beim „Wolfablassen" im Mühlviertel, wo der heilige Martin praktisch überhaupt keine Rolle mehr spielte[56], arteten sie auf andere Weise aus und entwickelten eine kaum noch kontrollierbare Eigendynamik. So liefen etwa im Rheinland die Kinder beim Martinssingen und bei ihren Heischezügen aufsichtslos in größeren oder kleineren Gruppen wild lärmend in die Häuser, schrien mehr, als dass sie sangen, bedrängten

---

55 Kimminich, (Anm. 13) 28 f. u. 172 f.
56 Mezger (Anm. 9), 330 f.

die Bewohner mit aufsässiger Bettelei oder verspotteten sie gar mit rüden Versen, wenn das Betteln keinen Erfolg hatte. Aus diesem Grund bildeten sich meist auf Initiative des gehobenen Bürgertums in verschiedenen rheinischen Städten Komitees, die weniger über eine Abschaffung als über eine angemessene Korrektur der entglittenen Kinderbräuche berieten[57]. Möglicherweise orientiert am Modell der wohlgeordneten evangelischen Luther-Feiern im Stil von Nordhausen oder Erfurt entschloss man sich, die Lichter- und Heischezüge fortan durch verantwortungsbewusste Erwachsene zu organisieren oder ihre Gestaltung und Durchführung den Schulen und Kindergärten zu übertragen.

Nachdem es einen ersten geplanten und durch Aufsichtspersonen begleiteten Martinszug bereits 1867 in Dülken gegeben hatte, scheint die Vorreiterrolle in der Brauchreform schließlich Düsseldorf übernommen zu haben, wo seit 1890 organisierte Fackel- und Lampionumzüge durch die Straßen gingen[58]. Dabei sangen die Kinder, von Musikkapellen begleitet, außer ihren alten Heischeversen auch neue Martinslieder, die den Heiligen und dessen Taten wieder mehr ins Blickfeld rückten. Und endlich nahm sogar noch hoch zu Ross ein Darsteller des heiligen Martin an diesen Veranstaltungen teil, zunächst als Bischof und seit 1905 als Ritter bekleidet[59]. Das Düsseldorfer Vorbild machte Schule. In Mainz wurden entsprechende Lichterzüge um die Jahrhundertwende eingeführt[60], in Koblenz die bestehenden Martinsbräuche 1909 reformiert[61], kurz darauf das Brauchgeschehen des 11.11. in Bonn neu geregelt[62] und so weiter. Nach und nach brachten sich dann auch die ersten Pfarreien in die Veranstaltungen ein.

Im Lauf des 20. Jahrhunderts breiteten sich die Martinszüge neuen Stils ständig weiter aus und expandierten insbesondere nach dem Zweiten Weltkrieg enorm. Ein von Herbert und Elke Schwedt durchgeführter Vergleich der Karten 40 a und b im Atlas der deutschen Volkskunde, die auf flächendeckenden Erhebungen zu den Martinszügen und -feiern aus den Jahren 1930 und 1933 beruhten, mit eigenem Befragungsmaterial für Rheinland-Pfalz und das Saarland aus den Jahren 1984/85 ergab eine geradezu unglaubliche Zunahme der Brauchorte[63]. Von ähnlich starken Zuwächsen an neuen bzw. erneuerten

---

57 Meisen (Anm. 11), 88.
58 Pesch, Dieter: Das Martinsbrauchtum im Rheinland, Diss. Münster 1969, 96 f.
59 Clément, R.: Ein Martinsabend in Düsseldorf, in: Zeitschrift des Vereins für rheinisch-westfälische Volkskunde 1, 1904, 131 ff.
60 Schenk, Günter: „Preise Sankt Martinus mit herzlicher Freude" – Zum 11.11., dem Fest des Mainzer Bistums- und Stadtheiligen, in: Mainz. Vierteljahreshefte für Kultur, Politik, Wirtschaft, Geschichte 3, 1983, H. 4, 128.
61 Werhan, K.: Die Martinsfeier in Coblenz, in: Zeitschrift des Vereins für rheinische und westfälische Volkskunde 7, 1910, 244 ff.
62 Meisen (Anm. 11), 88.
63 Schwedt, Herbert: Sankt Martin vorwärtsreitend. Zur Transformation und Diffusion eines Brauchkomplexes, in: Lehmann, Albrecht/Kuntz, Andreas (Hgg.): Sichtweisen der Volkskunde. Zur

Martinsbräuchen wird man, ohne dass konkrete Erhebungen dazu vorlägen, ab der zweiten Hälfte des 20. Jahrhunderts auch für den Süden und Südwesten Deutschlands ausgehen dürfen, besonders für die unter dem Patronat des heiligen Martin stehende Diözese Rottenburg-Stuttgart. Das zentrale Bestreben aller Brauchreorganisatoren der Nachkriegszeit war die Wiederherstellung der christlichen Sinngebung des Martinstags. Dies zeigt nicht zuletzt eine Reihe neuerer brauchbegleitender Liedschöpfungen mit religionspädagogisch-didaktischer Absicht, die es jedoch nicht leicht hatten und haben, sich gegen säkulare Allerweltslieder wie „Laterne, Laterne" zu behaupten. Überregionale Wirkung und breitere Akzeptanz erlangte immerhin eines der Musikerzeugnisse dieser stärker reflektierten Schicht, das freilich auch schon nicht mehr ganz jung ist:

> „Sankt Martin, Sankt Martin,
> Sankt Martin ritt durch Schnee und Wind,
> Sein Ross, das trug ihn fort geschwind,
> Sankt Martin ritt mit leichtem Mut,
> Sein Mantel deckt' ihn warm und gut.
>
> Im Schnee, da sass ein armer Mann,
> Hatt' Kleider nicht, hatt' Lumpen an,
> Helft mir doch in meiner Not,
> Sonst ist der bittre Frost mein Tod!
>
> Sankt Martin zog die Zügel an,
> Sein Ross stand still beim armen Mann,
> Sankt Martin mit dem Schwerte teilt'
> Den warmen Mantel unverweilt.
>
> Sankt Martin gab den halben still,
> der Bettler rasch ihm danken will.
> Sankt Martin aber ritt in Eil'
> Hinweg mit seinem Mantelteil."[64]

Inhaltlich handelt sich hier um nichts anderes als um eine ausgeschmückte musikalische Schilderung der berühmten Begebenheit vor dem Stadttor von Amiens. Und diese ist es auch, die sich wie ein roter Faden durch das gesamte

---

Geschichte und Forschungspraxis einer Disziplin. Festschrift für Gerhard Lutz zum 60. Geburtstag, Berlin/Hamburg 1988, 257 ff.
64 Klusen (Anm. 40), 731.

Abb. 11: Mantelteilung an Martini in Bad Waldsee

neue Martinsbrauchtum zieht, indem sie den Kindern real vor Augen geführt wird. Obwohl im 19. Jahrhundert praktisch noch völlig unbekannt, gehört die szenische Darstellung der Mantelteilung heute quasi obligatorisch zum Brauchablauf und bildet unter katechetischem Gesichtspunkt dessen Kernstück. Alle übrigen Elemente wie Lampionumzug, Feuerentzünden, Gabenheischen usw. nehmen sich dagegen trotz ihrer oft längeren Tradition und nicht selten spektakuläreren Erscheinungsformen eher wie äußeres Beiwerk aus. – In ihrer einfachsten Form vollziehen sich Martinsritt und Mantelteilung in der Regel so, dass die Kinder zunächst einen Lampionumzug zu einem exponierten Platz machen, wo sie sich in einem großen Kreis aufstellen. Dort trifft der als heiliger Martin kostümierte Reiter, der den Zug entweder schon begleitet hat oder nun erst dazukommt, auf den frierenden Bettler, um ihm nach einem kurzen Dialog, für alle Umstehenden gut sichtbar, die eine Hälfte seines Soldatenumhangs zu übergeben (Abb. 11). Anschließend wird noch ein gemeinsames Lied gesungen, dann machen sich die Kinder mit ihren Laternen, begleitet von Erwachsenen, in kleinen Gruppen auf den Heimweg.

Das enorme Durchsetzungsvermögen der Mantelteilung als Spielhandlung im neueren Brauchgeschehen um Sankt Martin ist ein bemerkenswertes Phänomen. Seine Erklärung findet es fraglos in der Förderung durch die katholischen Kirchengemeinden und in der Unterstützung von Seiten der zuständigen Diözesen. Im historischen Rückblick betrachtet, ist damit die markanteste

Stelle der Martinus-Vita, die zwar für das Bild des Heiligen in der christlichen Ikonographie schon immer bestimmend war, in den Bräuchen aber allenfalls indirekt eine Rolle spielte, wenn auch sehr spät, doch noch brauchrelevant, ja sogar brauchdominant geworden. – Die Reformbemühungen des 20. Jahrhunderts, vor allem der Nachkriegszeit, um die Martinsbräuche haben eine Art Neuverknüpfung der Synapsen bewirkt, indem durch sie die feinnervigen Zusammenhänge zwischen der Brauchpraxis und ihrem religiösen Hintergrund anders verkoppelt wurden: Während sich der einstige Bedeutungszusammenhang zwischen den Laternenumgängen und der Lucerna-Perikope des 11. Novembers durch die vom Konzil geänderte Leseordnung aufgelöst hat, liegt nunmehr im sichtbaren Nachvollzug der Mantelteilung ein umso höherer didaktischer Wert.

Der geteilte Mantel – Modell für ein Europa mit Zukunft

In der veränderten Welt des 21. Jahrhunderts scheint sich die jahrzehntelange Konjunktur der organisierten, oft kirchlich begleiteten Martinsbräuche leider nicht fortzusetzen, sondern speziell im Kindergartenbereich eher rückläufig zu sein. Dies aus doppeltem Grund: Zum einen sorgt die rasante Säkularisierung dafür, dass an die Stelle des christlichen Martinsfestes heute zunehmend sinnfreie Halloween-Feiern treten, die mit den illuminierten Kürbissen und dem Gabenheischen klassische Elemente des Martinsbrauchs aufgreifen und diesen in synkretistischer Eventhaftigkeit durch Grusel und Verkleidung noch weitere Facetten hinzufügen, was den Trends der reizüberfluteten modernen Erlebnisgesellschaft voll entspricht. Zum anderen geraten die Martinsfeiern in Kindergärten mittlerweile auch mehr und mehr durch interkulturelle Rücksichtnahme unter Druck, weil man – so die Meinung vieler Träger – christliche Festinhalte Angehörigen anderer Religionen angeblich nicht zumuten könne.

Ein nachdenklich stimmendes Fallbeispiel hierzu ereignete sich 2013 im hessischen Bad Homburg. In einer städtischen Kindertagesstätte wurde dort anstelle von Martini ein „Sonne, Mond und Sterne-Fest" geplant. Den Anlass dafür hatte ein Statement des NRW-Chefs der Partei „Die Linke" in der „Rheinischen Post" gegeben, das energisch forderte, muslimischen Kindern nicht länger christliche Feste aufzuzwingen, zumal die Idee des Teilens auch ohne Sankt Martin vermittelbar sei. Da die Verantwortlichen in Bad Homburg trotz eines Shitstorms von mehr als 250 Protestmails bei ihrer Entscheidung für „Sonne, Mond und Sterne" blieben, fand das Fest unter Polizeischutz statt[65]. Auf dem Höhepunkt des verbalen Schlagabtauschs, in dem die Argumente von beiden Seiten immer unsachlicher wurden, meldete sich schließlich der Vorsitzende

---

65 Frankfurter Rundschau, 6. 11. 2013.

des Zentralrats der Muslime in Deutschland, Aiman A. Mazyek, mit einer bemerkenswerten Äußerung zu Wort. Dass Sankt Martin, so Mazyek, „ein katholischer Heiliger" sei, stelle für Muslime kein Problem dar. Und wörtlich: „Das Leben des heiligen Martin ist doch geradezu vorbildlich, auch für Muslime. Der Gedanke des Teilens spielt auch im Islam eine große Rolle."[66]

Vielleicht muss man sich so etwas tatsächlich erst aus muslimischem Mund sagen lassen, um von hypochondrischer Kultursensibilität, die bis zur Selbstverleugnung reicht, wieder zu Vernunft und Augenmaß zurückzukehren. Martin von Tours war und ist nämlich das Gegenteil von Kulturimperialismus. Das Andenken an ihn lädt vielmehr zum Dialog ein. Schon zu seiner Zeit ein Weltbürger, kannte er verschiedene Kulturen und Mentalitäten und wusste sich unaggressiv und verständnisvoll darin zu bewegen. Mit der Souveränität des römischen Militärs, der allein seinem Gewissen folgte und vor dem Stadttor von Amiens der guten Sache wegen sogar ein Dienstvergehen riskierte, und mit der späteren Autorität des Bischofs von Tours wurde er zu einer prägenden Gestalt abendländischer Geschichte, ja zu einem der Architekten Europas. Er stand als Vorbild an der Wiege jenes heute, um Papst Franziskus zu zitieren, „müde" gewordenen Kontinents, der einst mit großen Ideen und noch vor kurzem voller Hoffnung aufgetreten war und der inzwischen aufgrund kleinkarierter Streitereien um Finanzen auseinanderzubrechen und vom Spaltpilz ökonomischen Ungleichgewichts vergiftet zu werden droht.

Martin war kein Machtmensch mit weitreichenden politischen Gestaltungsmöglichkeiten. Eine einzige, ebenso schlichte wie grandiose Szene hat sein Andenken über die Jahrhunderte lebendig halten: die Mantelteilung. Mit ihr hat er mehr bewirkt als viele Potentaten, die nach ihm kamen und gingen. Das Bild des geteilten Mantels ist uns als sein Vermächtnis geblieben und zu einem leuchtenden Beispiel geworden für ganz Europa, auch für sein Herkunftsland, das heutige Ungarn. Dass das Martinus-Gedenkjahr 2016 ausgerechnet mit einer der größten Herausforderungen zusammenfällt, die Europa je erlebt hat, mit der Flüchtlingskrise, gleicht einem Fingerzeig. Es ist Martin von Tours, der durch sein Vorbild deutlich macht: Neben fiskalischem und ökonomischem Kapital, um das die Welt sich zankt, gibt es noch ein ganz anderes, nämlich kulturelles Kapital, das auf Dauer weit wertbeständiger und viel höher verzinslich ist als alle sonstigen Kapitalien zusammen. Als Patron der Reisenden, der Armen und der Unterdrückten setzt Martinus heute, angesichts des Flüchtlingsproblems und der dramatisch auseinanderklaffenden Schere zwischen Arm und Reich, alternative Maßstäbe und plädiert damit für radikales Umdenken. Die Erinnerung an seine Botschaft nicht verlöschen zu lassen und sie Jahr für Jahr Kindern wie Erwachsenen immer wieder neu ins Gedächtnis zu

---

66 Die Welt, 4. 11. 2013; Der Tagesspiegel, 6. 11. 2013.

rufen – auch durch Bräuche wie das Nachspielen der Mantelteilung – ist enorm wichtig.

Das Prinzip des heiligen Martin heißt Teilen, nicht im Sinne von modern berechnendem „Sharing", sondern in der unmodernen, dafür aber umso beständigeren Form selbstlosen Halbierens des Eigenen. Tugenden wie diese sind es, die eine Gesellschaft unter Globalisierungsdruck stabil halten und ihr Werte geben. Nicht die Windigkeit der Banker, Börsianer, Zocker und Spekulanten, sondern Verlässlichkeit, Mitmenschlichkeit und Barmherzigkeit braucht Europa, wenn es überleben will. Für ein solches Europa der Barmherzigkeit steht Martin von Tours: Sein Beispiel hat die Kraft, den angeschlagenen Kontinent in eine gute Zukunft zu begleiten.

RÓZA GRÄFIN VON THUN UND HOHENSTEIN

Europa eine Seele geben oder eine martinische Haltung für und in der Politik Europas

Wünsche an Europa – Politik aus Europa

Geboren in Szombathely in Ungarn, weitere Lebensstationen in Pavia, als römischer Soldat in Mailand, Worms, Amiens, Einsiedler auf einer Insel bei Genua, Gründer des ersten abendländischen Klosters in Ligugé in Frankreich, Trier und natürlich Tours – ein Euroskeptiker war der heilige Martin sicher nicht. Vielmehr war er einer der frühen Architekten des christlichen Europas.

Seine vielfältigen Spuren findet man überall in Europa: in der Kunst, in Ortsnamen, Vornamen und in den Bräuchen: In den Jahren, in denen ich in Frankfurt lebte, lernte ich, für den Martinszug mit unseren Kindern bunte Martinslaternen zu basteln. Diesen Brauch habe ich dann in Polen fortgesetzt.

Viele Länder, Orte und soziale Gruppen quer durch Europa haben sich den heiligen Martin zum Patron gewählt: die Slowakei, Frankreich, das Burgenland, das Eichsfeld, Mainz, die Bettler, die Gefangenen, die Reisenden, die Soldaten und sogar die Abstinenzler – wobei ich fürchte, dass der heilige Martin ein Auge zudrücken muss, wenn er auf unsere Konferenz herunterschaut.

Sie fragen mich im Titel meines Vortrags nach Wünschen an Europa und nach der Politik aus Europa. Ich glaube, der heilige Martin würde den Spieß umdrehen und sagen: *Wir* bauen Europa, so wie er es gebaut hat, und *wir* gestalten die europäische Politik. Wir sind also die Architekten Europas, so wie er es damals war. Europa, das sind wir, wir in diesem Saal und überall sonst in Europa. Und Europa ist in Weingarten, genauso wie in Krakau, Brüssel oder Straßburg.

Und wenn wir Europa bauen, dann tun wir dies in Solidarität mit allen Europäern, wir bauen also ein solidarisches Europa, so verstehe ich den zweiten wichtigen Aspekt der martinischen Haltung. Solidarität heißt nicht, alles hergeben oder finanzieren, es heißt teilen. Der heilige Martin hat ja auch nur die Hälfte seines Mantels dem Bettler gegeben. Die andere Hälfte hat er behalten, obwohl der Bettler ganz nackt war. Und er wurde trotzdem heiliggesprochen.

Nehmen wir an, der Mantel wäre blau und mit zwölf goldenen Sternen bestickt, die europäische Fahne also. Damit wären wir beim Kern: Wir interessieren uns dafür, welche Qualität der Mantel hat, aus was er gewoben ist und wie er verarbeitet ist. Dann überlegen wir uns, wie er geteilt wird oder werden soll, und zum Schluss, wer ihn teilt oder teilen soll, das heißt, wem welche Rolle beim Teilen zukommt.

Kommen wir zum ersten, der Qualität und der Zusammensetzung des Mantels. Von der Ferne wirkt der Mantel einfach blau; wenn man ihn von der Nähe anschaut, sieht man, dass er aus sehr verschiedenen Fäden, in verschiedenen Tönungen und verschieden Stärken gewoben ist. Alles zusammen ergibt ein harmonisches Ganzes, das seine Qualität der Verschiedenheit seiner Bestandteile verdankt, die sich wechselseitig stärken.

Viele denken bei den Bestandteilen nur oder fast nur an das Geld, das die einzelnen Mitgliedsländer in den europäischen Haushalt einzahlen. Sie denken an ihre Steuergelder, die nach Brüssel gehen, damit von dort aus die ärmeren EU-Länder unterstützt werden können. Manche dieser Länder kennen wir von Reisen, andere aus Medienberichten, die meistens nichts Gutes berichten, denn positive Berichte gelten als langweilig, wenn nicht gar als Propaganda.

Erst jetzt, nach 25 Jahren erfolgreicher Transformation, sind die Pferdefuhrwerke aus den Polenreportagen verschwunden, vielleicht weil die vielen Touristen und Geschäftsleute, die heute nach Polen kommen, zu deutlich sehen, dass das exotische vielleicht etwas nostalgische Bild einfach nicht stimmt. Über zwei Dekaden haben sie das Polenbild im Westen bestimmt. Und was alles über die südeuropäischen Länder berichtet wird, die den Euro haben, obwohl sie angeblich nicht reif dafür sind, kennen Sie selbst am besten. Unsere Bereitschaft zu finanzieller Solidarität ist also arg unter Stress.

Dabei vergessen wir oft verschiedene Fakten. Alle Mitgliedsländer, auch die ärmeren, zahlen ins europäische Budget ein und alle Mitgliedsländer, auch die reicheren, erhalten Gelder aus dem europäischen Budget. Wir erinnern uns an den heiligen Martin, der die Hälfte seines Mantels behalten hat. Solidarität heißt ja nicht, soviel zu geben, dass man für die Zukunft die Fähigkeit verliert, zu helfen. Sie kennen das aus dem Flugzeug: Bei Druckabfall soll man sich zuerst selber die Sauerstoffmaske aufsetzen und dann einem Kind oder einem anderen Bedürftigen dabei helfen. Europäische Solidarität ist eine Investition, die allen nutzt, unabhängig ob sie mehr oder früher mehr geben, als sie bekommen oder umgekehrt, mehr oder früher mehr erhalten, als sie geben.

Europäische Solidarität heißt somit, dass wir wechselseitig ineinander investieren und so uns befähigen, unsere gemeinsamen Ziele zu erreichen. Aus dem europäischen Budget finanzieren wir vor allem Entwicklungsziele. Wir wollen uns wirtschaftlich und politisch stark machen für unser aller Zukunft in der globalen Welt. Wir wollen unsere natürlichen Lebensgrundlagen erhalten und nachhaltig bewirtschaften. Und wir wollen sicherstellen, dass alle Europäer gleichermaßen an dieser Entwicklung teilhaben können, also eine zusätzliche Solidarität mit allen Benachteiligten, egal welcher Herkunft, die es aus irgendwelchen Gründen schwerer haben, mitzukommen.

Das sind die Ziele unserer gemeinsamen europäischen „Lissabon-Strategie". Diese Ziele haben nicht die ominösen Bürokraten aus „Brüssel" vorgegeben, sondern sie stammen von uns. Die Lissabon-Strategie ist also keine Politik sozusagen „aus Europa". Sie ist unsere gemeinsame europäische Politik. Unsere Regierungen und unsere Europaabgeordneten – alle von uns gewählt – haben sie gemeinsam beschlossen, wie ich meine, durchaus im Sinne des heiligen Martin.

Und Projekte, die uns erlauben, diese „Lissabon"-Ziele zu erreichen, finanzieren wir aus dem gemeinsamen europäischen Budget überall in Europa. Dass wir dort mehr Mittel einsetzen, wo die Fähigkeit, sich selber zu helfen, mehr Unterstützung braucht, ist vernünftig. Wir wollen ja möglichst effizient sein. Solidarität ist vernünftig. Solidarität ist keine Milde-Gaben-Strategie, sondern eine Investitions-Strategie.

Vor dem Beitritt zur EU wurden die Polen in einem Referendum gefragt, ob sie beitreten wollen. Besonders die Bauern waren sehr skeptisch und hatten viele Befürchtungen. Ich bin damals viel mit unserem alten VW-Bus durchs Land gefahren und erinnere mich gut an einen Obstbauern, der vor allem Äpfel anbaute. Bei ihm hing alles davon ab, ob er eine gute Ernte hatte und sie gut verkaufen konnte. Als ich ihn nach vielen Jahren wieder besuchte, hatte er sich dank der Hilfe aus dem EU-Budget eine Anlage kaufen können. Oft sind solche Anlagen in Deutschland hergestellt. Mit dieser Anlage konnte er seine Äpfel konservieren. So konnte er sie dann auf den Markt bringen, wenn der Preis für ihn günstig war. Seine Zukunft als Obstbauer war gesichert sowie die vieler seiner Kollegen. Das ist keine Idylle. Polen gehört heute zu den „Apfel-Weltmächten", ein Beispiel für erfolgreiche Hilfe zur Selbsthilfe.

Ein anderes Beispiel sind die vielen polnischen Bauarbeiter, die am Ende der kommunistischen Zeit in Deutschland gearbeitet haben. Sie haben mit ihrem erworbenen Wissen dann oft in Polen kleine Baufirmen gegründet und dort mit den Baumaterialien und Hilfsstoffen weitergearbeitet, die sie in Deutschland kennen und schätzen gelernt hatten. Es ist somit nicht verwunderlich, dass heute deutsche Produkte für den Bau auf dem polnischen Markt eine dominierende Stellung haben. Das ist ein weiteres Beispiel dafür, dass Solidarität beide Seiten stark macht. Solidarität ist keine Einbahnstraße, sondern eine Investition in Partner, die auch dem Investor Erträge bringen.

Aber die Fäden, aus denen der europäische Mantel des heiligen Martin gewoben ist, bestehen nicht nur aus Geld. Wir stärken und bereichern uns gegenseitig vor allem auch mit unserem Wissen und unseren Erfahrungen. Wir lernen voneinander auf der Suche nach den besten institutionellen oder organisatorischen Lösungen und den besten Regeln oder Gesetzen.

So hat zum Beispiel Warschau mit Paris, Berlin, Bukarest und Vilnius im Rahmen eines EU-Projektes die besten Lösungen für die Organisation eines Verkehrsverbundes analysiert. Dann hat die Warschauer Verkehrsbehörde Mitarbeiter zu einem Praktikum in den Berlin-Brandenburger Verkehrsverbund entsandt und dann hat sie den Warschauer Verkehrsverbund organisiert.

Am stärksten zusammengewachsen sind wir im europäischen Binnenmarkt. Er macht einen Gutteil der Fäden unseres symbolischen europäischen Mantels des heiligen Martin aus. Wir vervollständigen den Binnenmarkt immer mehr, Schritt für Schritt. Das ist mühsame Detailarbeit, mit der ich mich direkt beschäftige, denn ich sitze im Europäischen Parlament im Binnenmarkt- und Verbraucherschutz-Ausschuss.

Ich freue mich, dass diese Arbeit oft uns allen einen spürbaren direkten Nutzen bringt. Denken Sie nur an die Senkung der Roaming-Gebühren. Die Kunst dabei ist, faire Lösungen zu finden, die Kunden und kleinere Marktteilnehmer schützen, ohne große Anbieter zu ruinieren und dabei gleichzeitig technischen Fortschritt und wirtschaftliche Entwicklung zu fördern. Das ist auch eine Form von Solidarität. So ist der Binnenmarkt zum wichtigsten Jobmotor in Europa geworden.

Ein anderer wichtiger Akt der europäischen Solidarität war, dass wir die Grenzen füreinander geöffnet haben. Dank Schengen ist das gegenseitige voneinander Lernen, der Austausch und die wechselseitige Bereicherung sehr erleichtert und gefördert worden – auch ohne EU-finanzierte Projekte. Es ist für unsere Kinder heute eine Selbstverständlichkeit, sich in Europa frei bewegen zu können und auch daheim am Reichtum und der Vielfalt der europäischen Kulturen, sei es musikalisch, kulinarisch, literarisch, theatralisch, modisch, technisch, sportlich usw. teilzuhaben.

Unsere Kinder bringen oft junge Leute, die sie im Rahmen des Erasmus-Programms kennengelernt haben, zu uns nach Hause. Das ist zwar für die Eltern manchmal etwas mühsam, wenn in jeder Ecke zu Hause Matratzen verteilt liegen, weil gerade Freunde von unseren vier Kindern aus Deutschland, Österreich oder anderen europäischen Ländern zu einem Fußballspiel oder Konzert gekommen sind und irgendwo übernachten müssen.

Meinen Sie nicht, dass das europäische Erasmus-Programm, das unsere jungen Leute wechselseitig so bereichert, in ähnlicher Weise auch für Priester in der Ausbildung organisiert werden sollte? Es scheint mir offensichtlich, dass wir für den Bau eines christlichen, solidarischen Europas auch die Unterstützung europäisch denkender, fühlender und handelnder Priester brauchen. Ich bin mir sicher, der heilige Martin würde das auch so sehen. Er ist ja selbst ein prominentes Beispiel dafür.

Als ich nach einem Jahr aufwendiger Prozeduren und meiner Hochzeit 1981 aus dem kommunistischen Polen nach Frankfurt kam, brauchte ich für jedes europäische Land ein Visum, sogar für Polen. Die Teilung Europas war eine kostspielige und zeitaufwendige Angelegenheit und machte jeden Austausch fast unmöglich.

Alles war neu. Das galt auch für so etwas Grundlegendes wie die Küche. Mein Mann ist in Schwaben – nicht in Oberschwaben, aber im bayrischen Schwaben – aufgewachsen. So kaufte ich mir bald einen „Spätzleshobel". Bis heute sind meine Spätzle ein Hit in der Familie und bei den Verwandten in Polen. Eine schwäbische Hausfrau, lernte ich, beschränkt sich auf das, was sie hat, und macht etwas Gutes daraus. Sie lebt nie über ihre Verhältnisse.

Viele wollen heute lieber die schwäbische Hausfrau anstatt des heiligen Martin aufs europäische Pferd setzen. Sie wollen das vor allem deshalb, damit nicht so viel Geld in die Rettungstöpfe für die südeuropäischen Länder fließt, bevor diese nicht gelernt haben, wie eine schwäbische Hausfrau zu wirtschaften. Vor allem hier ist unsere europäische Bereitschaft zur Solidarität arg unter Stress.

Ich will hier nicht die schwäbische Hausfrau gegen den heiligen Martin ausspielen. Das wäre nicht sinnvoll. Die schwäbische Hausfrau kann richtig wirtschaften. Das bleibt unverzichtbar. Den heiligen Martin als Baumeister Europas sehen wir hier als klugen Investor. Essentiell bei der Solidarität ist, dass wir vernünftig teilen, dass wir die Eigenkräfte unserer europäischen Partner sinnvoll unterstützen und so Hilfe zur Selbsthilfe geben, auch in unserem eigenen Interesse. Aber tun wir das, wenn wir Lösungen verhindern oder hinauszögern, die für die Länder des europäischen Südens die Finanzierung ihrer eigenen Schulden billiger machen würden?

Wie oft bei Investitionen lohnt sich das, was am Anfang teurer ist, auf längere Sicht, wenn es mit der Einführung der notwendigen Reformen gekoppelt wird. Dann wären unsere europäischen Partner im Süden vielleicht früher auf die Beine gekommen. Vielleicht hätte vor allem die Jugendarbeitslosigkeit nicht diese beunruhigende Höhe erreicht. Gerade diese Entwicklung kann uns noch teuer zu stehen kommen, politisch wie wirtschaftlich.

Aber unseren Politikern waren die Hände gebunden, weil ihre Wähler so viel Solidarität nicht wollten. Das gilt nicht nur für die deutschen Wähler. Auch in Polen und in vielen anderen Ländern, ob in der Eurozone oder nicht, sind die Empfindungen ähnlich. Erinnern Sie sich an die slowakische Premierministerin, die zurücktrat, weil sie gegen die Stimmung im Land die Unterstützung für Griechenland durchsetzen musste?

Hier zeigt sich eine gefährliche Krise der Solidarität in Europa. Nächstes Jahr erinnern wir uns an den Beginn des Ersten Weltkriegs, der der Beginn des Niedergangs Europas wurde. Nur gemeinsam sind wir stark in der globalen Welt. Nur Solidarität macht uns stark.

Das bringt mich zur letzten Frage. Wer soll auf dem europäischen Pferd sitzen? Wie soll Europa geführt werden? In Deutschland wurde gerade gewählt. Diese Wahl war für ganz Europa von höchster Bedeutung, denn die Führung Europas verlagert sich immer mehr in die Hände der Regierungen der stärksten Länder, insbesondere Deutschlands. Ich halte diese Renationalisierung nicht für gut, aber leider ist es zurzeit so. Unsere Regierungen tun immer weniger, um die gemeinsamen europäischen Institutionen zu stärken. Die Wähler erwarten das auch nicht. Im Gegenteil, die gemeinsamen Institutionen werden immer mehr in Verruf gebracht. Sie werden sehr gerne verantwortlich gemacht für Probleme, die eigentlich die Mitgliedsländer zu verantworten haben.

Bedeutet europäische Solidarität nicht auch, dass wir Schritt für Schritt auch die Führung Europas in die Hände gemeinsamer Institutionen legen? Ist dies nicht auch ein Gebot europäischer Solidarität? Sie wollen doch nicht, dass in fernerer Zukunft alle Europäer den deutschen Bundeskanzler wählen? Wir wollen das auch nicht. Deshalb müssen wir gemeinsam an der schwierigen, aber wichtigen Frage der Führung Europas arbeiten. Wer soll Europa bauen, wenn nicht wir?

Europa eine Seele geben? Solange wir eine Seele haben, hat unser Europa eine Seele. Pflegen wir, jede und jeder von uns, diese Seele in uns selbst. Diese Seele kann nur eine solidarische sein. Und nur wir können Europa diese Seele geben. Das können wir nicht an irgendwelche europäischen Bürokraten oder politische Funktionsträger delegieren. Wenn uns das gelingt, wird es sicher auch dem heiligen Martin gefallen.

ANNETTE SCHAVAN

Martin von Tours für das ganze Europa?

Anmerkungen einer christlichen Politikerin

Von Jacques Delors stammt der Satz: „Nous avons besoin d'une Europe puissante et généreuse."[1] Die Rede von der Generosität trifft den Kern dessen, was die Gemeinschaft europäischer Länder ausmachen soll. „Es ist eine Öffnung auf den anderen hin, der Wunsch, dem anderen etwas von der eigenen ‚plénitude' mitzugeben und mitzuteilen."[2] Generosität ist mit der Einsicht verbunden, dass in dieser Gemeinschaft alle voneinander lernen und sich daraus ein Mehrwert für jeden ergibt. Generosität stärkt den Willen zur Gemeinschaft, eben weil es die Öffnung über die eigenen Grenzen und die eigenen Möglichkeiten hinaus bedeutet. Delors hat hinzugefügt: „Macht ohne Generosität ist uninteressant. Generosität ohne Macht ist ohnmächtig."[3]

I.

Mit der Europäischen Union ist etwas gelungen, das Europa bis dahin nicht kannte. Es stabilisierte sich als Kontinent des Friedens und der Freiheit. Das mag heutigen jungen Europäerinnen und Europäern so selbstverständlich sein, dass es für sie kaum noch der Rede wert ist. Aber noch die Generation meiner Eltern hat die Erfahrung von Krieg und Zerstörung gemacht. Erst mit dem Willen zur Gemeinschaft und damit auch zur Generosität hat Europa zum Frieden gefunden. „Wir haben aus der Geschichte gelernt und haben die längste Phase des Friedens in den deutsch-französischen Beziehungen und in der europäischen Geschichte in den letzten fünfzig Jahren erlebt. Alle dreißig Jahre hat man vorher zusammengeschlagen, was mühsam aufgebaut worden war."[4]

---

1   Joseph Rovan, Was hat Europa an unverzichtbar Eigenem in die Welt von morgen einzubringen? In: Hans Maier (Hg.), Was hat Europa zu bieten? Sein geistig-kultureller Beitrag in einer Welt des Geldes. Regensburg 1998, 103–115, 109.
2   Ebenda.
3   Ebenda.
4   Erwin Teufel, Projekt Europa. In: Hermann Fechtrup, Friedbert Schulze, Thomas Sternberg (Hg.), Europa auf der Suche nach sich selbst. Berlin 2010, 23–37, 23.

Unsere politischen Debatten über Europa in den vergangenen drei Jahren handeln vor allem von Banken, die sich in den Ruin gebracht haben, von einer Währungsunion, die ihre eigenen Regeln nicht ernstgenommen hat, und von öffentlichen Haushalten, deren Verschuldung trotz der vereinbarten Regeln nicht gebremst wurde. Das hat der Stärke Europas und seiner Zukunftsfähigkeit Schaden zugefügt. Das trifft besonders die Zukunftschancen der jungen Generation. 25 % der jungen Erwachsenen im Alter bis 25 Jahren sind derzeit ohne Berufsperspektive. In Ländern wie Griechenland und Spanien ist jeder zweite Jugendliche von Arbeitslosigkeit betroffen.

In einer solchen Situation werden wir erinnert an ein Wort von Pierre Pflimlin: „Ja, Europa ist ein ethischer Begriff. Wenn es das nicht ist, wird es nicht werden."[5] Die Debatte kann somit nicht bei ökonomischen Fragen stehenbleiben. Die Frage nach einer Ordnung des Wirtschaftens erweist sich auch als eine kulturelle Frage. Welche ethischen Vorstellungen sind mit Europa verbunden? Worin erweist sich Europa als ethischer Begriff? Welche Werte vermitteln wir der nichteuropäischen Welt als europäische Werte und Grundhaltungen?

Es ist eine Zeit der Vergewisserung, in der Europa steckt. Auch darauf hat Jacques Delors bereits vor Jahren hingewiesen, als er forderte, „Europa eine Seele (zu) geben". In einem Interview im vergangenen Jahr antwortete er auf die Frage nach dem Motiv für diese Forderung: „Ich erkannte die Entwicklung unserer Gesellschaften zum Egoismus, zu einem übertriebenen Individualismus. Der Enthusiasmus des Anfangs, als der gemeinsame Markt etabliert war, war gefährdet. Wenn dieses Projekt nicht von spirituellem Elan getragen wird, wird es nicht weit kommen. So habe ich das Wort ‚Europa eine Seele geben' geprägt. ‚Seele' ist etwas zu katholisch, aber es ging darum, einen spirituellen Elan zu finden."[6]

Wenn wir uns mit Martin von Tours beschäftigen, dann gehen wir gleichsam auf die Suche nach den Quellen für einen neuen spirituellen Elan für Europa. Das ist dann auch die Suche nach den Quellen der Generosität.

II.

Die Geschichte, die sich wie keine andere aus dem Leben des Martin von Tours in unser kulturelles Gedächtnis eingeprägt hat, ist einfach und schön. Sie gehört zu unserer Kindheit – gelesen, gehört und gespielt. Die Geschichte vom heiligen Martin, der den Mantel teilt. Sie lässt sich wunderbar erzählen.[7] Sie ist

---

5   Jutta Schmitz-Rixen (Hg.), Pierre Pflimlin. Reden an die Jugend Europas. Köln 1997, 125.
6   Interview von Hans Joachim Neubauer mit Jacques Delors unter dem Titel „Wir müssen die Seele Europas retten". In: DIE ZEIT. Christ & Welt. Ausgabe 01/2012.
7   So z. B. die Erzählung von Ronald Ross in dem Buch „Die Großen der Kirche", hrsg. von Georg

mit einer ebenso schlichten wie anspruchsvollen Botschaft verbunden: Wir sollen teilen! Das lernt schon jedes Kind. Das ist auch ein Satz von hoher politischer Korrektheit. Davor haben nicht nur christliche Politiker Respekt. Er gehört zum Grundbestand der gleichsam in Stein gemeißelten Sätze des kirchlichen und politischen Vokabulars. Dagegen kann eigentlich niemand sein. Er erinnert uns an eine Grundhaltung, die alle irgendwie richtig finden.

In der modernen ausdifferenzierten Gesellschaft allerdings werden mit diesem Satz schnell Institutionen verbunden. In der Kirche sind das Caritas und Diakonie; in der Politik das Sozialministerium. Immerhin – so heißt es dann – zahlen wir Steuern. Sollen also die zuständigen Stellen tun, was wir alle für richtig halten, und sich um die Armen kümmern.

Auf das Europa unserer Tage bezogen heißt das: Wir machen rund 10 % der Weltbevölkerung aus, erwirtschaften 25 % des Bruttosozialprodukts und geben 50 % der Sozialabgaben der Welt aus. Wer ganz gewieft ist, der kann dann noch darauf hinweisen, dass Martin seinen Soldatenmantel geteilt hat, also ein Kleidungsstück, das ihm als Soldat zur Verfügung gestellt wurde. Wenn uns also Martin weiterhelfen soll, dann müssen wir zu der Erkenntnis bereit sein, dass diese Art der „Arbeitsteilung" schwerlich ausreicht. Die soziale Kultur kann nicht nur an Institutionen delegiert werden! Eine Grundhaltung in der Zivilgesellschaft gehört auch dazu. Die wiederum gehört zum spirituellen Elan und hat entsprechende Quellen.

Martin verband seine Grundhaltung als Christ mit einer politischen Botschaft. Er suchte weder als Soldat noch als Geistlicher Macht und Ansehen. Er lebte in einem Gleichgewicht aus stiller Askese und bewusster Präsenz im „Heilen". Er erfuhr die Armut und die Präsenz Christi auf seinen Reisen und besonders in der Begegnung mit dem Bettler vor den Toren von Amiens. Man könnte sagen, dass sein Soldatenmantel erst mit der Teilung seine wirkliche Funktion erhielt. Ein Mantelteil wechselte die Bestimmung, und Martin wechselte seinen Platz. Der Mantel, der ihn als Soldat – als Staatsdiener – identifizierte und ihn nicht nur im Winter vor Kälte, sondern ihn auch in seinem Amt schützte, hatte einen Riss bekommen. Martin war noch nie von seinem Soldatendasein überzeugt. Er war Soldat geworden in der Tradition der Familie. Er war auf der Suche nach einer Existenz, mit der er Gott dienen konnte. Als ihm das Symbol seiner Geste bewusst wurde und er anschließend im Traum in dem Bettler die Erscheinung Christi wahrnahm, wurde die Konsequenz für ihn klar: Er machte sich vom Verbündeten des Staates zum Verbündeten der Armen auf der Straße. Er verließ den Staatsdienst und wurde Mönch.

Martin gab seine persönliche Sicherheit auf. Er wählte einen Weg der Freiheit – mit allen Risiken. Genau damit tun sich moderne Gesellschaften mit ih-

---

Popp. Würzburg 1956, 254–257.

rem erreichten materiellen Wohlstand schwer. Bei Umfragen steht häufig die Sicherheit vor der Freiheit. Wer viel besitzt, der hat ein hohes Sicherheitsbedürfnis. Wenn wir in diesen Tagen erschüttert sind vom Schicksal der Flüchtlinge, die aus afrikanischen Ländern in Lampedusa landen bzw. auf dem Weg dorthin umkommen, dann reicht diese Erschütterung nicht aus. Papst Franziskus hat schon vor Wochen beklagt, dass Europa das Weinen verlernt habe und in Gleichgültigkeit verharre. Die Länder in Europa verweisen dann rasch darauf, wer wie viele Flüchtlinge aufnimmt und dass das vereinbarte Kontingent eingehalten werde. Und natürlich stimmt auch die Feststellung, dass nicht alle Armen und Bedrängten Afrikas nach Europa kommen können. Die Kooperationen der internationalen Entwicklungszusammenarbeit müssen wirksamer werden. Die Mechanismen der Korruption von Regierungen und das menschenverachtende Handeln der Schleuserbanden müssen bekämpft werden. Aber es darf eben auch nicht der Eindruck entstehen, dass die Gesellschaften Europas mehr in ihre eigene Sicherheit investieren als in eine humane Flüchtlingspolitik. Es darf nicht so sein, dass die Politik den Eindruck gewinnt, die Bürger erwarteten von ihr, Europa vor den Armen der Welt zu schützen.

Der moralische Auftrag einer wirksamen Hilfe für Flüchtlinge ist so bedeutsam wie der der Sicherheit europäischer Gesellschaften. Die Europäische Union ist Friedensnobelpreisträger des Jahres 2012. Das verpflichtet. Das verbietet Gleichgültigkeit. Es erinnert uns an den Satz Papst Pauls VI: „Der neue Name für Friede heißt Entwicklung."[8] Zur Substanz einer humanen Politik unserer Tage gehört neben einer glaubwürdigen gemeinsamen Flüchtlingspolitik der Europäer, sich um mehr Wirksamkeit in der internationalen Entwicklungspolitik zu bemühen. Das ist ein Gebot „heilender Präsenz", die im Blick auf Martin gefordert ist und letztlich auch ein Gebot der internationalen Sicherheit. Martin ist übrigens der Patron der Flüchtlinge, neben vielen anderen Patronaten.

III.

In der Zeit des Lebens von Martin ist Europa im Umbruch. Bislang wurden Christen verfolgt. Jetzt wird das Christentum zur Staatsreligion. Politik und Religion gehen eine Symbiose ein. Von Toleranz kann noch lange keine Rede sein. Jetzt werden die Heiden verfolgt. Es ist die Geburtsstunde des Christlichen Abendlandes. Martin setzte in dieser für Europa so bedeutsamen Zeit Zeichen. Er war ein Anreger und vielen auch ein Aufreger. „Mit der Person und der Wirkung des Martin von Tours ist die Inkulturation des Christentums in Europa

---
8 Papst Paul VI. in seiner Enzyklika „Populorum progressio" (1967).

verbunden. Mit ihm stand am Anfang der Neukultivierung des Abendlandes nach dem Ende und dem Verfall der Antike die Vision einer neuen Kultur eines theozentrisch und christozentrisch begründeten Altruismus, in welcher der andere, besonders der Arme, wahrgenommen wird und Zuwendung erfährt."[9] Martin vollzieht die Symbiose von Politik und Religion nicht mit. Er ist der Vater des abendländischen Mönchtums. „Er verbindet Kontemplation und Meditation mit pastoraler Aktion, Mystik mit öffentlichem Handeln."[10] Sein Charisma lag in der so konsequenten Verbindung von Askese und tätiger Solidarität. So gab er Orientierung und wurde zur Identifikationsfigur für das Volk.

Europa erlebte über Jahrhunderte eine konfliktreiche Geschichte. Solange der Staat sich als Wächter der Religion verstand, herrschte Unfriede. Die konfessionellen Bürgerkriege des 16. und 17. Jahrhunderts stehen beispielhaft für grausame Gewalt im Namen der Religion. Die Grundlage für eine friedliche Koexistenz wurde erst geschaffen, als der Staat sich nicht mehr als Wächter über die Religion des Volkes verstand. Es entstand ein neues Verständnis der politischen Ordnung jenseits der Religion.

Ernst Wolfgang Böckenförde hat beschrieben, wie die „Entstehung des modernen Staates als Vorgang der Säkularisation"[11] erfolgte. Der Staat emanzipierte sich von der „geistlich-religiösen Bestimmung". Er durfte nicht mehr in Anspruch genommen werden, um den religiösen Irrtum zu verfolgen. Das war die Voraussetzung für den Weg zur bürgerlichen Toleranz.

„In diesem Sinn heißt Säkularisierung schlicht, der Entzug oder die Entlassung einer Sache, eines Territoriums oder einer Institution aus kirchlich-geistlicher Observanz und Herrschaft."[12] Religion wird nicht abgeschafft. „Die Religion wird in den Bereich der Gesellschaft verwiesen, zu einer Angelegenheit des Interesses und der Wertschätzung einzelner und vieler Bürger erklärt, ohne aber Bestandteil der staatlichen Ordnung als solche zu sein."[13] Damit war der Weg geebnet für die Religionsfreiheit als das Freiheitsrecht zur Religion ebenso wie das Recht der Freiheit von der Religion. Der Staat konstituiert sich fortan über weltliche Ziele und Gemeinsamkeiten.[14] Das Christentum konnte sich nunmehr auf das besinnen, was zu seinem Selbstverständnis gehört. Es lädt zum persönlichen Bekenntnis und zur persönlichen Nachfolge ein und konstituiert sich nicht durch staatliche Autorität, die das persönliche Bekenntnis ein-

---

9   Walter Kasper, Martin – ein Heiliger Europas. In: Werner Groß, Wolfgang Urban (Hg.), Martin von Tours. Ein Heiliger Europas. Ostfildern 1997, 7–20, 18f.
10 Ebenda 13.
11 Ernst Wolfgang Böckenförde, Recht, Staat, Freiheit. Studien zur Rechtsphilosophie, Staatstheorie und Verfassungsgeschichte. Frankfurt 1991, 92.
12 Ebenda 93 – mit Bezug auf Hermann Lübbe, Säkularisierung. Geschichte eines ideenpolitischen Begriffs. Freiburg, München 1965, 24.
13 Ebenda.
14 Ebenda 108.

fordert. Das war eine zivilisatorische Errungenschaft, die nicht hoch genug eingeschätzt werden kann. Sie ist der Schlüssel für die friedliche Koexistenz von Religionen in einer Gesellschaft. Deshalb kommt es nicht von ungefähr, dass eines der Hauptthemen im Dialog mit dem Islam in Europa die Erwartung ist, dass er diesen Schritt der Trennung von Religion und Politik auch für sich akzeptieren kann.

IV.

Martin verband – so habe ich eben Walter Kasper zitiert – Mystik mit öffentlichem Handeln. Askese und Kontemplation meinen bei ihm nicht Flucht vor der Wirklichkeit. Sie helfen zur Konzentration auf die Wirklichkeit. Sein Handeln war weder Sozialaktivismus noch ständige Regelproduktion. Sie wird als „heilende Präsenz" beschrieben.[15] So wurde er zur Identifikationsfigur. Das Volk wollte ihn als Bischof. Sie wählten ihn schließlich. Von anderen Bischöfen hieß es, dass sie sein Äußeres für eher ungeeignet hielten, ihn sich im Bischofsamt vorzustellen.[16] Was sagt uns dieser Teil seiner Biographie? Wir stehen in der Kirche am Beginn einer Kurienreform, vielleicht auch einer Reform des kirchlichen Selbstverständnisses, das die Subsidiarität nicht nur in der politischen Kultur erfolgreich einfordert, sondern auch für sich als Gewinn wertet. Bekanntlich finden wir in Europa, dass die Katholische Soziallehre der Politik mit ihren Grundprinzipien einen guten Dienst erwiesen hat. Ich wünsche der Kirche sehr, dass sie sich diesen Dienst auch selbst erweist. Das würde ihre „heilende Präsenz" stärken. Martin könnte mit seiner Erfahrung dazu ermutigen.

Martin wirkte öffentlich und hat über die Quellen gesprochen, die Quellen für spirituellen Elan. Damit tut sich Europa schwer. In Erinnerung ist uns noch die Debatte über einen europäischen Verfassungsvertrag. Damals ist es nicht gelungen, einen Gottesbezug in die Präambel zu schreiben. Das fand ich enttäuschend. Der amerikanische Religionssoziologe José Casanova spricht davon, dass Europa Angst vor Religion habe aus Angst vor dem Islam.[17] Die Präambel unseres Grundgesetzes zeigt, dass der Gottesbezug eine gute Orientierung gibt.

Er weist hin auf die Grenzen und die Demut des Staates, der niemals eine perfekte Ordnung ist und keinen absoluten Wahrheitsanspruch vertritt. Der Staat ist Menschenwerk. Das ist die Absage an jedwedes totalitäre System. Das

---
15   Vgl. Begriff in der Ordensgemeinschaft der Missionsärztlichen Schwestern: http: // www.missionsaerztliche-schwestern.org/berlin.0.html
16   So nachzulesen bei Sulpicius Severus, Leben des heiligen Martin. Vita Sancti Martini, Lat. und Dt. Eisenstadt 1997, 41f.
17   Vgl. dazu: José Casanova, Europas Angst vor der Religion. Berlin 2009.

Grundgesetz ist die Verfassung eines Staates, der sich zu religiös-weltanschaulicher Neutralität bekennt. Er ist damit offen für alle Religionen und Konfessionen. Er will Heimat sein für alle Bürgerinnen und Bürger, gleich welcher Religion. Somit verbietet es sich, mit dem Gottesbezug in der Präambel Bürgerinnen und Bürger auf eine bestimmte Religion oder ein spezifisches Gottesbild zu verpflichten. Gleichwohl ist gemeint, dass der Staat nicht blind für die Überzeugungen der Bürgerinnen und Bürger ist, sondern eine offene fördernde Neutralität praktiziert. Sie steht in einem unmittelbaren Zusammenhang mit der Religionsfreiheit und fördert diese Freiheit. Es ist die Freiheit zu glauben oder eben nicht zu glauben. Das Selbstverständnis des Staates ist geprägt von dem, was Papst Johannes Paul II. 1998 in Havanna sagte, als er daran erinnerte, „dass ein moderner Staat aus dem Atheismus oder der Religion kein politisches Konzept machen darf"[18]. Es hätte Europa gerade für den Dialog der Weltreligionen gut getan, diese Orientierung in den Verfassungsvertrag aufzunehmen. Es hätte Europa auch gut getan, weil spiritueller Elan auch meint, die eigenen Quellen zu benennen und sich ihrer zu vergewissern.

V.

Bleibt die Frage: Was hat Europa der Welt zu bieten? Die Frage stellt sich einmal mehr in der globalen Welt. Europas Erfolg ist nicht mehr selbstverständlich. Auch das haben uns die vergangenen Jahre gezeigt. Sein Einfluss in der Welt war in der Vergangenheit groß. „Die Geschichte der letzten fünf Jahrhunderte ist die Geschichte der Europäisierung der Welt."[19] Rémi Brague sieht den Grund darin, dass Europa auch immer „auf der Suche nach etwas (war), das es nicht selbst war".[20] Europa war immer von Neugier getrieben und hat eine große Wissenschaftstradition. Zum 50. Jahrestag der Unterzeichnung der Römischen Verträge erklärten die Staats- und Regierungschefs der Europäischen Union 2007 in Berlin: „Europas Reichtum liegt im Wissen und Können der Menschen; das ist der Schlüssel zu Wachstum, Beschäftigung und sozialem Zusammenhalt."[21] Das ist ein gleichsam ur-europäischer Gedanke: den Menschen und seine Fähigkeiten in den Mittelpunkt zu stellen, wenn es um Fortschrittsperspektiven geht. Deshalb hat Wilhelm von Humboldt auch davon gesprochen, dass die Bildung des Menschen im Sinne der Entfaltung all seiner Talente der einzige Weg

---
18 Johannes Paul II., Gewissen der Welt. Freiburg 2002, 90.
19 Rémi Brague, Öffnen und Integrieren. Wie kann Europa eine Zukunft haben? In: Hermann Fechtrup, Friedbert Schulze, Thomas Sternberg (Hg.), Europa auf der Suche nach sich selbst. Berlin 2010, 193–202, 195.
20 Ebenda 196.
21 Berliner Erklärung vom 25. März 2007.

für „die Fortschritte des Menschengeschlechts" sei.[22] Europa ist heute der Kontinent der Toleranz und Vielfalt. Das bestimmt die Lebensweise der Europäer. Die Überzeugung von der einzigartigen Würde des Menschen und unverfügbaren Menschenrechten, von Rechtsstaatlichkeit und Demokratie ist europäisches Gedankengut. Der Einsatz gegen Fundamentalismus und Totalitarismus gehört heute zum europäischen Beitrag im globalen Dialog.

Generosität gegenüber dem Menschen ist das grundlegende Motiv. Papst Benedikt XVI. hat es so formuliert: „Die Festschreibung von Wert und Würde des Menschen, von Freiheit, Gleichheit und Solidarität mit den Grundsätzen von Demokratie und der Rechtsstaatlichkeit schließt ein Menschenbild, eine moralische Option und eine Idee des Rechts ein, die sich keineswegs von selbst verstehen, aber in der Tat grundlegende Identitätsfaktoren Europas sind, die auch in ihren konkreten Konsequenzen verbürgt werden müssen."[23] Europa als Kontinent der Toleranz basiert auf einem gemeinsamen europäischen Fundament, den der christliche Glaube und die aufklärerische Vernunft geschaffen haben. Im Mittelpunkt steht die Überzeugung, dass der Mensch Zweck an sich ist und deshalb seine Würde ihm nicht von anderen verliehen, ihm vielmehr aus sich heraus zu Eigen ist.

Martin hat in seinem Leben und Wirken als Soldat, als Mönch und als Bischof die konkreten Konsequenzen dieser Überzeugung verbürgt. Der Vater des abendländischen Mönchtums war ein großer Europäer; ein Patron, der uns anregt zu einem neuen spirituellen Elan für Europa und zu Generosität.

---

[22] Vgl. dazu: Wilhelm von Humboldt, Ideen zu einem Versuch, die Grenzen der Wirksamkeit des Staates zu bestimmen. Studienausgabe. Bd. 1. Hrsg. von Andreas Flitner und Klaus Giel. Stuttgart 1980, 64.
[23] Joseph Ratzinger (Benedikt XVI.), Europas Identität. Seine geistigen Grundlagen gestern, heute und morgen. Vortrag vor dem italienischen Senat. Rom 13.5.2004. In: Ders., Werte in Zeiten des Umbruchs. Die Herausforderungen der Zukunft bestehen. Freiburg 2005, 86.

BISCHOF DR. GEBHARD FÜRST

Das missionarisch-diakonische Potential Martins für das heutige Europa und die Kirche

Schlusswort beim Martinus-Kongress

Bevor der Kongress „*Martin von Tours – Leitfigur für ein humanes Europa und die Zukunft des Christentums in Europa*" endet und Sie in Ihre Heimat zurückkehren, möchte ich einen Blick auf die vergangenen Tage werfen.

Wir haben zusammen gebetet und Gottesdienst gefeiert. Wir haben in Musik und Kunst kulturelle Höhepunkte genossen. Und wir haben ins im wissenschaftlichen Diskurs mit einem der größten Heiligen der Kirche auseinandergesetzt. Wir haben Martinus als Identitätspunkt eines geeinten, nach Humanität strebenden und von seinen christlichen Wurzeln geprägten Europa beleuchtet.

Martin ist ein großer Glaubenszeuge und eine Leitfigur, in der sich das Selbstverständnis des christlichen Glaubens und Handelns wie in einem Brennglas sammelt.

Der Brief aus Szombathely an die Katholikinnen und Katholiken der Diözese

In einem Brief an die Katholikinnen und Katholiken unserer Diözese anlässlich der 50. Diözesanwallfahrt nach Mariazell, die uns im Jahr 2007 auch nach Szombathely, zum Geburtsort des heiligen Martin führte, habe ich formuliert: „Die Ausstrahlung unserer Kirche ist niemals unabhängig von ihrer wahrnehmbaren und wahrgenommenen Gestalt, vom konkreten Lebens- und Praxisstil der Kirche und der Gläubigen, in dem sich der Geist ausdrückt, der uns bewegt und prägt. (…) Martin gibt den Gläubigen und den kirchlichen Berufen, den Diensten und Ämtern in unserer Diözese Orientierung und Wegweisung für unsere Zeit: Wendet euch den Schwachen und Bedrückten aller Art zu, unterstützt die Unglücklichen! Martin erinnert uns unablässig daran, dass die Kirche Jesu Christi eine diakonische, eine helfende und heilende Kirche ist. ‚Liebet einander, so wie ich euch geliebt habe!' (Joh 15,12) ruft Jesus uns zu. Und die Welt braucht gerade in unserer Zeit vorbildhafte Gestalten christlicher Liebe zum Nächsten – solche wie Sankt Martin!

Die Gestalt des Martin als Heiliger Europas ist für uns heute von großer Aktualität. Denn ich habe die Sorge, dass in unserer Gesellschaft und noch mehr im zusammenwachsenden Europa die an der christlichen Nächstenliebe orientierte soziale Dimension unseres Zusammenlebens Schaden nimmt und viele Menschen unter die Räder kommen. Martin ist für uns alle bleibende Mahnung und Aufforderung, zum Heil der Menschen wachsam zu sein, Aufmerksamkeit und Sympathie besonders denen zu schenken, die in Not geraten sind und die verloren zu gehen drohen. Er macht durch sein Handeln die Liebe Gottes in unserer Welt sichtbar. Martin spornt uns an, so wie er auch heute zu handeln." Das kirchlich-pastorale Handeln gelingt nur im Dialog miteinander.

Aus diesem Geist sich zu erneuern, sind wir als Christinnen und Christen immer wieder aufgerufen: „Wendet euch den Schwachen und Bedrückten aller Art zu, unterstützt die Unglücklichen", das ist seine Botschaft an uns. In der helfenden Hinwendung, in der Liebe zum anderen, findet der Mensch aufgrund einer wirklichen Christuserfahrung und Gottesbegegnung zu sich selbst.

Vielfach wird gefragt: Worin genau liegt das evangelisatorische und gleichzeitig sozial-ethische Potential des heiligen Martin?

In der Teilung seines Mantels mit dem Bettler zeigt sich Martin als Beispiel und sicherer Wegweiser des Teilens mit den Armen und Bedürftigen in Anteil nehmender und Anteil gebender Begegnung, und zwar – wie in den frühen Martinsbildern eindrucksvoll festgehalten – stets auf Augenhöhe.

Martin war durch die ganze Art und Weise seines Lebens und Handelns Tatbekenner des Evangeliums. Die großen Bilder-Zyklen, z. B. in den Farbfenstern gotischer Kathedralen des 12./13. Jahrhunderts, schildern die Vita Sancti Martini in ihren Hauptereignissen – Zuwendung zum Armen, Heilung eines Aussätzigen und eines Blinden, Totenerweckungen, Befreiung von dämonischen Mächten etc. – als fortgesetzte Nachahmung und Vergegenwärtigung der Heilstaten Christi. Die verschiedenen Szenen erscheinen als die vielfältigen Ausdrucksgestalten der in Christus erschienenen göttlichen Barmherzigkeit und der zentralen kirchlichen Glaubensvollzüge: Koinonia, Diakonia und Martyria. Die Integration der Charité von Amiens in die ganzheitliche Verkündigung von Menschwerdung und Auferstehung (Wiederherstellung des Menschen in seiner Würde als Bild Gottes) verhindert sowohl eine spirituell-karitative Verengung wie auch eine ökonomisch-politische Instrumentalisierung. Für Martinus gilt, was viele Kirchenväter wussten und befolgten: ‚Die Kirche verkündet das Evangelium nicht in Worten allein, vielmehr durch ihre ganze Lebensgestalt.'

Martinus trägt als Wegweiser des Teilens und Tatbekenner des Evangeliums ein innovatives Potential für die europäische Gesellschaft in sich. Er ermöglicht es, evangelisatorische und sozial-ethische Intentionen überzeugend zu verbinden.

Im Lebensbericht des Sulpicius Severus über Martin steht zu lesen: Als der selige Mann im Traum sah, dass er im Bettler Christus bekleidet hatte „erkannte er in seiner eigenen Tat das Wirken der göttlichen Gnade und ließ sich eilends taufen". Die Begegnung mit dem Armen hat ihn evangelisiert, bevor er selbst andere zu evangelisieren begann. Papst Paul VI. formuliert dies in seinem Apostolischen Schreiben über die Evangelisierung, Evangelii Nuntiandi, folgendermaßen: „Schließlich wird derjenige, der evangelisiert worden ist, auch seinerseits wieder evangelisieren." (Evangelii Nuntiandi 24)

Das vom Evangelium geprägte diakonische Handeln und das Gemeinschaft bildende, Teilhabe und Teilgabe stiftende seelsorgliche Wirken des heiligen Martin soll uns als Kirche und als einzelne Christen leiten. Martin vermag den Weg in ein solidarisches Europa und hin zu einer glaubwürdigen Gestalt des europäischen Christentums zu zeigen und in einzigartiger Weise zu veranschaulichen.

Zuvorkommende Liebe

Die Martinus-Erzählung ist aber nicht nur Typos und Leitbild für Caritas und Pastoral. In ihr wird eine Begründung für Caritas und Pastoral sichtbar, die jedem ethischen Appell vorausgeht. Dies ist eine christologische und offenbarungstheologische, aber auch eine in der Grundverfasstheit des Menschseins liegende Begründung.

Was Martinus mit dem frierenden Bettler teilt, ist nicht in erster Linie ein Stück Mantel, sondern etwas von sich selbst: seine Liebe, seine Anteil nehmende Solidarität. Es ist eine Szene der Selbst-Mitteilung – die Offenbarung der Liebe Gottes, der in Jesus Christus Mensch geworden ist, um dem Menschen auf Augenhöhe zu begegnen. „Se ipsum relevat" – Gott teilt sich mit: Dieses Offenbarungsverständnis wird vor allem in der Dogmatischen Konstitution „Dei Verbum" des Zweiten Vatikanischen Konzils entfaltet. Dieses Prae der immer schon zuvorkommenden Liebe Gottes ist der Grund jeder menschlichen Caritas, jeder pastoralen Sorge. „Die Liebe besteht nicht darin, dass wir Gott geliebt haben, sondern dass er uns geliebt und seinen Sohn als Sühne für unsere Sünden gesandt hat. (…) Wenn Gott uns so geliebt hat, müssen wir auch einander lieben" (1 Joh 4,10f.).

Dass sich diese Selbst-Mitteilung auch „materialisiert" zeigt sich in der liebend-helfenden Tat für den Bettler, der sich Martin dann als Christus offenbart. „Martin hat mich mit diesem Gewand bekleidet", sagt Christus in der Legende nach Sulpicius Severus im Traum zu ihm. Vor diesem Hintergrund ist

Christsein, Kirchesein immer ein Miteinander von Menschen, die Beschenkte und Schenkende zugleich sind. Menschen, die aktiv teilhaben wollen und sollen in der Kirche – und so im Tiefsten aktiv teilhaben an der unermesslichen Liebesbegegnung zwischen Gott und Mensch. Die Martinserzählung wird so zu einem Gleichnis für die Kirche als dem Ort, dem Sakrament der Christusbegegnung.

Martinus als Patron der europäischen Einheit

2005 hat der Europarat den Martinusweg, die „Via Sancti Martini", in die Liste der Kulturwege aufgenommen. Damit hat der Rat ein Zeichen gesetzt. Zweifellos ist Martin ein Wegbereiter der europäischen Einheit; ja noch mehr: Er ist Beispiel, Maßstab und Wegweiser für die Glaubwürdigkeit Europas, aber auch der europäischen Kirche.

Europa braucht eine Leitfigur. Vom Geist des heiligen Martins getragen und von den Ergebnissen des Martinus-Kongresses hier in Weingarten inspiriert, werde ich mich gemeinsam mit meinen Mitbrüdern im bischöflichen Amt, dem Erzbischof von Tours, Bernard-Nicolas Aubertin, dem Erzbischof von Bratislava, Stanislav Zvolensky, und dem Bischof von Szombathely, Andras Veres, dafür einsetzen, den heiligen Martin von Tours zum Patron für die Neuevangelisierung Europas zu bestimmen. Unsere gemeinsamen Wurzeln, unsere Tradition und unser diakonisches Handeln nach dem Vorbild des Wirkens des heiligen Martin bilden eine wichtige Basis für ein humanes, solidarisches und geeintes Europa.

Ausblick

All diese Überlegungen, diese Ergebnisse dieses Kongresses stimmen mich zuversichtlich im Hinblick auf die Aufgaben, die die Kirche in den nächsten Jahren und Jahrzehnten herausfordern werden. Mit Freude richtet sich mein Blick auf das Jahr 2016. Dann wird die Kirche den 1.600 Gedenktag anlässlich der Geburt des heiligen Martin feiern. Dieses Jubiläum ist für die Diözesen, die unter seinem Patronat stehen, von großer Bedeutung und ein Anlass zur Dankbarkeit. Die Diözese Rottenburg-Stuttgart wird das Jahr 2016 in besonderer Weise dem heiligen Martin widmen. Dazu lade ich Sie bereits heute ein und ich freue mich, Sie alle wieder bei uns begrüßen zu dürfen!

Somit möchte ich den Kongress mit dem Reisesegen beschließen. Er möge Sie begleiten auf Ihrem Pilgerweg in Ihr Martinsland!

Bildnachweis

Martin von Tours – Zeuge des „rechten Glaubens". Zur Aktualität der frühen Martinsbilder (S. 40–66)
Abb. 1: Giuseppe Bovini, Ravenna. Kunst und Geschichte, Ravenna 1991, S. 65 (Ausschnitt). – Abb. 2: Saint Ambrose. Milan, Basilica of Sant' Ambrogio © 2016 Photo: SCALA, Florence. – Abb.: 3 Procession of the Virgins. Ravenna, Church of Sant' Apollinare Nuovo © 2016. Photo: SCALA, Florence – courtesy of the Ministero Beni e Att. Culturali. – Abb. 4: Giuseppe Bovini, Ravenna. Kunst und Geschichte, Ravenna 1991, S. 65. – Abb. 5: Pal. lat. 67, fol. 5r © Vatican Library (Biblioteca Apostolica Vaticana). – Abb. 6: Foto: © Württembergische Landesbibliothek. – Abb. 7: © Museo Episcopal de Vic, Barcelona (Ausschnitt). – Abb. 8: Foto: Benediktiner-Kollegium Sarnen (CH). – Abb. 9: Foto: Tilo Hofmann. – Abb. 10: Reg. lat. 124, fol. 2v © Vatican Library (Biblioteca Apostolica Vaticana). – Abb. 11: © Staatsbibliothek Göttingen. – Abb. 12: Foto: © Württembergische Landesbibliothek. – Abb. 13: © Museo Episcopal de Vic, Barcelona (Ausschnitt). – Abb. 14: Foto: © Württembergische Landesbibliothek. – Abb. 15: © Staatsbibliothek Göttingen. – Abb. 16: © Museo Episcopal de Vic, Barcelona. – Abb. 17: Dombibliothek Hildesheim. – Abb. 22: © Fotolia.de/jorisvo. – Abb. 23: © Fotolia.de/jorisvo. – Abb. 25: Alfred Schiller – ARTOTHEK. – Abb. 26: ARTOTHEK. – Abb. 27: Christophe Meyer, Colmar. – Abb. 28: Foto: Museen der Stadt Aschaffenburg. – Abb. 29: © akg-images.

Der Blick auf den Anderen. Das Martinusbild in der Kunst des Abendlandes. Eine Übersicht (S. 67–140)
Abb. 1: Giuseppe Bovini, Ravenna. Kunst und Geschichte, Ravenna 1991, S. 65. – Abb. 2: Staatsbibliothek Bamberg, Sign. ms. lit. 1, fol. 170r. – Abb. 3: Foto: © Württembergische Landesbibliothek. – Abb. 4: Foto: © Württembergische Landesbibliothek. – Abb. 5: Dombibliothek Hildesheim. – Abb. 6: Wolfgang Urban, Rottenburg. – Abb. 7: Wolfgang Urban, Rottenburg. – Abb. 8: The Pierpont Morgan Library, New York. – Abb. 9: © Photoglob AG. – Abb. 10: © Photoglob AG. – Abb. 11: © Photoglob AG. – Abb. 12: © Photoglob AG. – Abb. 13: © DeAgostini Picture Library/Scala, Florence 2016. – Abb. 14: Wolfgang Urban, Rottenburg. – Abb. 15: Wolfgang Urban, Rottenburg. – Abb. 16: © mauritius-images/alamy/Ivan Vdovin. – Abb. 17: © Bildarchiv Foto Marburg. – Abb. 18: © Bildarchiv Foto Marburg. – Abb. 19: Privataufnahme. – Abb. 20: © Bildarchiv Foto Marburg. – Abb. 21: © akg-images. – Abb. 22: © akg-images. – Abb. 23: © akg-images. – Abb. 24: © akg-images. – Abb. 25: © akg-images. – Abb. 26: © Bildarchiv Foto Marburg. – Abb. 27: Wolfgang Urban, Rottenburg. – Abb. 28: Wolfgang Urban, Rottenburg. – Abb. 29: Graphische Sammlung der Staatsgalerie, Stuttgart. – Abb. 30: © Diözesanmuseum Rottenburg. – Abb. 31: © Diözesanmuseum Rottenburg. – Abb. 32: Wolfgang Urban, Rottenburg. – Abb. 33: Wolfgang Urban, Rottenburg. – Abb. 34: SCALA, Antella (Florenz). – Abb. 35: Richter und Fink, Augsburg. – Abb. 36: Hans Hinz – ARTOTHEK. – Abb. 37: Wolfgang Urban, Rottenburg. – Abb. 38: © Diözesanmuseum Rottenburg. – Abb. 40: Foto: Kunstverlag Josef Fink, Lindenberg i. Allgäu/Erwin Reiter, Haslach. – Abb. 42: Wolfgang Urban, Rottenburg. – Abb. 43: © VG Bild-Kunst, Bonn 2016. – Abb. 44: © VG Bild-Kunst, Bonn 2016.

Bräuche um Sankt Martin: Kulturelles Kapital für ein christliches Europa (S. 185–228)
Abb. 1: Utrecht, Rijksmuseum Het Catharijneconvent (Leihgabe des Rijksmuseums Amsterdam), Inv. Nr. RMCC s00039. Foto: Ruben de Heer. – Abb. 3: Werner Mezger. – Abb. 4: Universitätsbibliothek Budapest. – Abb. 5: Berlin, Staatliche Museen – Preußischer Kulturbesitz, Museum für Volkskunde, Inv. Nr. 33 C 886. – Abb. 7: Dünkirchen, Musée des Beaux Arts, Inv. Nr. P. 143. Foto: Mallevaey Studio, Dünkirchen. – Abb. 8: Venedig, Bibli0teca San Marco, fol 12r. – Abb. 10: Barbara Neumann, Erfurt. – Abb. 11: Rupert Leser, Bad Waldsee.

Herausgeber, Autorinnen und Autoren

Dr. Gebhard Fürst ist seit 2000 Bischof der Diözese Rottenburg-Stuttgart

Dr. Margit Eckholt ist Professorin für Dogmatik und Fundamentaltheologie an der Universität Osnabrück.
Dr. Walter Fürst ist em. Professor für Pastoraltheologie an der Universität Bonn.
Dr. Martin Heinzelmann ist Historiker mit dem Schwerpunkt Mediävistik.
Dr. Werner Mezger ist Professor für Volkskunde in Freiburg und Direktor des dortigen Instituts für Volkskunde der Deutschen des östlichen Europa.
Dr. Ursula Nothelle-Wildfeuer ist Professorin für Christliche Gesellschaftslehre an der Universität Freiburg i.Br.
Annette Schavan ist seit 2014 deutsche Botschafterin beim Heiligen Stuhl.
Róza Maria Gräfin von Thun und Hohenstein ist polnische Publizistin und seit 2009 Mitglied des Europäischen Parlaments.
Wolfgang Urban ist Professor, Diakon und Diözesankonservator im Ruhestand.